도전

CEO 성명기의
인생과 기업이야기 도전

성명기 지음

1판 1쇄 발행 | 2008. 8. 10

발행처 | **Human & Books**
발행인 | 하응백
출판등록 | 2002년 6월 5일 제2002-113호
서울특별시 종로구 경운동 88 수운회관 1009호
기획 홍보부 | 02-6327-3535, 편집부 | 02-6327-3537, 팩시밀리 | 02-6327-5353
이메일 | hbooks@empal.com

값은 뒤표지에 있습니다.
ISBN 978-89-6078-045-3 03320

도전

CEO 성명기의 인생과 기업이야기

성명기 지음

Human & Books

이 책을 어머님 영전에 바칩니다

열암(冽菴) 송정희(宋正熙)

도전하는 인생은 별같이 아름답다

자서전도 아니고 에피소드도 아닌 한 권의 책을 세상에 탄생시 킨다.

쓰고 나서 다시 읽어보니 창피하기도 하고 엉터리 같기도 하다. 수정하고 또 수정하다가 표현력의 한계를 느끼며 출판사로 원고를 넘겼다.

어쨌든 그동안 경험한 많은 일들, 죽음의 경계선에서 일렁거렸던 수많은 이야기를 한 권의 책으로 엮고 싶었다. 수준 낮은 표현력 탓 에 여러모로 부족한 점이 많지만, 엔지니어 출신의 기업인이 기업 경영하면서 틈틈이 짬을 내어 쓴 글이기에 너그럽게 봐주길 부탁한 다. 삶의 고통과 행복 그리고 몰입의 순간들에 대하여 가감 없이 손 과 머리로 일일이 썼기에 완성의 기쁨을 느낀다.

책 속의 기업경영에 대한 짧은 글들은 건방진 중소기업 사장이 재미없는 책에 양념을 치고 싶어 지껄인 헛소리라 생각하고 좋은 방향으로 이해해주기를 바란다. 기업경영에 관한 글들은, 디지털화로 인하여 급변하는 세상에서 중소기업을 경영하며 나름대로 생각해보고 또 경험으로 얻은 생존 전략을 기술한 것이다. 경영학 책에 나오는 이론을 적은 것은 아니기에 보편타당성이 있는 글은 절대로 아닐 것이다. 그냥 우리 회사를 앞으로 어떻게 이끌고 싶다는 내 나름의 이론을 정리한 부분으로 해석해주면 고맙겠다.

나는 대학 때부터 암벽타기를 즐겼다. 자일 하나에 의지해 깎아지른 설악의 바위를 올랐었다. 보통 사람의 눈에는 무모한 행동으로 보일 것이다. 하지만, 그 무모한 도전 후의 쾌감은 이루 말할 수가 없다. 인생도 등반을 닮았다. 기업도 마찬가지다. 목표를 설정하고 도전하는 것, 그것이 인생에 가치를 준다고 나는 감히 말하고 싶다. 그 누군가도 도전하는 인생이 아름답다고 말하지 않았던가.

작년에 하늘나라로 가신 어머니가 보고 싶다.
책이 나오는 날 어머니에게 가장 먼저 달려가리라.
그리고 어머니의 무덤에 아들의 살아온 이야기로 만든 책을 바치리라. 어머니 생전에 못다 했던 이야기들을 영전에 묻어 드리리라. 또한, 28년 동안 함께 해오면서 나와 아들이 준 감당할 수 없는 고통을 다 이겨낸 아내에게도 사랑과 감사함을 전한다.
대학 4년 동안 항상 따뜻한 사랑으로 보살펴주신 지금은 하늘나라에 계신 외숙모님께 이 자리를 빌려 마음속에서 우러나오는 고마움을 전한다.

이 세상을 살아오면서 내 영혼을 풍요롭게 해주었던 가족, 친구, 리지와 암벽등반을 함께했던 선후배와 여러모로 부족한 사장을 도와서 지금과 같은 불황에도 흔들리지 않는 건강한 회사를 만들어준 여의시스템의 소중한 임직원 여러분에게도 이 책을 바친다.

그리고 인도여행 도중 캐스롤리 고성에서 하늘의 별을 헤다가 잠들었을 때, 꿈속에 나타나 내 품에 안겼던 길 잃은 예쁜 별님에게도 따뜻한 마음을 전한다.

2008년 여름 성명기

*책에는 다 실을 수 없었던 글들은 여의시스템 홈페이지(www.yoisys.com) CEO칼럼에서 볼 수 있다.

목차

인생이야기

발명가와 기업가

지인(知人)으로부터 전화 한 통을 받았다.

자신이 의료장비를 개발했는데 집에 와서 한 번 보고 괜찮으면 같이 사업화하자는 것이었다. 회사의 연구개발 책임자와 방문을 했다. 제품을 보니 아직은 간신히 기능만 내는 수준이긴 했지만, 임베디드 컴퓨터에 인터넷 접속 기능을 내장한 자동제어, 원격 감시기능을 추가하고 외관 디자인을 다듬으면 시장성이 있겠다는 판단이섰다.

회사의 전략기획팀과 자세히 검토를 했다. 상품화까지 개발비와 생산, 검사 설비를 포함하여 20억 원 수준의 투자가 필요하다고 예상되었다. 장애인들이 주 소비자이므로 이윤을 최소화하여 판매가격은 200만 원 미만으로 하는 것이 적정한 것으로 판단했다. 그분에게 우리 회사에서 자동제어 기능을 추가로 개발하여 판매하는 것으로 하고, 개발된 부분에 대해서는 얼마간의 비용을 선지급하고 매출이 발생하면 매출액의 일부를 로열티로 지급하겠다고 했다.

그분은 우리 회사의 제안을 한마디로 일축했다. 무슨 개발비와 설비투자가 그렇게 많이 들어가느냐면서, 장비도 대당 500만 원은 받을 수 있다며 한대 당 판매액의 20~30% 정도를 로열티로 지급해달라고 했다. 그 외에도 개발비 명목으로 감당하기 어려운 많은 돈을 일시금으로 요구했다.

우리가 분석한 부분에 대하여 말하고 시장조사 검토 결과 지금 정도 수준의 기능과 가격으로는 도저히 판매할 수 없다는 것을 자세히 설명했지만, 그분은 막무가내였다. 결국, 다른 파트너를 만나서 원하는 만큼의 개발비와 이익을 받으라고 하고서는 협의를 종료했다. 그분은 그 후에도 여러 기업과 협의를 했던 것 같은데 홈페이지에 아직도 초기 시제품 형태의 사진만 있는 것을 보니 다른 회사와의 협상 결과가 신통치 않았던 모양이다.

위의 예에서 보듯이 기술집약적 중소기업을 제대로 경영하려면 좋은 비즈니스 모델만 가지고는 성공할 수 없다. 좋은 비즈니스 모델 외에도 자금, 기술인력, CEO의 경영 및 관리능력이 있어야 한다.

평소에 존경하던 벤처 기업가가 "남들이 제대로 못 하는 특별한 기술은 가지고 있으면서 남들이 보편적으로 하는 세무회계, 인사, 경영, 영업, 마케팅과 같이 기업운영에 필요한 기본 영역을 모르는 벤처 기업이 많다"고 말한 적이 있는데 발명가적인 생각만 하고 기업을 하려는 사람들에게는 적절한 충고라 아니할 수 없다.

수만 개의 벤처기업 중에서 불과 1% 미만의 기업에게만 '성공한 벤처 기업'이란 타이틀을 줬다. 즉 벤처기업 중 90% 이상이 실패한다. 벤처기업의 세계는 젖과 꿀이 흐르는 세상이 아니다. 좋은 비즈니스 모델과 기업의 일반적인 관리 및 경영능력을 결합해야만 도전할 수 있는 모험의 세계이다. 그리고 매출액의 10% 정도의 순이익을 얻기가 얼마나 어려운지는 그나마 상대적으로 성공한 벤처기업이 모여 있는 코스닥에 등록된 기업 실적을 보면 쉽게 알 수 있다. 벤처기업은 고수익 고위험의 세계라지만 매출액의 20~30% 정도의 고수익을 얻는 기업은 지금까지의 결과에서 알 수 있는 것처럼 0.1% 미만이란 것을 직시하고 우리가 가진 비즈니스 모델의 상품성과 시장성을 검토해야 한다.

발명가 에디슨을 모태로 한 제너럴 일렉트릭(GE)이 아직도 세계 유수의 기업인 것은 그가 기업가로서도 얼마나 천재적이었던가를 느끼게 하며 100년이 넘는 동안 초일류기업으로 유지된 것은 지속적인 신 성장 동력을 만들었기 때문임을 알아야 한다.

돌이켜 보면 나도 수많은 시행착오를 거듭했다. 아직 큰 회사는 아니지만 그래도 (주)여의시스템이라는 회사가 현재 임직원 80여 명 규모에 이르기까지 수많은 우여곡절이 있었다. 조그만 구멍가게에서부터 재벌로 불리는 대기업까지 나름대로 수많은 위기와 우여곡절을 겪는다. 기업경영은 새로운 도전의 연속이다. 영국의 역사가 아놀드 토인비는 문명의 역사는 도전과 응전의 역사라고 했다. 나는 인생이나 기업도 마찬가지라고 생각한다. 모든 인생이 그렇듯이 기업도 도전과 그에 상응하는 응전, 그리고 그 사이클을 합하는 진화과정을 거치는 것이다.

대학을 졸업하고 직장생활을 하다 직장을 나와서 창업을 한 것이 29세 때였던 1983년이었다. 그때부터 고난과 도전의 연속이었다. 때로는 절망의 날도 있었고, 보람 있는 날도 있었다. 예기치 못한 누군가의 도움도 있었고, 가슴 벅찬 결실도 있었다. 기업도 마찬가지지만 성명기라는 인간의 삶을 돌이켜 보면 50여 년 동안 많은 굴곡이 있었다.

어릴 때부터 공부는 뒷전이었고, 라디오나 무전기를 밤늦게까지 만들다가 부모님에게 혼난 적도 한두 번이 아니었다. 고등학교도 겨우 입학했다. 고3 때부터 좀 정신 차리고 공부했기에, 다행히 내가 희망했던 대학의 전자공학과에 입학할 수 있었다. 요즘 같으면 내신 성적에 걸려서 제대로 된 대학에 원서도 내기 어려웠을 것이란 생각을 하면 피식 웃음이 나기도 한다. 대학을 졸업하고 직장 생활을 3년 남짓하다가 작은 컴퓨터 가게를 차려 독립을 했다.

가끔 우리 회사의 직원들은 회식 자리에서 묻는다. 무슨 마음을 먹고 창업을 했느냐고. 나는 그럴 때마다 "뭐, 그냥 돈 벌려고 했지. 특별한 마음을 먹을 게 있나"라고 얼버무린다. 창업의 노하우를 가르쳐주면 우리 회사를 그만둘지도 모르는데 내가 그걸 왜 가르쳐주겠는가? 하지만, 사실은 내가, 왜 창업을 하고 경영자의 길로 들어섰는지 나도 아직 잘 모른다. 아내도 처음에는 창업에 무척 반대했었다. 그러나 다시 한 번 생각해보면 어떤 예정된 코스 같은 것이 있었는지도 모르겠다. 그것을 운명이라고 해야 할까.

졸업과 첫 직장

1980년 2월 대학을 졸업하고 대우에 입사했다. 신군부의 12·12 사태 직후라서 사회가 매우 혼란했다. 그러다 보니 기업들이 인력 채용을 망설였다. 당시 대한조선이라는 회사가 있었는데 회사가 어려워지자 신군부 세력이 대우에 강제로 넘겨서 대우조선이 되었다. 지금이야 대우조선이 초호황 국면에 접어들었지만, IMF 이후 대우 그룹 전체가 몰락하게 된 이유 중의 하나가 덩치 큰 대우조선이 부담되었다고 말하는 사람들도 있다.

처음에 대우에 입사했을 때, 당연히 전자관련 기업으로 발령이 나는 것으로 알았는데, 엉뚱하게도 대우조선으로 발령이 났다. 그때 나에게는 결혼을 약속하고 사귀던 여자가 있었는데, 졸업을 하고 취직을 하면 바로 결혼을 하고 싶었다. 하지만, 결혼을 하자면 돈도 있어야 하고 부부가 함께 살 집도 있어야 한다. 당시 많은 대학생이 그랬듯이 나도 집안이 몹시 가난해서 여름에도 초겨울에 입는 옷의 소매를 걷어서 입고 다녀야 할 정도로 궁색했다. 그런데 거제도에 있는 대우조선에 내려가면 아파트를 무료로 빌려준다고 하는 것이었다. 전자공학을 전공했기에 전자관련 기업에 입사하고 싶었지만, 아파트를 무료로 빌려준다는 말에 거제도로 내려가기로 마음먹었다. 그때 사귀던 여자(지금의 아내이다)는 대학원에 다니고 있었는데, 거제도로 발령이 나서 내려간다고 하니까, 미래의 장모님께서 나를 불렀다.

장모님은 나의 결혼 의지를 확인하신 뒤 어머니를 뵙고 싶다고 하셨다. 그 뒤 상경하신 어머니와 만나서서 '젊은 남녀가 사귀디기 멀리 떨어져 있으면 좋지 않다, 빨리 결혼을 시키자, 그리고 대학원은 휴학시키고 거제도에서 신접살림을 마련하도록 하자'는 대화가 오간 뒤 두 분이 합의해서 결혼 날짜를 잡으셨다.

결혼 날짜를 받아놓고 결혼과 첫 직장의 설렘으로 몹시 들떠서 거제도로 내려갔다. 거제도라면 우리나라 남단에 있는 아름다운 섬 아닌가. 바다를 곁에 두고 사랑하는 사람과 새로운 삶을 시작하는 것도 낭만적이란 생각에 나의 상상은 즐겁기 그지없었다. 하지만, 첫 출근을 해서 아파트 문제를 알아보니 서울에서 들었던 것과 완전히 달랐다. 무료 임대 아파트는 없었다. 아파트에서 살려면 대우에서 지은 사원아파트를 구입해야 한다는 것이었다. 결혼식 날짜는 잡혔는데 아파트를 살 돈이 없으니 거제도에 근무하고 싶어도 근무할 수가 없게 되었다. 하는 수없이 첫 월급을 받는 날 사표를 냈다.

대우조선을 퇴사하려고 마음먹었을 때 뭔가 대책을 세워놓아야
만 했다. 산악회 선배들한테 전화로 부탁했다. 나는 중학교 때부터
만드는 것을 좋아했으니 작은 규모라도 연구개발을 마음껏 할 수
있는 곳을 알아봐 달라고…….

그랬더니 며칠 후 선배에게서 전화가 왔다. 입맛에 딱 맞는 회사
가 있으니 빨리 올라오라고. 그 회사가 바로 군포에 있는 대영전자
(지금의 휴니드테크놀러지스)다. 선배 덕분에 대영전자 연구소에 연구
원으로 취직했다. 1980년 3월 2일이었다. 대영전자가 사실상 나의
첫 직장인 셈이다. 그리고 3월 29일 결혼을 했다.

창업을 꿈꾸다

취직을 하고 결혼을 한 1980년 봄은 우리 현대사에서 격동의 시기였다. 당시를 '서울의 봄'이라고 불렀는데 이른바 3 김씨가 해금이 되어 정치 활동을 재개하면서 민주화의 열기가 온 세상을 압도할 때였다. 그러나 물밑에선 전두환을 비롯한 신군부 세력이 은밀하게 정권 획득의 작업을 벌이고 있을 때였다. 마치 폭풍 전야처럼, 고요하기는 한데 뭔가 터질 듯한 분위기였다. 4월부터는 대학가에서 본격적인 시위가 시작되었다. 5월 광주에서 엄청난 사건이 터졌지만, 그 당시 나로서는 그런 일들이 어떻게 진행되는지 알 수조차 없었다. 신혼 재미에 그리고 직장 생활의 재미에 푹 빠져 건실한 사회인으로서의 첫 단추를 잘 끼우고 있었다고 해야 할 것이다.

회사에서 근무하는 동안 일 자체는 참 마음에 들었다. 그 당시 내가 연구 개발을 하던 일은 방산관련 장비들이었다. 자세한 사항은

국가기밀에 저촉될 수도 있기 때문에 생략하겠다. 어쨌든 그런 일들은 중학교 때부터 무전기와 라디오 만들기에 푹 빠져서 살았던 내 적성에 잘 맞았다.

그때 나의 운명을 결정지을 작은 사건이 하나 일어났다. 애플 8비트 컴퓨터가 미국에서 개발되어 퍼스널컴퓨터 시대가 열리기 시작한 것이다. 애플 컴퓨터가 조금씩 인기를 끌면서 청계천 세운상가에 애플 컴퓨터의 복제품들을 만들어서 파는 가게들이 생기기 시작했다. 그때 대영전자 연구소의 연구원들끼리 컴퓨터를 만들어보자고 의기투합해서 보드와 부품들을 하나하나 구입해서 퇴근 후 같이 애플 컴퓨터를 조립한 적이 있었다. 그때만 해도 하드디스크 드라이브는 그림의 떡(10MB 용량의 HDD 가격이 100만 원이 넘었다. 당시 대기업 대졸 초임이 20여만 원 정도였으니 엄청난 가격이었다)이었고 90KB를 저장할 수 있는 플로피디스크 드라이브도 20~30만 원 정도였으니 플로피디스크 드라이브 한 대를 사려면 한 달 월급을 몽땅 털어넣어야 했다. 따라서 보조기억장치로는 일반 오디오용 카세트 녹음기를 사용했다. 일반 카세트테이프에 데이터를 기록해서 보관했는데 90KB 정도 되는 게임을 저장하거나 리딩(Reading)하는 데 거의 10분에서 20분 정도 소요되었다. 하지만, 무척 재미있었다. 컴퓨터를 만지거나 조립하고 있으면 신천지를 만난 것처럼 즐거웠다. 하기야 어릴 때부터 이런 일을 좋아했고 전자공학과에 입학한 것도 이 일이 좋았기 때문이었으니까 당연한 결과였을 것이다.

전자공학과의 인연

5살 정도로 기억되는 유년기 시절에 외삼촌이 만들어둔 진공관 라디오(케이스도 없이 외삼촌이 만든 작은 나무선반에 올려두었는데 동작할 때는 빨갛게 달아오른 진공관이 그대로 보였다)에서 소리가 나는 게 너무너무 신기하여 외할아버지가 안 계실 때 몇 번이나 그 속에 들어 있을 작은 사람들을 보려고 진공관 라디오 바닥을 뒤집어 봤는지 모른다. 그러나 그 속에는 노래를 부르는 사람은 없고 이상하고 잡다한 부속품만 잔뜩 들어 있었다.

오랜 시간이 지난 후 중학교(대구에 있는 경상중학교)에 들어가고 나서 하루는 외판원이 점심때 책을 팔러 교실에 들어왔는데 바로 《학생 과학》이었다.

돈이 없어서 정기 구독은 못하고 그달 발간되는 책 한 권을 사보았는데, 라디오를 만드는 방법이 자세히 기술되어 있었다. 잡지에 실린 '2석 트랜지스터 리플렉스 라디오 제작방법'은 나를 상상의 전자 세계에서 현실의 세계로 진입하게 하였다. 그날 방과 후 대구 중학을 다니는 최상일(그는 나의 이종사촌 동생이며 나중에 서울대 전기공학과를 졸업하고 전자통신 연구소에 3년 재직하다가 직장생활을 그만두고 부산 고려신학의대를 졸업한 뒤 외과의사 생활을 시작한 괴짜이다. 그 후 유엔에서 캄보디아 시소퐁에 파견할 병원장을 모집한다는 인터넷 모집광고를 보고는 지원을 했고 안정적인 의사로서의 삶을 벗어나 캄보디아의 슈바이처로 오랫동안 근무했었다. 그의 캄보디아에서의 생활은 텔레비전 프로그램인 〈한민족 리포트〉에 '킬링필드에서 생명을 구하고 있는 한인의사 최상일'로 소개된 적이 있다. 그는 아프리카의 모리타니아에서 이타적인 의사의 길을 걷다가 얼마 전 한국에 귀국하여 현재 제천에서 의사로 재직 중이다)을 불러서 경북여중고 옆에 있는 학생 과학 실험교재를 파는 가게에 갔다.

그곳에서 2석 트랜지스터 리플렉스 라디오 부품과 회로도 그리고 납땜인두를 산 후 밤늦게까지 둘이서 회로를 보면서 납땜질을 했다. 하지만, 그날 라디오 소리를 내는 데는 실패하고 말았다.

우선 배선도에 그려진 부품의 모양과 실제 부품의 모양이 다른 게 몇 개 있었던 데다가 지금과 같은 만능기판이 없어서 손바닥만 한 베이클라이트 판을 구해서 거기에 조립하려니까 구멍을 낼 수가 없었다. 그래서 송곳을 구하여 망치로 때려서 구멍을 내니까 베이클라이트 판이 얼마나 딱딱하든지 구멍 몇 개에 두 조각이 나고 말았다. 그렇지만, 이 날의 경험은 나를 전자공학에 몰두하게끔 하는 결정적인 동기가 되었다.

그날 이후 우리(나와 최상일)는 대구의 고물상이란 고물상을 다 돌아다녔다. 교동시장의 전자상가와 중고품 시장은 말할 것도 없고 자갈마당 뒤 고물상을 돌아다니는 것이 일상 생활이 되다시피 했다.

무수히 많은 것을 만들고 부수고 했다. 그때 만들어본 것이 8메가 헤르츠대의 무선 송신기, 금속 탐지기, 인터컴, 와이어리스 마이크, 진공관 라디오, 트랜지스터 라디오, 오디오 등이었다.

학교 수업시간에도 공부는 하지 않고 전자회로 사전을 뒤적거렸으니 학교 성적은 바닥을 칠 게 뻔한 일이었다. 덕분에 중학교 1학년 말에는 반에서 60명 중 53등을 했다. 당시 경상중학교에는 야구부가 있었고 내 기억으로는 학년당 두 학급에 야구부 선수들이 있었는데 마침 우리 반에 야구부가 7명 있었다. 또한, 그때 경상중학교에서는 반에서 꼴찌는 유급을 시켰었다. 결과적으로 나는 야구부 아이들을 제하면 꼴찌를 했지만 야구부 아이들 덕분에 유급을 하지 않고 운 좋게 2학년으로 올라갔다.

2학년에서는 공부에 다소 신경을 쓴 탓에 학년 말 성적은 50등 전후를 한 것으로 기억한다. 당시 나의 삶은 학교 공부는 등한시하고 전자관련 서적을 보거나 제품을 만들고 부수는 게 전부였다.

그런데 대구에서는 내가 원하는 부품을 구하기가 아주 어려웠다. 특히 외국 잡지에 나와 있는 회로도에 있는 부품을 구하는 것은 거의 불가능했다. 서울의 청계천에 가면 내가 원하는 부품을 마음껏 구할 수 있다는 것을 알고부터는, 잠을 잘 때도 종종 청계천 전자상

가를 돌아다니는 꿈을 꾸곤 했다. 간신히 중학교를 졸업했지만, 그때 내 학교 성적으로는 갈만한 인문계 고등학교가 없었다. 당시에 한 학교에 중고등학교가 같이 있는 동일 중고등학교는 무시험 진학제도가 있었지만, 중학교밖에 없던 경상중학교에서는 무시험 진학으로 갈 수 있는 인문계 고등학교가 없었다. 한두 개 남아 있는 인문계 고등학교에 응시를 했는데 결과적으로 후기 고등학교도 보기 좋게 불합격을 했다. 집으로 돌아와 이불을 뒤집어쓰고 울고 있는데 아버지께서 말씀하셨다.

"울지 말고 공부해라. 보름 후에 대건고등학교에서 60명을 추가 모집한다고 신문에 났구나."

중학교에 들어온 후 제대로 공부해본 것은 그때 보름이 처음이었다. 60명 모집에 599명이 신청을 했고 따라서 거의 합격이 불가능하리라 싶었는데 나보다 공부를 하지 않은 지원생이 많았는지 운 좋게 합격 통지를 받았다.

고등학교에 가서도 나의 만들고 부수기 열병은 가시질 않았다. 경북고등학교에 진학한 이종사촌은 대학진학 공부에 전념했지만, 나는 계속 엉뚱한 짓에 매달렸다. 부모님의 성화는 극에 달했다. 하라는 공부는 안 하고 툭하면 공부방에서 라디오 소리나 주파수 트리밍 하는 과정에서 나는 삐~빼~ 소리를 냈고 방바닥은 발을 들여놓을 수 없을 정도로 고물들이 지천으로 깔렸었으니 기가 막히셨을 것이다. 마침내 불 같은 다혈질 성격의 아버지께서 일주일을 걸려 만든 후 신나게 주파수 교정을 하고 있던 진공관으로 만든 나의 보물 라디오를 시멘트 마당에다가 패대기를 치는 사건이 발생했다. 공부방에 앉아 있는데 내가 한 잘못은 생각하지도 않고 아버지의 행동이 얼마나 서운하던지…….

학교 친구들은 나의 전자에 관련된 지식을 높이 인정해주어 친구 집의 고장 난 전축과 라디오, 각종 전자제품을 수리해주러 다니는 게 일이었으니 당연히 고등학교에서도 성적은 중하위를 맴돌았다.

고등학교 3학년이 며칠 후로 다가온 어느 날 초등학교 시절까지는 나와 성적이 비슷했던 상일이와의 엄청난 격차를 비로소 실감하기 시작했다. 상일이는 서울대 전기전자관련 학과를 목표로 삼고 있었는데 반하여 나는 대학예비고사(그 시절에는 고등학교 졸업 후 대학예비고사를 합격해야만 4년제 대학에 시험을 칠 수 있는 자격이 부여되었다)에도 합격이 쉽지 않은 수준이었기 때문이었다.

고등학교 3학년!

나는 내 손때가 묻은 전자 부품 중에 조그만 턴테이블과 앰프가 달린 라디오만 방에 남겨놓고 몽땅 다락에 올려버렸다. 그리고는 공부를 시작했다. 학교 수업, 도서관, 학원 그리고 집에 와서는 새벽 한두 시까지 내가 만든 앰프에 붙은 턴테이블에 레코드판의 팝송(대부분 누나가 음악을 좋아해 사다둔 것이었다)을 들으면서 교과서를 처음부터 읽고 또 읽었다.

나의 바뀐 행동을 대견하게 생각하신 어머니는 옻나무에서 채취한 끈적끈적한 생 옻 즙이 몸에 좋다고 새벽에 일어나면 날 달걀의

흰자에 잠기게 해서 먹게 했는데 이게 잘못되어서 옻이 오르는 바람에 고등학교 3학년이 된 지 보름도 안 되어서 3일간이나 결석을 하게 되었다. 몸이 회복되자마자 학교에 나갔는데 며칠 후 이번에는 이질에 걸렸다. 밤새도록 화장실을 들락날락거렸더니 나중에는 마당을 가로질러 방으로 오는데 다리가 푹 꺾이면서 주저앉을 지경이 되었다. 모처럼 공부를 시작했지만 3학년이 되고 한 달도 못 되어 일주일 넘게 학교에 가지 못했다. 하지만 집에 누워 있으면서도 손에서 교과서를 놓지 않았다.

건강이 회복된 후 다시 수업에 나가기 시작한 지 얼마 후에 첫 번째 일제고사가 있었다. 오랜만에 성적을 걱정해봤다.

그리고는 시험.

며칠 후 받아든 성적표는 나의 눈을 의심케 했다.

전교 10등.

그리고 나서 3학년 한 해 동안 대학 시험에 대한 목표 외에는 아무런 잡념이 끼어들지 않았다. (그렇지만, 그때에도 서울에 있는 대학에 들어가면 청계천을 신나게 돌아다니면서 만들고 싶은 것을 마음껏 만들어야지 하는 한 가지 생각만 했었다.)

그때 같은 반이었던 김태오 군과 점심때면 간혹 학교 운동장을 걸으면서 그의 해박한 이야기를 듣는 게 공부 이외에 갖는 유일한 즐거움이었다. 그 친구는 그때부터 공자가 어쩌고 맹자가 어쩌고 식의 옛 성현들 이야기를 주로 했는데 그 분야에 대해서는 일가견을 가진 친구였다. (그 친구는 경북대를 졸업하고 아동학 박사가 되었다. 현재 대구에 있는 계명대학교에서 후학들을 가르치고 있다.)

내가 공부를 하면서 코피를 흘려본 것은 그때가 유일했다.

그리고 1년 동안의 피나는 노력으로 나는 연세대학교 전자공학과에 입학했다.

나의 전자공학에의 입문은 위의 내용처럼 외삼촌의 영향이 결정적이었다. 어머니 형제분이 모두 다섯 분이었고 다섯 분에게서 태어난 자식 중 아들(즉 나와 외사촌 형제들)이 모두 9명이었는데 그중 7명이 전기, 전자, 컴퓨터관련 학과를 나왔으니 충분히 짐작할 수 있을 것이다. 주변의 부모 또는 친척들이 청소년의 성장에 얼마나 지대한 영향을 끼치는지를 알 수 있다.

회사를 세우다 —여의마이컴

대학졸업 후의 방위산업체연구소 연구원 생활로 돌아가 보자.

근무 시간에는 연구개발 업무를 하고 회사 일을 마친 후에는 동료 연구원들과 컴퓨터를 만들기도 했고 때로는 집으로 싸들고 와 컴퓨터와 밤새 씨름을 한 적도 한두 번이 아니었다. 조립이 끝나고 난 뒤에 컴퓨터로 블록 격파나 스페이스와 같은 게임 프로그램을 돌려보다가 갑자기 아이디어 하나가 번쩍 떠올랐다. 방산장비의 제어장치와 8비트 애플 컴퓨터를 결합하면 산업용 설비의 소규모 제어장치를 만들 수 있겠다는 생각을 한 것이다.

나는 회사에 사표를 낸 후 창업을 하자는 생각을 강하게 하기 시작했다. 마침내 아내에게 내 생각을 이야기했다. 하지만 아내는 펄쩍 뛰다시피 하면서 강하게 반대했다. 당시 처가의 큰 처남이 동신제약을 포함한 상장 회사 두 개를 경영하는 최고경영자였다. 처가

쪽이 칠 형제인데 기업체를 경영하는 분들이 많았다. 그분들이 기업을 경영하면서 고생하는 모습을 지켜본 아내는 내가 경영하려 한다는 자체를 무척이나 싫어했다. 어려서부터 경영이 얼마나 어려운지를 본 탓에 아내는 자기 남편만은 월급쟁이로 사는 것을 원했던 것이었다. 하지만 나는 아내의 만류에도 3년 3개월 만에 결국 사표를 내고 말았다. 창업에 대한 열정이 그만큼 컸을 뿐만 아니라 무슨 일을 한번 생각하면 그때부터는 악귀가 씌워지는지 누가 뭐라고 해도 내 고집대로 하는 성격 때문이었다.

하지만 당장 문제가 생겼다. 당연히 창업 자금이 없었던 것이다. 그래도 푼돈으로 시작할 수 있는 상소를 어기저기 알아보던 중에 대영전자에서 같이 근무했던 연구원의 소개로 여의도 인도네시아 대사관 바로 옆의 진주빌딩에 5평 가게 중 일부를 임대할 수 있었다. 실 평수는 3평 정도 되었는데 그 안에 옛날 돈하고 우표를 파는 가게에다가 회화 테이프를 파는 가게가 있었고, 다시 그 안에 내가 비집고 들어간 것이었다. 결과적으로 내가 차린 컴퓨터가게는 1.5평 가량 되었을까? 하지만 가게의 크고 작음은 문제가 되지 않았다. 의욕과 희망에 부풀어 있었을 때였으니까……. 1983년 7월, 드디어 '여의마이컴' 이라는 이름으로 작은 가게를 열었다. 1.5평 가게를 두 부분으로 나누어서 중간에 커튼을 치고 커튼 뒤에서는 컴퓨터를 조립하고 앞쪽에서는 조립한 컴퓨터를 파는 매장을 만들었다. 우선 돈이 없으니까 컴퓨터를 만들어서 팔고 컴퓨터를 팔아서 번 돈으로 내가 하고 싶은 자동제어 장비를 개발한다는 계획이었다.

신문에도 퍼스널컴퓨터에 대한 기사가 종종 나면서 컴퓨터에 대한 수요도 조금씩 생기기 시작했다. 청계천에는 조립 가게 몇 군데가 꽤 번성하고 있었지만 내 성격과 능력으로는 세운상가의 베테랑 장사꾼들과 경쟁을 할 자신이 없어서 여러모로 생각해보다가 어느 정도 경제 능력을 갖춘 소비자들을 상대로 한 번 승부를 걸어보자는 생각에서 여의도에 자리를 잡은 것이었다. 여의도에서 다른 컴퓨터 가게들과 기술적인 차별을 두면 규모는 작더라도 충분히 승산이 있다는 생각을 했었다.

회사의 직원은 사장인 나와 그때 막 군대를 제대하고 다음 해 복학을 준비 중이던 동생과 아내가 전부였다. 대학에서 주생활학과를 졸업하고 대학원을 마친 아내는 서울과 수원에 있는 대학에서 시간 강사를 하고 있었는데 강의가 없는 시간에는 가게에 직원으로 있으면서 강의 준비를 하곤 했다.

그러나 막상 가게를 오픈한 이후에 모든 것은 내 생각대로 흘러가지 않았다. 7월에 가게를 오픈했지만, 보름이 지나도 컴퓨터가 한 대도 팔리지 않았다. 눈앞이 캄캄해졌다. 가게를 차리면 돈 많은 동네 아이들이나 오피스 빌딩의 직장인들이 찾아와 장사가 되겠거니 생각했지만 그게 아니었던 것이다. 한 20여 일 파리만 날리고 한숨만 쉬고 있을 때 천사가 찾아왔다. 대영전자에서 친하게 지내던 연구소 친구들과 생산부 직원들이 찾아와, 도와줄 것은 없고 자기들이 단체로 컴퓨터를 구입하겠다는 것이었다. 당시 컴퓨터가 약 30여만 원 할 때였다. 자기들도 월급쟁이 생활을 하는 처지라서 10여 명이 매달 5만 원씩 6개월 할부로 살 수 있으면 좋겠다는 것이었다.

구세주를 만난 것 같았다. 컴퓨터를 만드느라고 가게에서 밤늦게까지 시간을 보냈고 그달 말에 무사히 납품을 했다. 첫 달 결산을 해보니 아주 약간의 수익이 났다. 물론 이때는 인건비를 계산하지 않아도 되었기 때문에 가능한 일이었다. (동생은 나중에 복학할 때 첫 등록금을 주기로 했기에 당장은 급료를 주지 않았다.)

두 번째 달도 가게는 월초부터 파리를 날리기 시작하다가 월말이 가까워져 오면서 조금씩 팔렸지만, 이익이 날 정도는 아니었다. 그런데 또 한 번 천사들이 찾아왔다. 내가 근무했던 대영전자가 대우중공업에 인수되기 전에 위성수신기 사업부가 별도의 회사로 분리되었었다. 그 회사로 갔던 옛 대영전자 동료가 나를 도와주자고 의견을 모아서 컴퓨터 20대를 할부로 주문한 것이었다. 덕분에 두 달은 운 좋게도 적자를 내지 않고 그럭저럭 운영을 하게 된 것이다. 그때 밤늦게까지 가게에서 일하다가 집에 가는 버스 안에서 2살 된 석현이를 아기 배낭에 메고, 아내와 세상을 살아가면서 우연한 인연으로 만나게 되는 모든 사람들에게 좋은 인상을 남겨둔다는 게 인생에서 얼마나 소중한가에 대해 이야기를 나누곤 했었다.

세 번째 달에는 가게가 조금씩 알려지면서 꼬마손님들도 심심치 않게 찾아오는 바람에 그럭저럭 50~60만 원의 이익이 났다. (직장에서 퇴사할 때 내 월급이 37만 원이었다.)

그런데 가게를 시작하고 네 번째 달인 10월에 생각도 못한 상황이 벌어지기 시작했다. 1년 정도는 있어야 우리나라에도 컴퓨터 붐이 일 거라 생각했는데 불과 몇 달 만에 애플 컴퓨터 붐이 오면서 혼자 컴퓨터를 조립해서는 도저히 수요를 맞출 수가 없을 정도의 호황을 맞이한 것이다. 그런 분위기를 타고 당시 세운상가에 있던 큰 규모의 반도체 판매 회사(석영전자)가 애플 컴퓨터 사업부를 만들고 대량 생산을 하기 시작했다. 여의마이컴에서 내가 조립하는 숫자로는 납기를 맞출 수가 없어서 그 회사의 대리점권을 따냈다. 그런데 이번엔 컴퓨터를 만드는 부품의 공급 부족 현상이 벌어지면서 제품 자체가 항상 품귀였다. 그때 학교후배의 소개로 부족한 일손을 메우고자 직원 한 명을 뽑았다. 그런데 이 직원은 비즈니스적인 감각이 아주 뛰어났다. 그는 석영전자의 영업담당 책임자를 사귀어서 다른 대리점보다 훨씬 많은 컴퓨터를 배정받아서 소비자에게 공급하곤 했기에 저녁에 집에 가면 아내와 안방에서 돈 세는 게 중요한 일이 되었다. 그렇게 하다 보니 10월부터 서너 달 동안은 월평균 수익이 700만 원이 되었다. 당시 여의도에 있는 아파트의 평당 가격이 150~200만 원 할 때였으니까, 여의도 아파트 4~5평은 살 수 있는 돈을 4명이 전 직원인 가게에서 한 달에 벌었던 것이다. 정말 그때는 자정이 다되어서 퇴근하면서도 피곤한 줄 몰랐고, 식사시간이 되어도 밥을 제대로 먹을 수 없을 정도로 바빴으면서도 모두 신이 나서 열심히 일했다.

그 무렵 컴퓨터 호황을 타고 여의도에도 가게가 여러 개 생겨났지만 우리 가게는 상대적으로 아주 좋은 실적을 내고 있었다. 당시 이런 에피소드도 있었다. 나와 동생(현재 여의시스템의 연구소 상무이사로 재직 중이다)이 컴퓨터를 설치해주려고 나간 사이에 KBS 별관에 근무하는 고객들이 비지캘크라는 스프레드시트 프로그램(지금은 엑셀이 스프레드시트 시장을 장악하고 있지만 그때는 비지캘크가 가장 유명했고 현재의 엑셀도 비지캘크의 윈도우판 업그레이드 제품이라 보면 된다)에 대해 물어보러 왔는데, 여자 직원(아내)밖에 없었기에, 사장은 언제 오느냐고 물었다. 아내가 컴퓨터를 설치하러 가서 한두 시간 걸릴 거라고 대답하면서 왜 그러냐고 물어보았다. 고객은 비지캘크 매뉴얼(당시는 한글 매뉴얼이 아직 없고 영어로 된 운영 매뉴얼밖에 없었던 시절이다)을 읽었는데 무슨 뜻인지 이해가 안 되어서 그런다고 했고, 그 말을 들은 아내는 비지캘크의 영문 매뉴얼을 펼치고는 줄줄 읽으면서 그 기능을 설명했다. 그 일이 있고부터 KBS에 근무하는 사람들 사이에 여의마의컴에 있는 직원들은 전부 컴퓨터 도사들이란 소문이 퍼지기 시작했고 덕분에 가게가 더욱 북적거리기 시작했다. 1.5평의 공간으로는 어떻게 할 수가 없어서 우표와 회화테이프 가게의 공간을 권리금을 주고 인수했다. 1984년 초에는 가게 뒤편에 있던 전기공구 가게도 인수해서 10평 정도 되는 공간을 확보했다.

하지만, 호황은 오랫동안 지속하지 않았다. 자본주의 시장경제하에서는 구조적으로 호황과 불황이 늘 반복되는 것이 원칙이다. 또한, 경제적으로 사회 전체가 호황 국면에 접어들었다 하더라도 개별 기업은 어떤 아이템이냐, 혹은 어떤 비즈니스 모델이냐에 따라서 불황 국면에 접어들 수 있다. 기업이 변화에 늘 촉각을 세우고 대처해야 하는 이유가 바로 여기에 있다. 나는 창업 1년도 안 된 시

점에서 월 700만 원의 고수익을 올렸고, 또한 그 기쁨에 고무되어 그런 호황이 오래가리라 생각했다. 하지만, 1984년 3월부터 컴퓨터에 대한 열정이 눈에 띄게 시들해지기 시작했다. 왜냐하면, 애플 컴퓨터의 주변기기가 워낙 고가였고 컴퓨터에 플로피디스크를 달고 모니터를 사면 100만 원이 필요한데 그것으로 할 수 있는 게 초보수준의 게임 정도였기 때문이었다. 이때부터 새로운 비즈니스 모델을 찾아야 한다는 생각이 들었다. 회사에서 나올 때 생각했던 컴퓨터를 이용한 자동제어 장치에 생각이 미쳤지만, 문제는 시장을 어떻게 공략하느냐였다.

그 돌파구는 우연히 찾아왔다. 당시 여의도에 살던 대학생 몇 명이 애플 컴퓨터 스터디 그룹을 만들었는데 그중 일부는 우리 고객들이었다. 학생들은 여의마이컴 귀퉁이의 싸구려 의자에 앉아 컴퓨터의 소프트웨어 트릭과 그 시절 판매되던 하드웨어 보드의 활용법 등에 대하여 의견을 나누곤 했다. 때로는 애플 컴퓨터에 간단한 제어 보드를 만들어서 제어를 해보면서 열띤 토론을 하기도 했었다. 어느 날 그들은 디스플레이 구동 회로에 대해서 토론을 하다가 의견의 일치를 보지 못하고 갑론을박을 되풀이했다. 호기심이 생긴 내가 참견을 했다. "호기심이 조금 있어서 그러는데 함께 들어도 되냐고?" 물으니 좋다고 했고, 그래서 바로 옆에서 설계된 회로를 자세히 볼 수 있었다. 그 회로 상태로는 동작이 될 수 없음을 단번에 알 수 있었다. "외람되지만, 그 회로는 그렇게 해서는 작동되는 게 아니고, 이렇게 하면 잘 동작할 겁니다." 어쩌고 저쩌고하면서 회로를 그려주면서 설명을 곁들였다. 그 순간 스터디 그룹의 멤버들은 눈이 휘둥그레지면서 날 쳐다봤다. 그리고는 전에 어떤 일을 했기에 이렇게 전자회로를 잘 아느냐고 묻기에 가게를 하기 전에 방위산업체연구소에서 연구개발을 했다고 말했다. 그다음부터 이 친구들은 시간만 나면 가게로 찾아와서 이것 저것을 물어보곤 했다. 그 이후 그 팀은 우리 가게의 주요 고객이 되었다. 스터디 그룹이 점점 커지면서 고객도 늘어났으니, 나로서도 즐거운 일이었다. 이 친구들이 아직 대학생들이었기에 나에게 질문하는 수준은 다행히도 내가 쉽게 설명이나 설계를 해줄 수 있는 정도였다.

그런데 서울대 농공학과를 나온 스터디 그룹 팀장이 대전의 표준과학연구소에 연구원으로 입사하게 되었다. 이 무렵 국공립 연구소도 단순히 국가에서 주는 돈으로 실용성 없는 제품 연구만 하는 게 아니고, 프로젝트를 따서 수익을 내면 인센티브를 지급해주는 쪽으로 방향이 선회하기 시작할 때였다. 그는 주말이 되면 서울에 와서 스터디 그룹도 이끌면서 때로는 자신이 제안하여 연구소에서 영업 중인 프로젝트에 대해서도 상의를 했다. 얼마 후 그는 자신이 수주한 시험장비(자동차 조향장치를 자동제어하면서 스트레스를 주고 그때의 변형상태를 컴퓨터로 계측하여 상태를 분석하는 측정 장비)를 우리에게 발주를 주었다. 그 일은 그렇게 어렵지 않았다. 그 당시 이미 출시되어 있던 IBM PC 호환기종을 사용하여 개발을 끝냈다. 그런데 당시에는 이것이 우리 회사의 새로운 비즈니스 모델의 시발점이 될 줄 확실히 감을 잡지 못했다. 하지만 이 비즈니스가 결과적으로 여

의시스템의 주력 사업 모델이 된 셈이다.

그때 동생은 경북대학 전자공학과에 복학했기에 소프트웨어는 대학원 다니는 후배들의 도움을 받아 개발을 했고, 하드웨어는 내가 설계해서 만들었다. 1984년 초에 수익이 줄어들던 시점에서, 컴퓨터를 이용한 계측장비의 수주는 회사의 수익을 급격히 개선하는 계기가 되었다.

하지만, 인생이란 좋은 일만 있겠는가. 그동안 세상을 살아오면서 지난 시간을 되돌아볼 때 인생이란 좋은 일과 나쁜 일의 반복이라는 생각이 든다. 그래서 좋은 일이 생겼다고 너무 좋아할 것도 아니고 나쁜 일이 생겼다고 너무 슬퍼할 일도 아니라는 옛 성현의 '새옹지마'에 얽힌 이야기가 가슴에 종종 와 닿는다.

가게를 차리고 10개월이 경과된 1984년 5월!

인생을 살아가면서 다시 되새김질하고 싶지 않은 끔찍한 사건의 시발점은 3살 먹은 아들 석현이의 감기로부터 시작되었다.

내가 54년 11월생이니까 만 30살이 되기 전이었고 아내는 나보다 3살 어린 27살. 신혼의 단꿈을 아직도 간직한 어린 부부에게 악몽 같은 시간이 찾아들었다. 당시의 상황을 일기체 형식으로 적어본다.

죽음과의 입맞춤 1 —백혈병

- **1984년 5월 26일**

석현(만 2년 4개월)이가 며칠째 감기로 열이 많이 난다. 여의도 KBS별관 옆 소아과 의원에서 치료를 받았으나 열이 잘 내리지 않는다. 벌써 일주일째 39도를 넘는 고열이 계속된다.

병원에서 준 약을 먹으면 열이 잠시 내렸다가 다시 올라간다. 고열로 눈의 하얀 흰자위가 출혈이 되어 새빨갛다. 밤 10시가 넘어서 석현이가 다니던 소아과 간호사에게서 전화가 왔다. 지금 즉시 고려병원(현 서대문 삼성의료원)의 응급실에 가서 진찰을 받으란다.

밤늦게 집으로 전화해서 응급실에 가서 진찰을 받으라고 하니까 아내가 불안해하면서 어쩔 줄을 모른다. 석현이를 데리고 아내와 함께 고려병원 응급실로 갔다.

피검사를 받았다. 피검사를 하던 당직 의사가 석현이 팔다리에 있는 여러 개의 파란 반점을 유심히 쳐다보는 게 마음에 걸린다.

"루케미아 같은데요."

당직 의사가 담당 과장에게 전화하는 것이 들렸다.

루케미아? 루케미아는 고등학교 때 보았던, 슬픈 감동을 가슴 시리도록 주었던 영화 〈러브스토리〉에서 나오던 단어가 아닌가?

그러면 백혈병인데…….

그래도 그날은 그렇게 절박하게 느껴지지 않았다. 실감도 나지 않았고, 설마 그럴 리가 있나, 혹은 별것 아니겠지 하고 생각했으니까. 당직의사가 담당 과장에게 전화하는 말을 듣고도 고려병원 응급실 밖의 텔레비전에서 세계헤비급 타이틀전 권투 중계를 보았고 집에 가서 자라는 아내의 말을 듣고는 아내와 석현이를 응급실에 두고 아파트에 와서 편히 잠을 잤으니…….

그러나 이 날은 다시 생각하고 싶지 않은 우리 가족의 죽음과의 긴 투쟁의 시발점이 되는 날이었다.

• 1984년 5월 28일

"재생불량성빈혈이거나 백혈병으로 판단되는데 피검사 결과만 두고 봤을 때 일단 백혈병으로 진단되었습니다."

고려병원의 소아과 과장 선생님의 말이었다. 골수검사를 해야 정확한 병명을 알겠다는 의사의 말에 순간적으로 다리가 허공에 붕 떠오르는 듯한 착각을 느꼈다.

백혈병!

사실이구나. 이제 태어나서 두 살 반밖에 안 된 어린애가 백혈병이라니? 아내의 얼굴은 온통 눈물로 범벅되었고 정신이 혼미해진 나는 그냥 허둥거렸다. 척추에서 골수검사하는 도중에 석현이가 고통에 발버둥쳤고 아내가 석현이를 달래면서 움직이지 않도록 몸을 잡아주는데 석현이가 아내의 팔을 물어뜯었다. 살점이 뜯겨나간 아내의 팔에서 새빨간 핏줄기가 팔을 타고 흘렀다.

석현이는 검사 결과 급성림프성백혈병으로 판명되었다.

이제 석현이는 멀지 않아서 우리 곁을 떠나는구나 생각하니 세상이 빙글빙글 도는 것 같다.

만 세 살도 안 된 아기에게 죽음이라니.

도대체 우리가 무슨 죽을죄를 지었기에 백혈병이란 말인가?

선홍색 핏자국이 하얀 눈자위에 맺혀 있는 석현이가 너무 애처롭다. 그리고 아내의 울어서 퉁퉁 부은 얼굴은 도저히 쳐다볼 수가 없다. 저녁부터 아내는 하혈을 시작했다.

임신 6개월인데 유산이 안 되었는지 걱정이다.

처가와 대구의 부모님 그리고 누나에게도 소식을 전했다.

연락받은 누나가 전화기를 붙잡고 우는 바람에 나도 감정이 북받쳐서 한참 동안 누나와 같이 울었다.

아내를 산부인과에 보냈다.

유산이란다. 석현이 백혈병 진단에 충격을 받았을 뿐만 아니라 석현이가 아내의 팔을 물어뜯은 것이 원인이 된 것 같았다.

아내가 마음의 각오를 새롭게 한다.

임신한 상태로는 석현이를 보살피는 데 지장이 있을 거라 생각했는데 잘됐다는 거다.

말은 그렇게 하지만 아내의 핏기 없는 창백한 얼굴은 곧 허물어져버릴 것 같다. 이제 시작인데 고통의 끝은 어디쯤일까?

저녁에 가족들의 의견을 모아 모교인 연세대 신촌 세브란스 병원 응급실로 석현이를 옮겼다.

석현이의 열은 점점 더 올라서 계속 39~40도를 오르내린다.

세브란스 병원에서의 되풀이되는 검사로 석현이는 거의 탈진상태이다. 다시 끔찍한 골수검사가 이어지고…….

결과는 똑같이 급성림프성백혈병이다.

담당 의사는 세브란스 병원 암센터 병원장 김병수(후에 연세대 총장을 역임하셨다) 박사이다.

자그마한 체구이지만 신뢰가 가는 모습이다. 잘 치료하면 완치도 가능하다는 의사의 말에 며칠 만에 아내의 얼굴에 언뜻 미소가 지나간다.

희망의 한 줄기 빛이 비치는 것 같다. 당연히 죽을 거라 생각했는데…….

그래!

최선을 다해보자.

아내와 손을 맞잡고 서로 격려의 말을 주고받았다.

치료가 시작되있다.

심하게 열이 나는 것으로 보아 패혈증이 의심된다며 항생제로 먼저 열을 내려야 한다고 한다. 항암제와 대량의 항생제가 가녀린 석현이 혈관을 통해서 몸속에 무차별 투여된다.

"석현아! 잘 견뎌야 한다. 그래야 엄마랑 아빠랑 오래 살 수 있어."

석현이에게 눈물이 그렁그렁한 얼굴로 말하는 아내 때문에 또 눈물이 쏟아진다.

눈물은 바보같이 왜 이리도 끊임없이 나오나?

• 1984년 6월 4일

병원에 있다 보면 날짜 개념이 없어진다.

하루하루 병세의 진전에 따라 살얼음판의 긴장이 더하거나 덜할 뿐이다. 석현이는 먹는 음식마다 그대로 토해내고 변기에 앉으면 시커먼 물 설사를 하면서 울어댄다.

며칠 동안 검사를 받으면서 목청껏 울어서인지 노인같이 쉰 목소리로 꺽꺽거리며 간신히 울음소리를 낸다.

머리카락은 뭉텅뭉텅 빠져나간다.

'과연 살려낼 수 있을까?' 하는 회의가 엄습한다.

그래도 아내는 희망을 품고 끊임없이 석현이 머리맡에서 여러 가지 이야기도 해주고 동화도 읽어준다.

아내는 식사를 거의 못해서 안 그래도 갸름한 얼굴이 더 길어졌다.

• **1984년 6월 6일**

매번 석현이가 혈관 주사를 맞을 때마다 가슴이 아프다.

어린애라서 혈관을 찾기 힘들어 간호사가 주삿바늘을 찔렀다 뺐다를 되풀이하니 얼마나 울어대는지…….

오늘은 다섯 번이나 그렇게 하다가 잘 안되니까 레지던트가 와서 두 번 만에 간신히 주사를 놓았다.

피가 지혈이 안 되어 찌른 곳마다 파란 반점이 자꾸 늘어간다.

피부가 약해서 하루에서 이틀 정도면 링거 주사를 다른 곳으로 옮겨야 한다. 거기다가 반창고 알레르기가 있어서 오늘은 종로에 있는 약국을 들러서 종이 반창고를 구해왔다.

건강보험에서 종이 반창고는 처방이 안 되는 모양이다.

• 1984년 6월 8일

이제 아이의 팔다리에서 더 이상 혈관을 찾을 수가 없다.

팔다리는 온통 주삿바늘 자국으로 시커멓게 멍이 들어 있다. 오늘은 이마에서 혈관을 찾으려고 간호사가 한참 동안 씨름을 한다.

칭얼대는 석현이는 골수검사와 계속되는 주사에 얼마나 울었던지 목이 완전히 잠겨서 제대로 울지도 못한다. 그냥 표정과 입으로만 울고 있음을 알 수 있고 우는소리는 거의 나지 않는다.

간호사도 정말 쉬운 일이 아닌 것 같다.

보호자가 지켜보는 데서 몇 번이나 주사를 놓았다 뺐다를 되풀이하면서 진땀을 흘린다.

석현이 체중은 하루하루 눈에 띄게 줄어들어 간다.

회사일 때문에 석현이와 함께 하는 시간이 너무 없어서 죄스러움이 늘 함께 한다.

그래도 치료비는 벌어야 하니까 어쩔 수가 없다.

• 1984년 6월 9일

석현이와 내가 혈액형이 같아서 보름 사이에 내 피로 전혈수혈과 성분수혈(페르시스)을 한 번씩 했다.

그리고 연세대에 가서 박민용 교수님께 도움을 요청하여 대학원 다니는 후배(유재호)와 동생과 동생친구 그리고 후배 순환이가 돌아가면서 성분수혈을 했다.

성분수혈은 남에게 부탁하기가 매우 어렵다.

양쪽 팔에 각각 주삿바늘을 꼽고 오른쪽 팔에서는 계속 피를 빼내서 원심분리기에 집어넣어 필요한 성분(혈소판과 백혈구)을 빼내고 남은 피는 왼쪽 팔에 넣어주는데 두 시간 이상 걸리는데다가 미리 피검사하고 결과가 나올 때까지 기다려야 하므로 검사부터 채혈까지 온종일 걸린다.

거기다가 자신의 몸속 피가 가늘고 투명한 튜브로 거의 다 빠져나와서 원심분리기에서 돌아가는 것과 다시 몸속으로 들어가는 모습을 두세 시간 동안 쳐다보는 것도 소름 끼치는 일이다.

그래도 모교가 가까이 있어서 필요하면 전자공학과 후배들에게 부탁할 수 있으니 그것만 해도 다행이다.

• 1984년 6월 17일

열이 내리기 시작한다.

아내의 표정이 밝아진다. 이젠 설사를 거의 하지 않는 것만 봐도 많이 좋아진 것 같다.

그래. 그렇게 해서 낫기만 해라.

오후에는 석현이가 퇴원하면 당분간 집에서 격리시켜 치료해야 하기 때문에 심심할 때 탈 수 있는 장난감 자동차를 영등포에 가서 샀다. 나중에 이 자동차는 석현이가 페달을 밟을 때 금속 부분이 다리에 부딪히면서 피멍이 여기저기 드는 바람에 거의 태우지 못했다.

열이 내리기 시작하니 모든 것이 급속도로 호전된다.

의사가 잘하면 3~4일 내로 퇴원할 수 있겠단다.

퇴원하면 본격적인 항암제 치료에 들어간다고 한다.

"여자는 약하다. 그러나 어머니는 강하다"고 했는데 이번 석현이의 투병과정에서 아내는 정말 강한 모습을 보여주었다.

병원에 입원해 있을 동안 잠시도 쉬지 않고 이야기를 해주거나 팔다리를 주물러 주었고 밤새도록 주삿바늘이 꼬이지 않았는지 치료약은 잘 들어가는지 체크를 하곤 했는데 잠은 언제 자는 건지.

그런데도 나는 눕기만 하면 피곤함에 지쳐 곯아떨어졌으니…….

퇴원 결정이 내려졌다.

머리카락이 대부분 빠져버린 석현이 머리통이 동자승 같아서 오랜만에 아내와 같이 웃었다. 집에 오는 길에 한 달 사이에 계절이 많이 바뀌었음을 느꼈다.

모두 웃었고 또 희망에 찼고 이것으로 병원에 입원하는 것은 끝이기를 기도했다. 하지만, 불과 한 달 보름 후에 더 끔찍한 시간이 기다리고 있다는 것을 그때는 알지 못했다.

매주 수요일 병원에 가서 피검사를 하고 항암제 주사를 맞고, 먹는 항암제도 일주일 분을 받아온다.

항암제를 투여한 후에는 석현이의 얼마 남지 않은 머리가 다 빠져버렸다. 거기다가 항암제 부작용으로 잘 먹지를 못하고 자주 토하는데도 얼굴은 부어서 탱글탱글하다.

얼굴이 꼭 풍선에 바람을 집어넣은 것 같은 게 얼마나 탱탱한지 바늘로 찌르면 바람이 푹 빠져서 쭈글쭈글해질 것만 같다. 식욕이 떨어져서 밥 한 그릇 먹이는데 평균 두 시간 이상 걸리니까 아내는 거의 온종일 석현이 먹이는데 시간을 보낸다.

아내와 상의 끝에 다시 아이를 갖기로 했다.

항암제 치료가 실패하면 골수이식밖에 대안이 없는데 지금으로서는 거부반응이 없는 골수를 구하기가 거의 불가능한데 형제면 50% 정도는 골수가 맞다니 그렇게 결정했다.

만일 그런 경우가 발생하여 석현이가 동생의 골수이식으로 살아난다면 태어날 아기도 훗날 부모와 형의 심정을 충분히 이해해줄 것이라 믿으면서…….

• 1984년 7월 10일

오랜만에 석현이와 아내 이렇게 셋이서 외출을 했다. 석현이가 빡빡머리라서 모자를 씌웠더니 계집애 같아서 한참이나 웃었다.

석현이가 걸어다니고 말하고 웃고 밥을 먹는 것과 같은 평범한 일들이 우리에게 즐거움을 준다.

크리스천 학교를 다니다 보니 접했던 '범사에 감사하라' 란 말이 가슴에 와 닿는다.

• 1984년 7월 12일

석현이가 피검사에 이제는 어느 정도 적응이 되었나 보다.

겁이 잔뜩 나있는 표정인데도 매주 검사를 하니까 자신이 처한 처지를 본능적으로 대충 이해하는 모양이다.

그런데도 피검사용 작은 칼로 손가락 끝을 찌를 때는 몸을 파들파들 떤다.

세 살도 안 된 어린애가 왜 이런 고통에 적응이 되어야 하는지 답답하다. 그래도 어느새 아내와 나도 지난번 입원했을 때의 고생을 생각하면 이 정도는 충분히 감당할 수 있는 수준으로 느껴졌다.

그런데 오늘부터 석현이에게 새로운 고통이 추가되었다.

척추 뼈와 뼈 사이의 골수가 생성되는 부위에 척추 항암제 주사를 맞아야 하는 치료를 몇 주 동안 해야 한다고 한다.

백혈병이란 〈러브 스토리〉에 나오는 이야기처럼 슬픔 속에 아름다움을 간직하고 있는 게 아니다.

온 가족들의 진을 빼내는 과정을 몇 번이나 되풀이하게 한다.

암 센터에서 석현이와 비슷한 시점에 치료받던 아이들이 매주 석현이를 데리고 병원에 갔을 때 보이지 않아서 물어보면 죽었거나 재발하여 입원했다는 소식을 듣는 것이 다반사이다.

〈13일의 금요일〉 같은 영화 속에서 빠져나오지 못하고 헤매는 것과 똑같은 느낌이다.

석현이를 옆으로 눕히고 머리와 다리를 서로 붙여서 온몸을 공처럼 동그랗게 만든 후 등뼈의 뼈와 뼈 사이가 잘 드러나게 해놓고 움직이지 못하도록 한 다음 뼈 사이에 항암제 주사를 놓으니 아파서 어쩔 줄을 모른다.

지난주에 40대로 보이는 환자가 이 주사를 맞으면서 얼마나 아픈지 황소 우는소리를 내면서 고통스러워하는 것을 보았었다.

불과 한 달 남짓한 사이에 석현이와 우리 가족의 삶이 잿빛으로 완전히 바뀌어버렸다.

● 1984년 8월 5일

골수 항암제 주사가 오늘로 끝났다.

이제는 혈관 항암제 치료를 계속하면서 방사선 치료도 시작되었다. 백혈병 병원체가 뇌에 침범하는 것을 방지하고 이미 뇌에 침범한 병원체가 있으면 사멸시키기 위한 목적이라는데 치료기간 동안 부작용으로 상당히 힘들어 할 거라고 한다.

석현이에게 수면제를 먹여서 재운 후 방사선 치료실에 눕힌다. 아내는 임신했을지도 몰라서 방사선 치료실에는 들어가지 않고 매번 내가 잠든 석현이를 안고 들어갔다.

얼굴에 방사선 조사할 부분을 시커멓게 줄을 그어 표시하여 치료하고 방사선 조사실에서 나온 후에도 지우지 말라고 하기에 그대로 데리고 나오니 빡빡머리와 얼굴의 까만 줄은 어릴 때 봤던 미국 서부 영화 속에 나왔던 인디언을 똑 닮았다.

• 1984년 8월 8일

방사선 치료를 하려고 수면제에 취해 잠든 석현이를 데리고 방사선 조사실에 들어갈 때마다 에어컨이 너무 강해서 실내가 반 냉동실 수준이다.

잠든 애를 병원 시트로 둘둘 감아주고 나오지만 추워도 너무 춥다.

병원 측에 한두 번 이야기해보았지만 중앙 집중식인데다가 구조가 잘못되어서 어쩔 수가 없단다.

방사선실 밖의 환자 대기실은 에어컨이 적당해서 섭씨 25~27도 수준인데 하필이면 방사선실만 그렇게 기온이 낮은지 모르겠다. 한

여름에 어린 백혈병 환자를 수면 치료하는 치료실의 실내온도가 18도~20도 전후인 것 같다.

며칠 후 방사선실의 온도문제로 석현이가 죽음의 문턱에 다다르게 될 줄은 그때까진 생각도 못했다.

방사선 치료를 받고 나오는 석현이가 기침을 한다.

감기에 걸린 모양이다.

나쁜 자식들!

어린 환자를 그렇게 추운 방에 잠든 상태로 한 시간씩이나 두는데 감기에 안 걸릴 수가 있나?

내가 투덜투덜거렸다.

방사선 치료를 하면 저항력이 많이 떨어진다는데…….

감기 탓에 약간의 미열이 나기 시작하여 아내와 나를 불안케 한다.

별 탈이 없어야 할 텐데…….

열이 점점 더 심해지는 것 같아서 급히 병원에 입원시켰다.

의사 말로는 병원에 빨리 왔으니까 며칠만 입원하면 큰 문제없이 치료될 거라고 한다.

그러면서 앞으로도 열이 나면 바로 병원에 입원시키라는 말을 덧
붙인다.

• 1984년 8월 14일

인천 대우중공업 공장에 들어가서 납품한 자동제어 시스템의 시
운전을 하고 있는데 저녁때쯤 아내에게서 전화가 왔다.

석현이가 열도 심하게 나고 호흡도 가쁜 게 이상하다고 했다.

낮에 병원에 갔을 때만 해도 몰랐는데 저녁부터는 상태가 많이
나빠진 것 같은 느낌이 들기 시작했다.

자정이 되어서 병원에 갔더니 숨 쉬는 소리가 심상치 않아 당직
의사에게 도움을 요청했다.

• 1984년 8월 15일

휴무일이라서 당직 레지던트만 있는데 석현이의 상태가 급작스
레 나빠지더니만 오후에는 산소 공급을 해야 할 정도로 나빠졌다.

한 시간 간격으로 병실에서 x-ray 사진을 찍어보는데 폐렴이 급
속도로 번져나가는 모습을 당직의사가 보여주면서 사태가 심각해
오늘 밤을 넘기기 힘들다고 말한다. (사진 판독 상태로는 폐의 90%가
염증으로 덮였고 대규모 항생제를 투여하는데도 염증이 계속 번져간다고
했다.)

아니 이게 무슨 말인가?

저항력이 떨어져서 감기만 걸려도 위험한 환자를 냉동실에 넣고 치료하더니만 이제 얼마 안 있으면 죽는다니…….

김병수 박사님을 뵙고 싶다고 했더니 오늘은 휴무일이라서 안 나오신단다.

"여보시오. 특진을 신청한 환자가 죽어 가는데 특진 의사는 얼굴도 안 보이는 경우가 어디 있습니까?"

집 전화번호를 가르쳐달랐더니 모른단다.

세상에, 이런 것도 살인의 한 부분이란 생각이 들었다.

환자가 죽어 가는데 담당 의사 전화번호를 가르쳐주지 않다니…….

지푸라기라도 부여잡는 느낌으로 암센터에 전화했더니 마침 매주 석현이를 데리고 치료를 갈 때마다 친절하게 대해주시던 윤 수 간호사님이 김 박사님의 집 전화번호를 가르쳐준다.

전화했더니 외국 손님이 오셔서 나가시고 안 계신단다.

절망적이다.

이제 우리 석현이는 죽는구나 생각하니 기가 막힌다.

아내도 병원의 처사에 분노해서 어쩔 줄을 모른다.

저녁 6시가 넘으니 석현이가 숨을 쉬는 게 호흡이 분당 80회를 넘나들고 손발은 파랗게 변해간다.

그러다가 잠시 잠시 숨이 뚝뚝 끊어지는 게 옆에서 봐도 죽어가고 있었다.

숨이 끊어지면 거의 10여초 간은 전혀 호흡을 안 한다.

(그 순간 "석현아!" 하고 아이의 몸을 흔들면서 피를 토하듯 소리치는 아내의 절규는 20여 년이 지난 지금도 눈을 감고 그때 생각을 할 때면 환청이 되어 귀를 울린다.)

숨이 끊어졌다가는 다시 호흡을 시작하면 부족한 산소를 들이켜느라고 엄청나게 빠른 속도로 호흡한다.

목 아래의 오목한 부분이 가쁘게 호흡을 하느라고 세모모양의 골이 생긴다.

그 사이 석현이를 살리려고 얼마나 고생을 했는데 이렇게 허무하게 죽나?

아내와 나는 절대자에게 석현이를 살려달라고 빌고 또 빌었다.

눈물이 끊임없이 나왔다.

밤 9시가 지나자 2인실 방에 같이 있던 환자를 다른 방으로 옮기는 게 병원에서 환자의 죽음에 대비하는 모습이다.

그냥 죽어 가는걸 지켜보는 것 밖에는 아무런 대안이 없었다.

부모가 자식이 죽어 가는 데 이렇게 무능한가 싶었다.

바로 그때 기적은 엉뚱한 데서 일어났다.

밤 10시가 넘어서는데 김병수 박사님이 병실문을 열고 들어온 것이다.

외국 손님과 미팅을 끝내고 집에 전화를 했더니 병원에서 담당 환자가 죽어간다고 전화가 왔다는 이야기를 듣고 급히 택시를 타고 왔다는 거였다.

석현이를 잠시 진찰하더니 심각한 상황이라면서 한참 생각을 하시더니 당직 의사에게 암센터 병원장실 냉장고에 인터페론 샘플이 있는데 가져와서 즉시 투여하라고 하신다.

기적은 이렇게 시작되었다.

인터페론 투여 후 한 시간쯤 지났을까?

석현이의 호흡이 점점 부드러워지고 잠깐씩 숨을 멈추는 것도 줄어들기 시작했다.

이날 밤은 나와 아내의 생애에 가장 길고도 긴 밤이었다.

며칠 밤을 뜬눈으로 지샌 아내는 석현이 호흡이 약간 고르게 되면서 나에게 간호를 맡기고는 지쳐서 얕은 잠에 빠져들다가 무슨 소리만 살짝 나도 벌떡 일어나기를 반복한다.

내가 밤을 꼬박 새우면서 분 단위로 호흡횟수를 체크했다.

그래도 호흡수가 60회(정상은 20회 전후이다) 정도로 낮아지고 있었기에 피곤한 줄도 몰랐다.

석현이가 살아나고 있었으니까.

• 1984년 8월 16일

아침부터는 상황이 다시 좋지 않은 방향으로 나아갔다.

인터페론 기운이 떨어지면서 호흡이 급격히 빨라지고 다시 심한 열이 나기 시작했다.

아침 회진 때 김 박사는 우리에게 인터페론을 구해오라고 했다.

시중에도 인터페론이 없었다.

그때만 해도 텔레비전에서 간혹 기적의 약으로 소개는 되었지만 국내에서는 처방이 거의 되지 않고 있었다. (나중에 들은 이야기지만 세브란스 암센터에서 인터페론을 투여한 첫 환자가 석현이라고 했다.)

동신제약에 근무하는 동서에게 부탁하여 사방으로 수소문한 결과 녹십자연구소에 실험용으로 15일분 정도 있다는 정보를 입수하여 사정 이야기를 하고 전체 분량을 가져옴으로써 다시 죽음과의 투쟁에 소중한 무기를 얻었다.

서녘에 중환자실로 병실을 바꾸었다.

석현이 외할아버지와 대구에서 올라오신 친할아버지께서 중환자실 앞에서 "아이가 죽으면 화장을 해야 하니까 준비하라"고 하시는데 기가 막힌다.

2~3일 전만 해도 잘 놀던 애를 병원에 데려와서 화장하는 이야기를 하고 있다니…….

당직 의사(레지던트)의 의견으로도 생존 확률이 10% 전후라고 한다.

아내와 나는 10%의 확률이라도 있다는 말에 희망을 품기로 했다.

중환자실 앞에 은박매트를 깔고 아내와 같이 혹시라도 연락이 올까 봐 인터폰을 주시하며 밤을 새웠다.

밤이 새도록 죽음의 그림자가 석현이 주변에서 계속 일렁거림을 느꼈다.

너무도 시간이 안 가서 일부러 누워서 잠을 청했다.

이 밤이 지나가면 뭔가 좋아질 것만 같아서 어서 빨리 밤이 지나가길 기원하는 의미에서 자꾸 잠을 자보려고 노력했다. 그러나 잠이 들고난 후 한참을 잔 것 같아도 깨보면 불과 10~20분 지나기가 고작이다.

잠을 잘 수가 없는 아내는 밤새 은박매트 위에서 두 손 모아 절대자의 도움을 빌리고 있었다.

하룻밤이 이렇게 길 줄이야?

아내가 잠을 못 자고 밤을 새운 날이 벌써 여러 날 되풀이 되어서 옆에서 봐도 아내의 건강이 극도로 나빠지고 있음을 느끼겠다.

이러다간 온 가족이 모두 아파 눕는 사태가 벌어지지 않을까 걱정이 된다.

아침 회진 시에 의사는 상황이 더는 나빠지지도 좋아지지도 않는다고 한다.

그래도 우린 나빠지지 않는다는 데 희망을 걸었다.

항상 석현이에 대해서만은 좋은 쪽으로만 생각하는 버릇이 생겼다. 면회시간에 중환자실에 들어가 보니 석현이는 인공호흡기를 쓰고 죽은 듯 조용히 누워 있다.

아내가 동화를 들려주려고 사다 둔 녹음기에도 여기저기 피가 묻어 있었다.

　머리와 팔다리에서 혈관을 더는 찾을 수 없어서 다리 종아리 부분에 수술해 동맥을 끄집어내어서 수도꼭지 같은 소형밸브를 달아놓았는데, 수술하는 도중에 흘린 피로 보였다.

　수술하여 빼낸 튜브로 주사약도 투입하고 영양제도 투입하고 피 검사할 때 피를 빼내는 창구로 쓰는 모양이다.

　팔다리는 부딪혀서 상처가 나지 말라고 하얀 시트로 침대 모서리에 단단히 묶어놓았다.

　이제 그런 것도 예사로 보인다. 살 수만 있으면 나머지는 아무려면 어떠냐 싶다.

　아내가 "석현아!" 하고 이름을 아주 조용히 불러보니 가볍게 꿈틀하는 게 엄마 목소리에 반응을 한다.

　또 아내의 커다란 눈에 눈물이 고인다.

　오후에 중환자실 간호사가 나와서 엄마가 직접 중환자실에 들어와서 동화를 좀 읽어주라고 한다.

　아이가 엄마 목소리를 들으면 삶에 대한 희망을 더 품을 수 있을 거란다.

　아내가 중환자실에 들어가서 서너 시간 동안 동화책을 읽어주었다.

석현이 다리가 퉁퉁 부었다.

혈관 수술한 부분이 감염된 모양이다. 문제가 여기저기 계속 발생한다. 목에도 인공호흡기 때문에 염증이 생겨서 부어 있다고 한다.

기적은 일어나지 않을 것인가?

오후에 다리에 설치한 혈관 밸브를 제거하고 머리카락을 깎고 정수리 부분에 새로 혈관 주사용 튜브를 달았다.

사람이 아니라 완전히 실험실 모르모트이다.

다시 채혈대에 올라갔다. 채혈하는 사람이 걱정한다. 두 달 사이에 피를 세 번씩이나 빼면 안 된다고 하면서…….

채혈 담당자는 나의 건강문제로 한참이나 암센터에 전화하고 난 후 한숨을 쉬더니 채혈대에 올라가라고 한다.

페르시스로 채혈할 동안에도 피곤함이 쉴 새 없이 밀려와서 잠깐씩 선잠이 들 때마다 꿈속에서 출구 없는 미로를 끊임없이 헤매는 나와 아내를 발견했다.

잿빛이 아니라 칠흑 같은 어둠이다.

그러다가 다시 잠을 깬다.

일주일 치료비가 270만 원이 나왔다.

대기업의 대졸 초임이 25만 원 수준이니까 일주일에 대졸 초임의 1년 월급 정도의 치료비가 들어간다.

주사용 혈관에 계속 문제가 생겨서 온몸 여기저기 계속 주삿바늘을 찌르는 모양이다.

며칠 사이에 팔다리 곳곳에 혈관을 찾다가 실패했는지 시퍼렇게 멍이든 자국이 늘어간다. 인터페론은 석현이 다리와 고추 사이에 쏙 들어간 부분에 있는 대동맥에 직접 주사하다 보니 지혈을 제대로 시킬 수가 없어서 다리와 고추 사이는 완전히 시커멓게 변했다.

산소호흡기로 아직 숨을 쉬고 있는 게 신기할 따름이다.

과연 자식을 위해서 올바른 일을 하는 것일까 회의감이 생긴다.

의사가 호흡기를 제거하고 추이를 지켜보겠단다.

인공호흡기 때문에 기관지에 염증이 심해져서 계속 호흡기를 달아둘 수가 없다고 한다. 한번 빼보고 상황이 나빠지면 다른 조치를 취하자고 한다.

아내의 표정이 긴장하면서 어두워진다.

일주일 동안 매일 동화책 읽어주느라고 중환자실에서 살다시피 했는데, 그저 잘되기를 빌 뿐이다.

• 1984년 8월 24일

석현이가 다시 우리 곁으로 오고 있었다.

호흡기 제거 후 상황이 호전되었다

정상적으로 호흡도 하고 잠깐씩 눈을 뜬다.

면회시간에 가서 보니 조금씩 꿈틀거리며 움직이는 게 살아날 것 같은 생각이 든다.

• 1984년 8월 25일

상태가 호전되기 시작하면 어린애라서 그런지 하루가 다르게 좋아진다.

의사가 내일쯤 입원실로 옮기자고 한다.

• 1984월 8월 26일

중환자실에서 입원실로 가는 기분이 이렇게 가벼울 줄 몰랐었다.

석현이는 19kg 나가던 체중이 13kg 미만으로 줄어 있었고 중환자실을 나올 적에는 고개도 잘 가누질 못했다.

그래도 우린 개선장군마냥 웃으며 입원실로 왔다.

이젠 한시름 놓인다.

퇴원이다.

또 한 번의 죽음과의 전쟁이 끝났다.

죽음은 석현이의 몸에 엄청난 생채기를 내고 저만치 가 있었다.

이제 병원이 우리 생활 속에 깊숙이 들어와 있었다.

며칠째 석현이가 배가 아프다고 칭얼댄다.

병원에 가서 혈액 검사를 했더니 백혈구 수치가 많이 떨어졌다고 한다.

응급실로 입원했다.

석 달 만에 또 입원이다.

도대체 하늘은 우리에게 얼마나 더 많은 고통을 요구하나?

저녁에 병원에 가봤더니 배가 아프다고 칭얼대는 석현이를 아내가 계속 업어주고 있었다.

내가 대신 석현이를 받아서 병실 복도를 한참 동안 업고 다녔더니 허리가 욱신거리면서 아프다.

아내가 임신한 지 몇 달 되었는데 걱정이다.

김병수 박사가 석현이의 현재 상태로 봤을 때 백혈병이 재발한 것 같은 느낌이 든다고 한다.

자세한 것은 골수검사 결과가 나와봐야 알 수 있단다.

또 골수검사를 할 모양이다.

옛날에 어머니께서 하시던 뜨개질바늘 굵기의 주삿바늘을 척추 마디 사이에 집어넣어 골수를 빼내는데 옆에서 보기에도 끔찍하다.

치료될 수도 없는 병에 계속 돈만 들이고 석현이는 석현이대로 고생만 시키는 것 같아서 모든 게 답답하다.

아파트도 팔고 사무실도 보증금이 싼 곳으로 옮기면 서울 외곽지에 간신히 전세를 얻을 돈이 될까 말까 한데 치료비는 끝없이 들어간다.

재발이면 단칸 셋방으로 가게 되겠지.

그리고 또 그러다가 그것도 없어지고 석현이도 없어지고……

아무런 희망도 보이지 않는 채로 시간만 자꾸 간다.

그동안 자신 있게 백혈병과 투쟁하던 아내의 표정에 지친 모습이 역력하다.

석현이에게 진통제를 계속 투여하고 있는데도 약효만 떨어지면 통증이 계속되는 모양이다.

아내는 며칠째 석현이를 온종일 업고 다녀서 저녁때쯤에는 허리가 끊어질 듯 아프단다.

저녁에 회사 일을 마치고 병원에 들렀을 때 석현이의 칭얼거림에 아내가 짜증을 내는 게 인내의 한계까지 도달한 것 같다.

저녁에는 내가 계속 업고 다녔다.

석현이는 많이 아픈지 침대에 잠시만 내려놓아도 아프다고 울고 난리가 난다.

주사 맞는 것을 그렇게 무서워하던 녀석이 간호사만 보면 "주사! 주사!" 하면서 진통제 주사를 놓아달라고 우는 게 너무 안타깝다.

석현이도 주사를 맞으면 덜 아픈 것을 아는 모양이다.

• **1984년 12월 14일**

다시 골수검사를 했다.

아내와 나는 아예 검사실을 나와버렸다. 잘못하다가는 뱃속의 아기까지 또 유산할 것 같은 불안감 때문이다.

골수검사하는 것을 보지 않고 벽에 기대어 눈을 감고 있어도 지난번에 골수검사하던 장면이 눈에 선하게 떠오른다. 검사가 끝난 석현이는 검사 도중에 얼마나 울었는지 눈이 퉁퉁 부어 있었는데 우는 석현이를 업고 흐느적거리며 병실로 돌아왔다.

그리고는 몇 시간 동안은 골수가 밖으로 흘러나오지 않도록 척추에 패드를 대고 누르고 있었다.

몇 번째 되풀이하는 일이지만 이번에는 정말 진이 빠진다.

아이가 우는 것을 봐도 눈물도 나지 않는다.

이젠 눈물이 말라버렸나 보다.

언제까지 이런 일이 반복될까?

살고 있던 아파트를 팔려고 부동산에 연락했다.

계속 늘어가는 빚을 도저히 감당할 수가 없다.

최근엔 회사도 계속 적자가 나니 감당하기가 더욱 쉽지 않다. 주인이 없는 회사가 잘될 수는 없겠지.

석현이도, 아파트도, 우리의 행복도 멀지 않아서 다 떠나갈 모양이다.

오늘은 인천 대우중공업 현장에서 시운전 작업 중 석현이 치료비로 가지고 다니던 80만 원을 분실했다.

벌써 두 번째 치료비를 잃어버렸다.

나도 이제 완전히 넋이 나간 모양이다.

• 1984년 12월 21일

"연속적으로 투입되는 항암제 치료의 부작용으로 판단됩니다. 골수에는 아무 이상이 없습니다. 곧 괜찮아질 것으로 생각됩니다."

아침 회진 시 의사의 말이다.

천사의 말이 따로 없었다.

아무 말 없이 아내와 손을 굳게 잡았다. 재발이 아니라고 판명이 난 것이다. 어제부터 석현이가 통증 호소를 훨씬 적게 하는 것도 희망적이다.

아내가 절대자에게 감사의 기도를 오랫동안, 아주 오랫동안 드리고 있었다.

• 1984년 12월 24일

크리스마스 이브의 선물!

퇴원 결정이 내려졌다.

백혈병은 또 한 번 우리 가족을 괴롭히고는 다시 일상적인 치료 과정으로 되돌아갔다.

• 1985년 1월 10일

아파트를 팔았다.

급히 파느라고 구입했던 가격보다 훨씬 싼 값으로 팔았다.

빚을 제하고 남은 돈을 계산해보니 시흥에 있는 럭키아파트 전세는 얻을 수 있을 것 같다.

아내는 불과 1년 6개월 전에 우리가 살았던 아파트단지에 다시 전세로 사는 것이 내키지 않은 모양이다.

나도 같은 생각이었으나 남은 돈으로 회사와 병원이 그 정도 가까운 거리에 있는 아파트를 구하기 쉽지 않아서 아내를 설득하여 그냥 그곳으로 정했다.

다시 시작하는 마음으로…….

시흥에 있는 럭키아파트로 이사했다.

모든 것이 일상으로 돌아가고 있었다.

이것으로 석현이의 백혈병 치료의 중요한 고비는 끝이 났다.

그 이후에는 일주일에 한 번씩 피검사를 하고 항암제를 투여하는 과정이 3년간 계속되었다. 병원에 갈 때마다 환자들과 환자가족들이 모여서 얼마 전에 죽어간 아이 이야기와 어느 아이가 최근에 재발하여 입원했다는 잿빛 이야기를 나누는 다시는 기억하고 싶지 않은 살얼음판 위에서 살았던 시간이었다.

지금도 그 장소에는 또 다른 어린 환자와 그 가족들이 함께 부대끼며 똑같은 과정으로 치료를 받고 있겠지.

밝은 세상이 있음을, 그리고 계절이 바뀜을 의식하지 못한 채…….

그런 어려움을 다 이겨내고 석현이는 2006년 한라대학교 사회복지학과를 졸업했다. 비록 치료의 후유증으로 명문대학을 나오지는 못했으나 나는 석현이와 아내가 죽음과 부대끼며 열심히 살았던 시간에 대하여 영혼에서 우러나는 박수를 보낸다.

이 기회에 우리 가족의 생명을 살리려고 많은 도움을 아낌없이 주었던 세
브란스 병원 암센터 원장님(김병수 박사, 그 이후 연세대 총장으로 재직하셨으며
현재 포천중문 의과대학교 총장으로 재임 중이시다), 암센터 의료진과 윤 수간호
사, 외과 수술 팀과 내시경실의 의료진, 수혈을 위해 자신의 소중한 피와 시
간을 할애해준 산악회 후배, 연세대 전자과 78학번 후배, 동생들과 서울대
의대 다니던 동생 친구, 내가 입원해 있을 동안 제현이 돌보느라고 고생했던
제현이 고모 내외, 인터페론을 구하려고 사력을 다했던 동서, 치료비에 도움
을 주신 처남과 동서들, 그리고 고통과 슬픔과 승리의 기쁨을 함께했던 많은
사람들에게 가슴 깊이 새겨진 고마움을 늦게나마 전한다.

죽음과의 입맞춤 2 —폐결핵

석현이가 어느 정도 안정을 찾아가던 1985년 6월 우리에게 또 한 번의 시련이 왔다. 아내의 폐결핵이었다. 석현이 병간호 탓에 잘 먹지도 못하고 매주 병원을 가면서 애와 씨름을 하더니만 몸에 무리가 간 것 같았다. 당시의 상황도 일기체 형식으로 기술해 본다.

• 1985년 6월 20일

둘째 녀석이 태어날 때가 거의 다 되어서 아내와 같이 세브란스 병원에 갔다.

남산만 하게 부른 배를 검사하고 산모와 아기의 건강 진단도 받았다.

의사의 호출이 있어서 함께 가봤더니 갈수록 첩첩산중이다.

또 한 번의 고통을 우리에게 가져다준다.

"아기엄마의 건강 진단 결과 폐결핵이 있습니다. 아기가 태어나면 태어난 아기와 엄마를 당분간 격리시켜야 합니다. 감염의 우려가 있으므로 당연히 모유를 먹일 수 없습니다."

그러면 백혈병으로 항암제를 투여받고 있는 석현이는?

의사가 이야기를 듣고는 기가 막힌 지 한숨을 푹 내쉰다.

"당연히 격리해야 합니다. 백혈병 치료 도중에 환자가 폐결핵에 걸리면 항암제 치료를 못 하기 때문에 죽음을 뜻합니다."

아내와 집에 돌아오는 길에 서로 한마디 말도 없었다.

나는 운전만 하고 아내는 창 밖을 바라만 보았다.

집에 와서 대청소를 했다.

락스를 듬뿍 풀어서 여기저기를 닦아냈다.

아내와 처음 사귀었던 6년 전이 생각났다.

대학 산악부 선후배로 만나서 결혼했고 시간이 나면 산에 다녔었고, 다른 것은 몰라도 아내와 나는 건강만은 자신했었는데.

무엇이 잘못되었는지 자꾸만 꼬여간다.

• 1985년 6월 24일

다른 방법이 없었다.

아내와 상의하여 폐결핵 치료 중에도 태어날 아기와 석현이 모두 한집에서 생활하기로 했다. 맡길 곳도 마땅치 않았다.

따라서 다른 대안이 없었다.

맡긴다면 누가 백혈병 치료를 받는 석현이의 상태 변화를 엄마처럼 자세히 관찰하면서 항암제를 투약할 것인가?

갓 태어날 아기는 또 누구에게 맡길 것인가?

차라리 집에서 모든 어려움을 함께 공유하는 게 나을 것으로 판단했다.

아내가 잠시 손끝으로 눈물을 찍어냈지만 나는 담담했다.

"야 임마! 죽는 병도 아니잖아! 그까짓 폐결핵 가지고 뭘 그래?"

갑자기 호기를 부리면서 아내 어깨를 툭 쳤다.

그리고 삶과 죽음의 모든 미래를 우리는 하늘에 맡기기로 했다.

• 1985년 6월 28일

우리의 둘째 아들 제현이가 태어났다.

간호사가 유리창 너머로 아기를 보여주는데 머리가 얼마나 큰지 완전히 대갈 장군이다.

"잘 자라야 한다. 너희 엄마가 건강이 나빠서 우리 제현이 엄마 젖도 못 먹는데 우유만 먹더라도 튼튼하게 자라야 해."

아이를 보면서 속으로 이야기하는 데 코끝이 찡하게 울려온다.

아내가 퇴원했다.

함께 퇴원 수속을 밟고 집으로 오는 길에 종로에 있는 약국을 들러서 주사기와 스트렙토마이신 등 결핵약과 수박도 큰놈으로 한 덩어리를 샀다.

이제부터 결핵 주사약은 내가 아내에게 주사하기로 했다.

매일 병원에 가서 주사를 맞기에는 석현이 치료비 대느라 어려운 형편에 비용과 시간이 만만치 않아서였다.

저녁에는 사 가지고 온 수박을 깨끗이 씻은 다음에 손바닥으로 수박을 때리면서 엉덩이에 주사를 놓는 연습을 한 시간 가량 했다.

간호사들이 하는 것을 볼 때는 쉬운 것 같았는데 연습만 해봐도 만만치가 않다.

새벽에 팬티를 내리고 엎드린 아내의 알 엉덩이를 한참 동안 쳐다봤다.

그리고는 몇 번 심호흡을 한 후 손바닥으로 엉덩이를 탁탁 때리면서 주사를 놓았다.

어제 연습을 많이 한 덕분인지 실수 없이 쉽게 되었다.

그렇지만, 아직도 증류수 병 하나 자르기도 쉽지 않으니…… 앞으로 여러 번 되풀이하면 잘되겠지 싶다.

유아 황달로 며칠 동안 인큐베이터에 입원해 있던 제현이를 세브란스 병원에 가서 퇴원수속을 하고는 조심스레 안고 나왔다.

이 녀석은 아비가 안고 나와도 무엇이 그렇게나 졸린 지 계속 잠을 잔다.

승용차 뒷좌석에 앉아서 기다리고 있던 아내가 해쓱한 얼굴로 웃으면서 받아 안았다.

머리통이 얼마나 큰지 저 큰 머리가 어디로 나왔는지 짐작이 잘 가지 않는다.

날마다 아내 엉덩이를 찰싹찰싹 때리면서 주사를 놓는다.

결혼해서 아내를 한 번도 때려보지 않았는데 매일 원 없이 때려준다.

합법적으로.

오늘은 아내가 주삿바늘이 들어갈 때 엉덩이에 힘을 주었는지 주사 놓기를 두 번이나 실패했다.

덕분에 바늘이 들어가다 만 자국이 남은 엉덩이에는 피가 살짝 비친다.

"엉덩이 힘 빼!"

강력한 카리스마를 발휘하여 큰소리치고는 중얼중얼 잔소리하는 아내 엉덩이를 인정사정없이 찰싹 때리며 주사를 놓았다.

"피휴~".

그래도 주사 놓는 것이 며칠 사이에 초보자치고는 많이 발전했다.

집 안을 락스로 깨끗이 청소하는 게 아침마다 하는 중요한 일 중 하나이다.

아침을 먹고 석현이를 데리고 세브란스 병원에 갔다.

벌써 1년이 넘게 거의 비슷한 치료가 매주 한 번씩 되풀이된다.

병원에 가서 피검사하고 암센터 가서 두어 시간 기다렸다가 피검사 결과가 나오면 진찰실에 가서 피검사 결과에 따라 조절해서 주는 항암제를 타오고 그 약을 매일 먹인다.

이 항암제라는 것의 제일 큰 문제는 약을 먹고 나면 식욕이 떨어져서 밥 한 공기 먹이는데 기본이 한 시간이다.

그래서 아내는 평균 하루 3시간 이상을 석현이 밥 먹이는데 보낸다.

간신히 밥을 다 먹이고 난 후 항암제 먹이고, 아내는 결핵 치료약 먹고…… 매일 매일 우리 생활의 큰 부분을 차지하는 일이다.

그리고는 시간 날 때마다 퉁퉁 불은 젖을 짜서 버린 후 제현이는 우유 먹이고…….

아내 젖을 짤 때마다 아직 처녀 때의 탱탱함이 남아 있는 젖가슴을 실컷 주물러 보는 게 큰 즐거움이다.

한 달 동안의 아내 엉덩이 때리기가 끝이 났다.

주사를 안 맞게 되면 제현이도 젖을 먹일 수 있을 거라 생각했는데 그동안 결핵 감염 우려와 항생제 주사 때문에 젖을 빨리지 못하다 보니 내가 열심히 젖을 짜냈는데도 한 달 사이에 젖이 거의 말라버렸다.

빈 젖을 억지로 물려봤지만 제현이가 잘 빨려고 하질 않는다.

보들보들한 인조 젖꼭지에 길이 들었나 보다.

• 1985년 12월 29일

오늘로서 아내의 6개월간의 결핵 치료가 끝이 났다.

다행히 큰 문제도 없었고 석현이도 별다른 감염 없이 치료되는 것만도 얼마나 다행인지 모르겠다.

제일 큰 문제는 그동안 회사가 주인 없이 운영되다 보니 적자가 계속 나서 생활비가 부족한 것이었지만 앞으로 열심히 하면 좋아지겠지 싶다.

아내도 좋아지고 석현이의 치료도 어느 정도 안정되어가니, 더없이 행복했다. 이것으로 우리 가족의 시련이 끝나는 줄 알았다. 하지만 그게 아니었다. 또 한 번의 모진 시련이 남아 있었다.

죽음과의 입맞춤 3 —위암

• 1986년 4월 25일

속이 이상함을 느껴서 세브란스 병원에 갔다.

특별히 아프진 않는데 위벽을 누군가가 손가락 같은 것으로 가볍게 건드리는 것 같은 느낌을 종종 받았는데 그게 벌써 6개월이나 되었다.

운동을 너무 안 해서 그런가도 싶어서 매일 새벽이면 시흥 사거리 쪽에서 올라가서 관악산을 한 시간 정도 등산을 했고 매일 우유를 마셨다. 괜찮아지는가 싶더니 그저께 새벽에는 가볍게 위벽을 건드리는 것 같은 느낌이 아주 강해졌다.

보름 전 집 근처의 내과에 갔을 때 의사가 특별한 이상은 발견되지 않는다며 약을 줘서 먹었는데도 상황이 더 심각해진 느낌이라서 지난주 석현이를 데리고 세브란스 병원에 갔을 때 내과에 특진으로 검사를 신청했다.

의사는 배도 주물러보고 진찰을 끝낸 후 별탈이 없을 것으로 이야기하지만 석현이의 백혈병 치료를 위해 2년이 다되도록 매주 한 번씩 암센터에 출입을 하다 보니 노이로제에 걸렸는지 그냥 넘어가기가 신경이 쓰이기에 내시경 검사를 해달라고 의사에게 요청했다.

그동안 병원에서 들은 이야기와 책에서 읽은 상식으로 암은 초기에는 별로 아프지 않다가 심각해진 후에 많이 아프다는 걸 알고 있었기에 속이 많이 아프면 위염이나 위궤양으로 보겠는데 아프지 않으면서 부드러운 터치감이 들어서 괜히 걱정이 된다.

어떻게 생각해보면 별것 아닌 것 가지고 너무 크게 생각하는 것 같고 또 스트레스 때문일 것도 같지만 내시경을 해보면 마음이 편할 것 같았다.

그래서 내시경 예약을 하고 왔다.

종합병원은 내시경 검사만 하려고 해도 날짜를 잡아서 예약하고 예약한 날 시간을 내서 병원에 가서 의사를 만나 내시경을 신청하고 다시 내시경 검사를 하러 가고 검사 후 며칠 있다가 검사 결과를 보러 가야 하고…… 번거로운 것이 한둘이 아니지만 정확한 진단을 받아보기로 했다.

• 1986년 5월 6일

내시경을 했다.

처음 받아본 내시경이 얼마나 힘이 드는지 기다란 검사 장치가 입속으로 들어가는데 극심한 구역질과 함께 안면 근육이 심하게 경련을 일으키면서 눈물이 저절로 흘러내린다.

내시경 검사를 하는 도중에 의사가 두 명의 레지던트로 보이는 의사를 불러서 이야기하는 게 구역질이 나면서도 신경이 곤두선 귀를 울린다.

"라지 한 개, 옆으로 스몰."

그리고는 검사 장치를 이렇게 저렇게 돌리면서 한참이나 검사를 한다.

내시경 검사가 끝난 후 며칠 후에 와서 검사 결과를 확인 받으라고 하지만 내가 느낀 의사의 표정이 심상치 않다.

집으로 돌아오면서 나는 위암일 것이라고 확신했다.

우울함의 연속이 되풀이되니 내가 가진 모든 게 무너져 내리는 느낌이다.

• **1986년 5월 10일**

"보호자와 같이 안 왔습니까?"

"왜 그러시는데요?"

"위에 염증이 조금 있어서 바로 입원을 해야겠습니다."

"알았습니다."

열심히 기록하는 의사의 차트에는 EGC로 나의 병명이 기록되어 있었다.

　내 나름대로 아는 상식을 총동원하여 EGC가 무엇인지 해석해본다. E가 무슨 뜻인지 잘 모르지만 GC는 Gastric Cancer의 약자일 것이다.

　의사가 제대로 이야기를 해주지는 않았지만 나는 내가 무슨 병인지 안다.

　위암이다!

　암이 아니라면 보호자는 왜 찾으며 아무 통증도 느끼지 않는데 입원을 하라고는 왜 할까?

　우리 가정에 또 불행이 닥친 것이다.

　죽음의 그림자는 교대로 우리 가족을 몰아댄다.

　"백혈병 치료받는 석현이는?

　이제 서른도 되지 않은 아내는?

　돌도 지나지 않은 막내는?"

　생각해보면 기가 막힌다.

　집으로 돌아오는 차 안에서 오만가지 생각을 정리해본다. 정말 대책이 없다.

　나는 죽는다 하더라도 죄 없는 아내와 자식들은 어떡하지.

　그리고 살아온 삶을 정리해봤다.

　이제 불과 서른 남짓이지만 그래도 착하게 살려고 노력도 했고,

상냥하고 의지가 강한 아내와 몇 년 살았던가?

이제 고작 6년째이다.

'석현이를 살리려고 함께 노력도 많이 했지. 정말로 그땐 백혈병과 열심히 싸웠지. 나도 이 정도면 조금 삶이 짧아서 그렇지 크게 후회 없이 살았다 싶다.

예수님도 나와 비슷한 나이에 돌아가셨으니까……

그동안 남들에게 손가락질 받을 만큼 나쁘게 살지는 않았고…….

내가 죽고 나면 아내는 불행한 기억을 잔뜩 끌어안고 재혼을 할 거고 아니 재혼을 안 하려고 하겠지만 억지로라도 네가 가도록 해야지.

행복하게 해주지도 못했는데 젊디젊은 여자 혼자 살게 해서는 안 되지. 백혈병 앓는 석현이와 제현이는 대구 할머니 집에 보내고…….

그런데 아내는 백혈병 치료받는 아이를 두고 쉽게 재혼할 수 있을까? 돌도 안 된 제현이는 괜히 석현이 골수이식에 대비한다고 낳은 건 아닌가?

아내에겐 집에 뭐라고 말할까?'

점점 머리가 복잡해진다.

그리고는 앞이 희미해진다.

나도 모르게 눈물이 앞을 가려서 운전하기가 쉽지 않다. 땅거미가 질 무렵 아파트에 도착했다.

자동차 안의 룸미러로 본 눈이 퉁퉁 부어서 집에 들어가기가 쉽지 않다. 며칠 전부터 석현이가 타던 자전거의 타이어 바람마개가 망가져서 자전거를 못 탔던 것을 기억해내고는 고물자전거가 잔뜩 쌓여 있는 아파트 뒤로 어슬렁어슬렁 걸어갔다.

망가진 자전거에서 타이어 바람마개를 한 개 구한 후에도 걸을 수 있는 가장 느린 속도로 걸어서 집에 올라갔다. 현관에 놓인 석현이 자전거에 타이어 바람마개를 끼우고는 집에 들어갔다.

"병원에 간 것은 괜찮았어요?"

"응."

아내가 묻고 내가 대답한다.

소파에 앉아서 상념에 잠겨 있는 내게 제현이가 얼굴에 웃음을 띠고 입가에 침을 흘리면서 엉금엉금 기어서 다가온다.

제현이를 안고 그 얼굴을 자세히 쳐다보다가 감정이 북받쳐서 나도 모르게 울컥하고는 눈물이 흘러내린다.

제현이가 뭐라고 알아듣지도 못할 말을 중얼중얼거리면서 내 얼굴에서 흘러내리는 눈물을 그 작은 손바닥으로 연방 닦아주는데 눈물은 제현이의 작은 손으로 닦아내기엔 너무 많이 흐른다.

아내가 제현이의 중얼거림과 나의 행동이 이상했는지 다가왔다.

아내를 끌어안았다.

"이 죄 많은 남편은 당신에게 또 이런 고통을 가져다주는구나."

눈물은 왜 그렇게도 많이 나오나?

말도 못하고 나를 쳐다보는 아내의 두 눈에도 눈물이 잔뜩 고였다.

아내는 내가 생각해봐도 정말 역전의 용사이다.

어느새 마음을 추스르면서 용기를 내어 말한다.

"괜찮을 거야. 조기 위암이라니까. 희망을 품고 다시 싸워 보는 거지 뭐! 우리는 이런 고통을 감내하도록 예정되어 있었던 거야."

아내도 다부진 말을 한다.

아내의 용기 있는 말 한마디에 다시 마음을 다잡아 본다.

부처님 오신 날이다.

아침 일찍 우리 가족과 광명에 사는 여동생 가족이랑 강화도 전등사에 갔다.

아내가 대웅전에 들어가 부처님께 열심히 기도를 하는 동안 나는 대웅전 주위를 하릴없이 천천히 걸었다.

끝없이 절을 하는 아내의 소원이 무엇인지 느껴지는 게 그 뒷모습만 봐도 애처롭기 그지없다.

이제 내일은 내 차례가 되어서 병원에 입원이다.

또다시 건강한 모습으로 여기를 올 수 있을까?

아내가 나보다 훨씬 큰 사람으로 보인다.

차분한 표정으로 나를 보면서 웃고 있는 걸 보면…….

남편의 마음을 편안하게 해주려는 모습이 역력하다.

그래 나도 힘을 내자.

아내가 저렇게 자신을 갖고 있고 또 세 살도 안 된 우리 석현이도 백혈병에서 살아났는데 이번엔 내가 이겨낼 차례지.

• 1986년 5월 17일

세브란스 병원에 입원했다.

내과에서 외과로 담당의사가 바뀌었다.

저녁부터 검사가 시작되었다.

• 1986년 5월 18일

"아니 뭐가 있어? 어느 쪽에 있다고?"

위 조영 촬영기사가 알루미늄 현탁액을 맥주 컵으로 한 컵 가득 마시게 하고선 조영 촬영을 한 후 암이 보이지 않는다고 내시경실로 전화하는 게 들린다.

몇 번이나 전화하고 찍어보고 하기를 되풀이하다 보니 알루미늄 현탁액을 다섯 컵이 넘도록 마셨는데 너무 많이 마셨는지 배가 팅팅하게 부르다.

그리고는 전후좌우 위아래로 몸을 돌리도록 하면서 온갖 체조를 다 시키면서 사진찍기를 되풀이하더니만 간신히 암이 있는 부위를 찾아냈다.

"제가 오랫동안 여기서 근무했는데 이처럼 암이 작은 경우에는 대부분 완치가 됩니다. 너무 걱정하지 마세요."

촬영기사의 말 한마디가 구세주의 음성처럼 온화하게 들린다.

피검사와 간 기능검사, x-ray 그리고 몇 가지 이름 모를 검사를 받았다.

수술 전에 몸의 이상 유무를 검사하는 것이라고 한다.

새벽에 의사가 오더니만 항문에 관장약을 주입한다.

전신마취하기 전에 뱃속을 깨끗이 비우기 위한 것이라 한다.

그리고는 콧구멍으로 고무호스를 끼우는데 중간에 호스가 걸리면서 제대로 끼워지지 않아서 몇 번이나 되풀이했다.

화장실을 몇 번 가서 속을 비웠다.

수술을 위하여 기다리고 있는데 감기 탓인지 갑자기 열이 나기 시작했다.

레지던트가 해열제를 급히 주사했다.

잠시 후 열이 내리자마자 수술실로 들어갔다.

아내가 손을 꼭 쥐고는 수술실 입구까지 따라왔다.

"걱정하지 말자. 그리고 우리 다시 건강한 모습으로 만나자!"

아내와 무언의 약속으로 손을 힘 있게 꼭 쥐고는 손을 놓는다.

수술실에 들어가니 여러 명의 의사와 간호사들이 수술 전 조치를 취하기 시작했다.

"너 이 주사 맞아봤니?"

레지던트로 보이는 의사 한 명이 옆에 있는 다른 동료 의사에게 하는 말이다.

"아니 안 맞아 봤는데…… 왜?"

"맞아본 환자가 많이 아프다고 하더라."

정말 문제가 많은 친구이다.

의사라는 사람들이 암으로 수술 받으려고 누워 있는 환자에게 위로는 못할지라도 주사를 놓으면서 환자를 놀리고 있었던 것이다.

그런 실없는 말을 들으면서 누워 있는 도중 마취약이 몸에 들어갔는지 의식이 없어졌다.

의식이 들었을 때는 회복실에 있었다.

흐릿한 의식으로 벽에 걸린 시계를 봤더니 수술실에 들어갔을 때에서 벌써 네 시간 남짓 지나 있었다.

수술부위에 심한 통증이 주기적으로 오기 시작했다.

마취가 아직 덜 깼는지 의식은 계속 오락가락한다.

수술 침대가 흔들리는 느낌이 들어서 잠시 의식이 돌아왔다.

병실로 옮겨지는 중이었다.

흐릿한 의식 속에 근심스런 표정으로 내려다보는 아내 얼굴이 보였다.

"괜찮아?"

계속 의식이 들어갔다 나왔다 하는 바람에 대답도 못했다.

다시 의식이 돌아온 것은 어둠이 내리기 시작할 때였다.

대학 4년 동안 지극정성으로 돌봐주셨던 외숙모께서 곁에 계셨고 친구 승범이가 와 있었다.

소변이 심하게 마려웠는데 사람들이 있는 병실에 누워서는 아무리 노력해도 소변이 나오지 않았다.

간호사에게 이야기했더니 설을 수 있으면 걸어서 화장실을 가도 상관 없으니 다녀오란다.

억지로 침대에서 내려서 화장실에 가려니까 마취가 덜 풀린데다가 배가 너무 아파서 그대로 쓰러져버릴 것 같았다.

승범이가 86kg의 거구인 나를 간신히 부축하여 화장실을 갔다 왔다. 수술하자마자 걸었더니 아랫배에서 극심한 통증이 왔다.

통증이 너무 심한데다가 마취가 안 풀려서 의식이 가물거렸다.

간호사가 와서 진통제를 놓아주었고 나는 다시 깊은 잠에 빠져들었다.

• 1986년 5월 21일

밤새 수술부위의 통증에 시달렸다.

그래도 수술은 잘된 것 같았다.

모두의 표정이 밝았다.

연세대와 세브란스 의대에서 학생 시위를 하는지 최루탄 터지는 소리와 함께 매운 냄새가 병실을 파고든다.

최루탄 가스 냄새로 기침이 나오려고 한다.

기침을 하게 되면 안 그래도 견디기 어려운 수술부위의 통증이 더 심해질 것 같아서 아내에게 수건을 적셔달라고 해서 젖은 수건을 코에 대고 수건을 통해서 호흡했더니 조금 진정이 되었다.

오후에 병실을 2인실로 옮겼다.

복부 통증이 심한데다가 6인실의 병실이 너무 시끄러워서 더 힘이 들었는데 2인실로 옮기니까 그나마 조금 정신적으로 안정되었다.

장모님, 장인어른, 그리고 대구 누나가 찾아왔고 회사 동료와 친구들도 여러 명 찾아왔다.

우리 집의 연이은 병마 때문에 부모 형제 그리고 벗들에게 못할 짓을 하는 것 같아서 마음의 고통이 육체적 고통과 뒤섞여 나를 짓누른다.

코에는 수술 전에 삽입했던 기다란 코뚜레가 연결되어 있었고 옆구리에도 구멍을 뚫어서 가느다란 튜브를 연결해두었는데 수술한 후 뱃속에 남은 핏물이나 진물이 튜브를 따라 배출되도록 해놓았다.

통증이 너무 심해서 아내에게 이야기했더니 간호사가 와서 진통제를 놓아주었다.

덕분에 잠시 숙면을 취할 수 있었다.

• 1986년 5월 24일

아침에 주치의가 오기 전에 레지던트가 와서 묻는다.

"환자분은 자신의 병명이 뭔지 아세요?

"차트에 보니까 EGC라고 쓰여 있던데 그럼 위암 아닌가요?"

"병에 대해서 많이 아시는군요."

"그게 아니고 동생이 의대를 다니고 있어서 전화해서 EGC가 뭔지 물어봤습니다."

"수술은 잘되었습니다. 암도 별로 크지 않았고 노드 테스트(수술로 잘라낸 가장자리를 조직 배양하여 암이 있는지 검사하는 것)를 하는 중인데 세포배양에 일주일 남짓 걸릴 겁니다.

노드 테스트 결과를 확인한 후 치료 방법이 결정될 겁니다."

잠시 후 간호사가 와서 걸을 수만 있으면 고통스럽더라도 복도를 계속 걸어 다니라고 한다.

그래야만 뱃속의 창자와 다른 내장들이 빨리 제자리를 찾을 수 있다고 한다.

• 1986년 5월 25일

수술한 지 일주일도 되지 않아서 고통이 심해서 혼자 걷기가 쉽

지 않았지만, 간호사의 이야기를 듣고는 억지로 복도를 걷기 시작
했다.

코뚜레와 링거 병을 달고 옆구리에 호스와 핏물 주머니를 차고
어기적어기적 걷는 모습을 거울을 통해 보니 내가 봐도 가관이다.

체중이 하루에 평균 1kg씩 줄어들고 있다.

수술하기 전에 86kg, 180cm였다.

수술하고 며칠 사이에 벌써 5kg이 줄어들었다.

● 1986년 5월 28일

체중이 계속 줄어든다.

79kg으로 오랜만에 80kg 미만이 되었다.

● 1986년 6월 5일

수술 후 처음으로 간호사가 삶은 달걀을 한 개 가져와서 아주 조
금씩 꼭꼭 씹어서 천천히 먹으라고 했다.

수술을 받고 처음 먹는 한 개의 달걀이 얼마나 맛이 있던지.

아주 천천히 그 맛을 음미하며 먹었다.

체중이 67kg으로 줄어들었다.

병원에서 수술하고 18일 만에 19kg이 줄어들었다.

살을 빼려고 무던히도 노력했는데 위를 잘라내니 너무 쉽게 체중조절이 된다고 옆에서 병간호하는 아내에게 실없는 농담을 던져본다.

과체중이었을 때 회사에서 일 때문에 시달리다가 집에 올 때쯤이면 일주일에 한두 번씩 견디기 어려운 두통이나 어지럼증이 왔었다. 그때마다 소파에 누워서 한두 시간 잠을 청하면 사라지곤 했었는데 수술 후 체중이 감소하니 어느새 그런 증상이 나타나지 않는 것만 봐도 나에게 이번 수술은 전화위복이 될지도 모르겠다는 생각이 든다.

동생 내외가 제현이를 안고 병실에 왔다.

아기는 병실출입이 되지 않는다는 데 어떻게 몰래 들어왔는지 싶다.

제현이는 코에 이상한 걸 넣고 있는 내가 무서운가 보다.

고모부 팔에 안겨서 그렇게도 좋아하던 아버지에게 가까이 오려고 하지 않는다.

조금은 서운한 생각이 들었다.

아내가 제현이를 불러보라고 한다.

그래서 "제현아!" 하고 불러봤더니 갑자기 제현이의 표정과 행동이 이상해지더니 나에게 오려고 발버둥을 친다.

코뚜레를 한 아버지를 아버지가 아닌 무서운 괴물로 인식하다가, 목소리를 듣는 순간 익숙지 않은 초췌한 내 모습에서 아버지 모습을 찾아낸 것이었다.

다시 만난 자식의 부드러운 몸을 가슴에 안으니 가슴 밑바닥까지 밀려오는 이 슬픔은 무엇 때문일까?

내 인생에서 무엇이 잘못되어 서른 남짓에 이토록 감당하기 어려운 일들이 한꺼번에 닥쳐오는지, 못난 남편에게 시집와서 안양시장에 장바구니 들고 돌아다니다가 호떡 한 개씩 입에 물고서도 시시덕거리며 늘 행복해했던 소박한 아내에게 무슨 천형이 이렇게도 모질까 싶어 죄 많은 남편의 한스러움으로 흐르는 눈물을 아내와 동생 부부가 볼까 봐 제현이의 작은 몸을 내 얼굴 위에까지 끌어당겨 감추어본다.

●정확한 해는 기억나지 않지만 80년대 말에 MBC 텔레비전의 〈건강백세〉로 기억되는 프로그램에 우리 가족이 소개되었다. 백혈병과 위암 그리고 병간호로 폐결핵까지 얻었다가 모두 건강을 되찾은 우리 가족의 쉽지 않은 생존 스토리는 병으로 고통받는 많은 사람들에게 용기를 줄 거라는 담당 PD 선생님의 말씀이 아니었다면 그때까지만 해도 수줍음 많던 내 성격으로는 절대로 출연에 응하지 않았을 것이다. 방송 출연 후에 많은 분들이 격려도 해주셨고, 또 많은 분들이 우리 가족 덕분에 삶의 용기를 얻었다면서 전화를 해주셨다.

2부
기업이야기

회사로의 컴백

여의마이컴을 창업한지 1년 만에 어느 정도 자리를 잡아갈 무렵 석현이와 아내, 나의 투병 탓에 거의 2년 동안 회사를 돌볼 여유가 없었다. 죽고 사는 절박한 문제였으니까 당연히 그럴 수밖에 없었다. 하지만, 위암 치료가 어느 정도 끝나면서 회사 일에 집중해야만 하는 상황이 되었다. 치료비도 그렇지만, 회사 역시 삶의 한 부분이기에 다시 활력을 불어넣어야만 했다. 나는 자신이 있었다. 그 어려운 시간도 다 무사히 넘겼는데, 나와 가족들이 건강만 하다면 무엇인들 할 수 없겠는가. 게다가 내 나이 아직 30대 초반이니 새롭게 박차고 나가자고 마음을 다잡았다.

하지만 현실은 만만치 않았다. 투병 기간에 나와 아내가 병원에 살다시피 했으니까, 당연히 회사에 거의 나가질 못했고, 도와주던 동생은 대학에 복학했다. 직원 둘이서 회사를 끌고 가며 그나마 내가 가지고 있던 기술력으로 버티던 상황에서 나까지 투병으로 회사 일에 전혀 손을 쓰지 못하다 보니 감당하기 쉽지 않은 치료비까지 매달 4~5백만 원의 적자가 났다. 치료비, 가게 월세, 직원 월급, 그리고 생활비 등을 합하면 적자가 날 수밖에 없는 상황이었다. 회사 자체는 큰 적자가 아니라 해도 치료비를 포함한 생활비에 돈이 워낙 많이 들어가니까, 그렇게 된 것이다.

당시에 나처럼 5인 미만의 소기업들은 건강보험이 안 되어서, 동서가 근무하던 회사에 내가 다니는 것처럼 해주어서 건강보험카드를 만들어주었다. 그런데 이것이 나중에 보험관리공단에 발각이 되어 치료비를 보험공단에 물어내야 함은 물론 벌금까지 내야 하는 사건이 발생했다. 그나마도 불행 중 다행인 것은 보험공단의 담당자가 내 사정을 듣고는 보험공단에서 부담한 치료비만 물어내도록 하고 별도의 벌금은 면제해주었다. 결과적으로 석현이의 백혈병 치료비만 4,000만 원 가까운 비용이 들어갔고 나의 위암치료에도 만만찮은 치료비가 들어갔는데, 당시 여의도의 27평 아파트가 3,500~4,000만 원이었으니까 결혼한지 4~5년 된 부부의 형편이 어땠는지 짐작할 수 있을 것이다.

융자를 얻어서 장만했던 아파트도 팔고 다시 시흥에 있는 아파트로 전세를 얻어 이사를 하였으니 금전적으로 매우 어려운 시절이었다.

그런데다가 두세 곳의 대학에 시간강사로 출강했던 아내는, 석현이가 아플 때부터 이것마저도 포기할 수밖에 없어 결과적으로 아내는 20대의 신혼 초를 석현이와 나의 병간호, 자신의 폐결핵 치료에 바쳐야 했다. 회사가 어느 정도 정상궤도에 들어갔을 때 박사과정에 다닐 수 있도록 허락을 했었는데 그해 5월에 석현이가 백혈병에 걸렸으니 자신의 꿈을 접을 수밖에 없었다. 아내는 자식의 백혈병과의 투병에 인생의 승부를 걸겠다고 다짐하고 계획을 바꾼 것이다. 그러한 모성애가 아이를 살렸다고 해야 할 것이다. 백혈병 치료과정을 옆에서 지켜보면 아이에게 항암제를 먹이는 게 굉장히 어렵다. 백혈구 수치가 매주 병원에서 검사할 때마다 변하는 데 거기에따라서 약의 양을 조절해서 받아온다. 그런데 다음번 검사할 때까지의 일주일 동안 아이의 건강 상태에 따라 백혈구 수치가 계속 변한다. 그래서 보호자가 건강상태를 짐작해서 먹이는 양을 조절해야 했으니, 다른 일은 전혀 할 수가 없다. 그 과정에서 치료에 실패할 경우 마지막 수단으로 골수이식에 대한 대비책으로 임신했었는데, 아기 출산 후 바로 6개월간 폐결핵 치료를 받았을 뿐만 아니라, 석현이의 백혈병이 관해 상태가 되어 통제되어 갈 무렵 내가 위암 수술을 하게 되었으니 결과적으로 회사는 엉망이 되어버렸다.

그래도 치료비를 벌려고 그동안 수주해놓고 끝내지 못했던 일들을 퇴원 후 마무리하느라고 새벽까지 수원의 삼성전관에 들어가서 시운전을 하다 보니 집에 돌아오면 새벽 4~5시가 되었다. 그게 하루 이틀도 아니고 계속되니까 어느 날 아내가 "당신 죽으려고 지금 작정했느냐, 나하고 애들은 어떻게 하라고 그러고 있느냐?"면서 눈물을 뚝뚝 흘렸다. 아내의 하소연이 없었더라도 새벽에 집에 와서

잠을 자기 위해 누워 있노라면 위에서 극심한 통증이 오기 시작했다. 그때부터 회사에서 끝내지 못한 일들을 하나하나 마무리하면서 더 이상의 수주는 중지했다. 그리고 조금이라도 빚을 줄여보려고 KBS별관 앞의 비싼 보증금과 월세의 사무실을 정리하고 구석진 건물의 싼 사무실로 옮겨 새로 시작하기로 했다.

새 사무실에서 '나는 다시 도전하자, 건강하다면 무엇인들 하지 못하랴'라는 생각을 하면서 마음속으로 두 주먹을 불끈 쥐었다.

시련을 이겨내면 기회는 온다

그러던 중에 생각 못했던 일이 일어났다. 내가 자리를 비운 어느 날 초로의 신사 한 분이 오셔서 인사관리 프로그램이 작동이 잘 안 된다면서 검토를 해줄 수 있느냐고 했다. 동생이 소프트웨어 개발을 담당하고 있었던지라 어디 한번 보자고 했다. 그런데 그 프로그램의 언어가 일반적으로 많이 쓰는 언어가 아니고 모듈라2라는 다소 생소한 언어였다. 동생이 대학에서 몇 번 접해본 적이 있었기에 프로그램을 처음부터 자세히 검토를 하는 동안 초로의 신사는 "그동안 여의도에 있는 큰 컴퓨터 사무실을 여러 곳 다녀봤는데 모듈라2라는 컴퓨터 언어를 잘 모르는 것 같았을 뿐만 아니라 영감이라고 상대도 안 해주더라"면서 친절하게 대해주는 동생에게 감사의 뜻을 피력했다. 다행히 동생이 프로그램 속에 있는 여러 곳의 버그를 찾아내서 수정을 해주었고 그분은 결과에 만족스러운 미소를 지었다. 알고 봤더니 그 프로그램은 그분이 직접 개발한 프로그램이었는데 그 사실을 알고는 동생도 그분께 프로그램을 체계적으로 잘 만들었을 뿐만 아니라 학구열이 대단하시다면서 한참이나 이야기를 나누었다고 나에게 말해주었다.

그 일이 있은 후 한두 달 뒤로 기억하는 데 구미에 있는 동국합섬에서 회사에 필요한 자재관리 프로그램과 세무, 인사관리 프로그램을 개발할 수 있냐고 연락이 왔다. 나는 어떤 연유로 거기서 연락이 왔는지 이해가 되지 않았지만, 동생과 협의결과 충분히 개발 가능하다는 결론을 얻었기에 할 수 있다고 통보했고, 납품 가격도 전화와 팩스로 협의하여 결정한 상태에서 동생과 같이 구미에 있는 동국합섬에 가서 납품계약을 했다. 그런데 공무부장이 여기까지 내려왔으니 공장장님을 잠시 만나 뵙고 가라고 하는 것이었다. 그래서 공장장실에 들어갔더니 우리 회사에 왔던 초로의 신사가 바로 동국합섬의 공장장이셨다. 그때야 왜 동국합섬에서 우리에게 전화했고 일을 맡겼는지 이해가 되었다. 그때부터 동국합섬에서는 자동제어 설비 중 국산화할 수 있는 많은 부분을 여의마이컴에서 계약할 수 있도록 도와주었고 우리도 감사하는 마음으로 최선을 다하여 개발해서 납품했다. 공장장님은 때로는 개발과정에서 우리가 몇 번 실수를 했는데도, 끝까지 신뢰하면서 적극적으로 밀어주셨다. 그때 자동제어에 대해 기술 축적이 되면서 오늘날 여의시스템 비즈니스 모델의 기본이 되었다. 그 일이 여의시스템의 현재의 모습에 결정적인 영향을 주었던 것이다.

따지고 보면 표준과학연구소의 연구원과 동국합섬의 공장장님 (이 분은 나중에 동국합섬 대표이사까지 역임하셨다)의 역할이 지대했다. 양측에서 준 일들은 산업용 장비를 개발하는 여의시스템의 노하우로 발전하였던 것이다. 사실 공장에서 시방서를 받은 후 장비를 개발하다 보면 작은 잘못도 생기곤 했다. 그럴 적에도 공장장님은 동국합섬 직원들의 불평을 "지금 배우는 중이니까 일 배울 때는 다 그런 거야" 하시면서 이해를 해주셨다. 동국합섬 일을 하면서 동국합섬의 소개로 다른 회사의 일도 해나가게 되었고 그런 과정을 거치면서 PC판매에서 자동제어 장치 개발로 주력 사업이 이동하게 되었다. 그러다 보니끼 사무실 공간도 부족하고, 여의도에서 자동제어 판넬을 제작할 수 있는 상황이 아니란 판단이 섰다. 그래서 1988년에 신림사거리에 있는 30평 크기의 사무실을 빌려서 이전했다. 신림동으로 사무실 이사를 한 후에는 자동제어 장비 개발로 모은 돈으로 신림동 난곡의 28평 아파트를 융자 받아서 구입했다. (시흥의 전세가 1,700만 원이었고 난곡의 아파트는 3,400만 원이었는데 노태우 대통령 시절에 정부에서 부동산 경기 활성화대책으로 1,000만 원을 대출해주었기에 가능했다.)

덕분에 시흥에서의 전세 생활을 청산하고 다시 내 집을 마련하게 되었는데, 회사와 거리도 가까웠을 뿐만 아니라 난곡이 관악산 줄기여서 저녁에 퇴근하여 아파트 단지로 들어와 자동차 문을 열 때면 뒷산에서 아카시아 꽃이나 밤꽃 향기를 은은하게 느낄 수 있었고, 밤에는 창문 너머에서 들리는 소쩍새 우는소리를 들으면서 잠을 잘 수 있어서 참으로 좋았다. 둘째는 그때 5살 전후가 되었는데 아침에 밥만 먹고 나면 잠자리채를 들고 뒷산으로 여치, 사마귀를 잡으러 다녔는데 툭하면 무르팍을 홀랑 까져서는 목이 터져라 울면서 내려오곤 했다. 아내가 옥도정기를 발라주고 사탕이라도 입에 물려 주고 나면 어느새 어디로 갔는지 없어지곤 했다. 그리고는 한 시간도 안 돼서 또 무릎이 깨진 채 피를 줄줄 흘리면서 아까보다 더 큰 목소리로 울면서 집에 들어서곤 했었다. 그때쯤 첫째(석현)의 백혈병도 특별한 문제없이 안정적으로 치료되고 있었다.

이때쯤 나는 석현이가 백혈병으로 아팠던 1984년 이후 처음으로, 행복이 뭔지를 느꼈다. 그 행복은 산 너머 먼 곳에 있는 것이 아니었고 우리 가족의 마음속에 있었다. 나는 기독교인은 아니지만, 천주교와 기독교 계통의 초등학교, 고등학교, 대학교를 나왔기에 성경책의 내용 중 일부는 가슴에 와 닿았는데, 성경에 나오는 '범사에 감사하라' 는 말이 그때처럼 아름답게 들린 적이 없었다.

기업과 어린왕자 —로마는 하루아침에 이루어지지 않았다

오래전 학창시절에 읽었던 책 중에 생텍쥐페리의 《어린왕자》라는 어른들을 위한 동화책이 있다. 어린왕자가 사는 별은 아주 조그맣기에 걸어서도 별을 한 바퀴 돌 수 있다. 그 별에는 아주 작은 화산도 여러 개 있는데 어린왕자는 매일 아침에 일어나면 먼저 작은 화산들을 돌봐야 한다. 화산이 혹시 폭발하지나 않는지 주의 깊게 관찰을 해야 하고 가스도 적당한 수준으로 분출하고 용암도 잘 끓도록 부지깽이로 다독거려야 한다. 만일 그 화산 중에 어느 하나라도 폭발하면 어린왕자가 사는 작은 별은 산산조각이 나서 우주공간으로 흩어져버린다. 어린왕자는 별에 뿌리내린 바오바브나무도 잘 보살펴야 한다. 바오바브나무의 뿌리는 그냥 두면 땅속을 너무 깊게 파고들어가서 작은 별을 엉망으로 만들어버릴 수 있기 때문이다.

우리가 몸담은 기업이라는 조직도 어린왕자가 사는 작은 별과 같이 이런저런 문제가 지속적으로 발생한다. 경쟁회사와 시장에서 끝없이 싸우는데 시장을 지키거나 키우지 못하면 어린왕자가 사는 별에서 화산이 폭발하는 것처럼 우리가 속한 기업이라는 작은 세상은 산산조각이 나고 만다. 때로는 고객에게 납품한 제품에 하자가 생기기도 하는 데 사후 처리를 빨리 하지 못하면 고객은 더는 제품을 사지 않는다. 고생하여 제작한 물품을 납품했던 회사가 부도가 나서 돈을 못 받기도 한다. 회사 내에서도 직원들 사이에서 끊임없는 경쟁을 하고 회사업무상 동료와도 갈등이 생기기도 하고 핵심인력의 사표로 한참이나 쩔쩔매는 경우도 생긴다. 연구소에서 새로 개발하여 생산한 제품에 하자가 발생하여 밤을 새우며 문제해결을 위해 노력을 하기도 한다. 자금 흐름에 문제가 생겨서 허둥대기도 하며 새로운 경영기법을 도입하다가 낭패를 보기도 한다. 성장 동력에 심각한 문제가 생겨서 다시 새로운 성장 동력을 발굴하려고 동분서주한다.

이 모든 문제들을 해결해 나가려고 끊임없이 노력하는 생명체를 우리는 '기업'이라 부른다. 기업은 어린왕자가 사는 세상처럼 곳곳에 화산과 바오바브나무를 지닌 작은 별이다. 기업은 많은 문제에 항상 노출되어 있으며 어떤 위기가 발생했을 때 문제로 인하여 기업이 존망의 위기에 놓이지 않도록 잘 다독거려야 한다. 기업경영을 하면서 발생하는 문제에 최고경영자는 직접 부지깽이를 들고 불씨를 없애려고 나서야 한다. 건실하게 성장하는 기업들의 공통점은 문제를 잘 해결해나갈 수 있는 능력을 갖추고 있다는 것이다.

우리의 인간사처럼 법인이라는 생명체는 태어나고 성장하며 병
이 들고 그 병을 이겨내지 못하고 영원히 죽는 슬픈 운명이 되기도
한다.

지금 당장은 자신이 속한 회사의 모습에 실망스러운 부분도 많을
수 있겠지만, 그렇더라도 우리가 속한 작은 별이 존재하고 있음에 행
복을 느끼고 이 작은 별이 건실하게 성장해나갈 수 있게 많은 문제를
화산과 바오바브나무를 보살피듯 하나하나 살펴나가야 한다.

온 가족을 죽음의 그림자 속에 허우적거리도록 만들었던 고통의
시간이 지나가면서 가정적으로 어느 정도 안정이 되었기에 이제 회
사 일에 매진해야 할 때였다. 모든 일은 한꺼번에 되는 것이 아니라
바오바브나무를 어린왕자가 열심히 돌보듯이 차근차근 하다 보면
언젠가는 기회가 오게 되어 있다. 동국합섬 일이 그랬었는데 또 한
번의 기회가 찾아왔다. 그 기회는 돈보다는 기술 축적의 기회였다.

연세대 선배이면서, 연대 전자공학과 교수님이 당시 모 기업체에
서 프로젝트를 수주해서 고주파를 이용한 암 치료 장비를 국산화하
고 있었다. 우리는 그 장비를 개발하는 프로젝트에 작은 조언을 해
주는 대가로 컴퓨터와 계측용 A/D 컨버터 보드 등을 납품했는데,
갑자기 그분이 교환교수로 일본에 가시게 되었다. 그때까지 시스템
은 기본적인 기능은 나왔지만 아직 노이즈(잡음 때문에 기계가 오작동
하는 것) 문제가 제대로 해결되지 않아서 골머리를 썩이고 있었다.

프로젝트를 발주한 회사는 상당히 많은 자금을 투입했는데도 완

제품이 나오지 않아서 전전긍긍하던 차에 프로젝트의 책임자 한 분이 우리 회사를 찾아와서 그 프로젝트의 전체적인 것을 설명해주고 개발 가능한지를 문의했다. 일에 대한 욕심도 있었던 터에 우리 능력으로 충분히 개발할 수 있겠다는 판단이 들어 계약한 후 일에 착수했는데, 결과부터 이야기하자면 거의 3년 동안 엄청난 고생을 하게 되었다. 사람의 몸에 직접 고주파를 조사하면서 체온을 재는 계측장치가 이 장치에 들어가게 되는데, 이게 보통 어려운 게 아니었다. 고주파가 어지간한 초단파 방송국 수준의 출력인데다가 사람의 체온을 재기 위한 센서에서 계측되는 전압은 수십 마이크로 볼트 정도였기에 고주파 발생장치를 가동시키면, 노이즈 때문에 정상적인 체온 계측이 안 되는 것이었다. 그러니까 강력한 노이즈 속에서 수십 마이크로 볼트의 체온 시그널을 잡아내는 것이다. 그걸 완성하느라고 거의 3년 정도를 매달리게 된 것이다. 나는 이 장비를 개발하면서 돈을 벌지는 못했지만, 필사적으로 매달렸다. 왜냐하면, 암 치료 장비였기 때문이다. 무엇보다 아들과 내가 암 치료를 받았기에 암으로 고통받는 환자들의 완치율을 향상시키기 위해서라도 이 장비는 꼭 완성해야 한다는 어떤 사명감 같은 것을 가지고 있었던 터였다. 우여곡절 끝에 마침내 개발에 성공했고 병원에서 임상시험에 들어가게 되었다.

세브란스 병원에서 말기암 환자들을 상대로 임상시험을 하게 되었다. 나도 병원의 하얀 가운을 입고 기도하는 마음으로 임상시험을 하고 있는데, 마침 암센터 병원장인 김병수 박사님이 외국 손님들을 모시고 암센터 병원의 이곳저곳을 안내하고 계셨다. 나를 발견하고는, "자네가 여기 웬일이냐?"라고 물었고, "제가 이 장비를 개발해서 지금 임상시험하고 있습니다"라고 했더니 외국 손님들에게, "저 친구 아들이 백혈병이었는데 내가 완치시켰고, 저 친구도 위암 걸렸던 것을 완치시켰다, 그리고 여기 와서 지금 온열 암 치료장비를 개발하고 있다"고 자랑스럽게 설명하는 것이었다. 나는 그 순간, 장비를 개발하느라 밤잠을 안 자고 노력했던 3년간의 고생에 대한 보람을 느낄 수 있었다. 그리고 세상의 많은 사람이 노력하여 개발했던 여러 가지 암 치료법 덕분에 우리 가족의 행복이 지켜진 것에 조금은 보답했구나 하는 생각을 했다.

마침내 여의마이컴은 그 장비의 컴퓨터 시스템 및 계측부분의 노이즈 문제를 해결해 국산화에 성공했다. 그렇지만 이 장비는 국내 시장에서는 여러 가지 한계 때문에 많이 팔리지는 않았다. 우리 회사는 노력의 대가인 돈은 벌지 못했지만, 고주파 노이즈(잡음) 속에 숨어 있는 신호 처리방법 노하우를 축적하는 계기가 되었다. 그리고 진인사대천명(盡人事待天命)이라는 말이 있는 것처럼 또 한 번의 기회가 찾아왔다.

열심히 하다 보면 길이 보인다

의료장비 개발이 끝나갈 무렵 한 수배전반(전기를 받아 적정하게 분배하는 설비) 업체가 수소문 끝에 우리 회사를 찾아왔다. 제주도 와싱톤 호텔의 전력감시시스템(빌딩이나 공장의 전력사용 상태를 원격 감시하고 필요한 제어를 하도록 만들어진 시스템으로 컴퓨터, 계측장치, 전용 소프트웨어를 기본으로 구성된 설비)을 수주하여 하도급을 주었는데 2년이 지나도록 가동을 못 시켜서 엉망이 되었다는 것이다. 그래서 전력감시시스템의 대금을 못 받은 것은 말할 것도 없고 와싱톤 호텔에 수배전반을 납품한 것까지 돈을 다 못 받고 있다는 것이었다. 하지만, 그때까지 우리 회사는 그 정도 규모의 시스템은 해본 적도 없었을 뿐만 아니라 전력감시시스템에 대하여 아는 게 거의 없었다.

한참이나 고민을 하고 있는데 그쪽 회사에서 도와달라고 사정을 하는 것이었다.

'도전하지 않는 기업은 미래가 없다' 라고 생각하는지라 또 한 번 모험해보기로 했다.

그 대신 성공 후 대금을 지급받는 조건으로 하여 혹시나 개발에 실패하면 계약위약금을 무는 일은 없도록 했다.

나는 만에 하나 정상가동을 시킬 수 없으면 비싼 제주도 구경 한 번 했다고 생각하자는 기분으로 시작했다. (그때까지 나와 동생은 제주도에 한 번도 가본 적이 없었을 뿐만 아니라 국내선 비행기도 타본 적이 없었다. 실제로 제주도에 가서 데이터를 분석하려고 데이터를 읽는 동안에 한라산 백록담까지 관음사 코스로 올랐다. 4월의 한라산에 그렇게 눈이 많은 줄 몰랐는데 개미등을 지나서 정상을 오르는 중에는 축축하게 젖은 눈이 허리까지 빠지면서 등산화가 눈에 박혀 나오지 않는 바람에 엄청나게 고생했다.)

제주도 와싱톤 호텔에 도착하여 시스템을 분석해보니까 회로설계와 소프트웨어 개발의 양쪽에 문제가 발견되었다. 처음부터 개발하라고 했으면 그때의 우리 회사 실력으로는 제대로 못 만들었겠지만, 남이 만들어놓은 것을 한참 동안 분석해보니까 시스템이 어떻게 돌아가는지 쉽게 알 수 있었다. 그런데 생각지도 못한 문제가 발생했다. 와싱톤 호텔의 설비담당자가 제동을 걸면서 당장 나가라고 하는 것이었다.

와싱톤 호텔의 전력설비가 이놈 저놈 연습해보는 연습장이냐면서 호통을 치는 것이었다.

알고 봤더니 그동안 3곳의 회사가 맡아서 실패했었고 우리가 네 번째로 그 설비를 맡았던 것이었으니 설비담당 책임자의 고충을 충분히 짐작할 수 있었다. 이번 한 번만 속는 셈 치고 믿어주면 틀림없이 정상 가동시켜 드리겠다고 했는데도 필요 없다면서 나가버리는 것이었다. 그때가 아침 10시쯤 되었는데, 생텍쥐페리의 《야간비행》을 읽으면서 기다렸더니 오후 2시가 되어서 책임자가 돌아왔다. 그때까지 밥도 안 먹고 기다리는 나를 보더니, "이 사람 아직도 안 갔네" 하는 것이었다. 내가 "한 번만 더 기회를 주십시오. 정확하게 두 달 내로 끝내겠습니다. 이때까지 2년도 참았는데 두 달을 못 참습니까?"라고 말하면서 통사정을 했다. 그랬더니 그 책임자가 "이 사람 정말 지독하네" 하면서, 두 달에 하루라도 어기면 안 된다고 못을 박으며 마지막 기회를 주었다.

그 후 우리는 두 달 동안 시스템 분석과 소프트웨어 개발, 하드웨어 설계에 모든 역량을 총동원하여 일했다.

그리고 마침내 납기를 3일 앞두고 시스템을 정상 가동시켰다.

새로운 비즈니스 모델을 찾아서 1

전력감시 제어시스템을 제대로 가동시켜 놓고 보니, 이게 괜찮은 비즈니스 모델이라는 생각이 들었다. 그런데 문제는 우리 회사처럼 직원 4~5명의 작은 회사가 개발했다고 해도 아무도 믿어주지 않았기에 시장이 쉽게 열리지 않는 것이 냉혹한 현실이었다. 또 다른 이유 중 한 가지는 대기업에는 기존의 납품업체가 있었기에 우리가 열심히 영업을 해도 들은 척도 하지 않았던 것이다. 산업용 설비들은 초기에 신뢰를 얻어 시장을 열기가 무척이나 어렵다는 것을 알게 되었다. 큰 기업들이 공장이나 빌딩처럼 대규모 건설을 하면서 상대적으로 지급액 비중이 작은 자동제어 시스템이 정상 가동되지 않게 되면 건설 프로젝트 전체가 엉망이 되어버리기 때문에 여간해서는 검증되지 않은 신규업체 제품을 사용하지 않았던 것이다. (대표적인 사례가 제주도 와싱톤 호텔의 전력감시 제어시스템인데 소규모 영세업체가

부도가 나면서 설비 전체의 납기, 대금회수에 결정적인 차질을 빚었다.)

곰곰히 생각해 얻은 결론은 현대그룹이었다. 현대그룹은 삼성이나 럭키금성(지금의 LG 및 LS그룹), 대우보다 전자분야에 뛰어든 시간이 짧아 자동제어 분야의 기술수준이 상대적으로 약할 거라 생각했다. 또한, 그때 마침 현대전자에서 빠르게 시장규모가 커지는 IBM XT 및 AT 호환기종 컴퓨터를 출시했는데 나는 동생과 상의해서 현대전자 컴퓨터 대리점을 신청했다. 내가 현대전자 컴퓨터 대리점을 하겠다고 한 것은, 현대그룹에서 자동제어 쪽 프로젝트를 따려면 대기업과 뭔가 연고를 만들어야 가능할 거라는 판단을 했기 때문이었다.

결과적으로 그 방법은 성공했다.

코엑스에서 컴퓨터 전시회가 열렸다. 현대전자에서는 부스에 컴퓨터와 함께 일반적인 업무용 프로그램(자재관리, 인사관리 등)들을 전시하는데, 우리 회사를 담당하는 현대전자 과장이 전시회에 가지고 나갈만한 자동제어 제품이 있으면 현대전자 부스에 무료로 전시해주겠다고 했다.

그래서 와싱톤 호텔의 전력감시시스템을 전시회에 출품했다.

나의 판단은 내가 생각해도 신기할 정도로 맞아떨어졌다. 전시회 중에 현대 중공업의 담당자가 우리가 개발한 전력감시시스템을 보고는 당신들이 개발했느냐고 물어 그렇다고 하니까 반신반의하면서 알았다고 했다. 며칠 뒤 그 담당자가 우리 회사에 찾아와서는 시스템의 소스코드(컴퓨터 프로그램의 실제 프로그램된 리스트)를 보여

달라고 요구했는데, 프로그램에 대한 전반적인 설명을 듣고는 "어, 진짜 개발했네" 하면서 놀란 표정을 지으며 돌아갔다. 그때가 1989년이었고 그때부터 최근까지 현대 중공업은 자동제어시스템의 중요 발주처가 되었다. 2001년에는 원자력 발전소의 폴트 레코딩 시스템(Fault Recording System)을 현대 중공업과 공동 수주하여 개발 납품할 정도로 현대그룹으로 인하여 회사의 역량이 커지게 되었다.

그동안 현대중공업으로부터 수주하여 납품한 시스템들은 전력감시 제어시스템을 위시하여 리포팅시스템, 하수처리장 텔레메터링 시스템, 해양관측기지 무선계측시스템, 열 병합 발전소 텔레메터링 시스템, 각종 스카다시스템, 게이트웨이시스템 등 회사의 역량이 비약적으로 성장하는 데 결정적인 영향을 주었고 이를 발판으로 다른 기업들로부터도 본격적으로 수주를 하기 시작하면서 오늘의 여의시스템이 만들어지게 된 밑거름이 되었다.

지금도 나는 한 기업이 성장하기까지 얼마나 많은 주변의 도움이 있었나를 생각할 때마다 우리 회사의 성장을 도와준 많은 사람들에게 항상 감사하는 마음을 가진다.

결국 따지고 보면 고주파 암 치료기나, 와싱톤 호텔의 전력감시 시스템도 다른 회사가 개발하다가 문제가 된 것을 자세히 검토해 성공한 것들이다. 물론 그렇게 하기 위해서는 많은 노력이 있어야 했고, 비즈니스 모델을 발굴하겠다는 의지도 필요함은 말할 것도 없다.

새로운 비즈니스 모델을 찾아서 2

얼마나 사무치던 그리움이냐? 밤마다 너를 찾아 헤매는 사연

차라리 재가 되어 숨진다 해도 아~ 너를 안고 가련다.

―불나비

40여 년 전에 원로가수 김상국이 부른 〈불나비〉의 가사인데 짜는 듯한 창법과 어우러져 당대에 엄청난 인기를 끌었었다. 그 노래가 얼마 전에 상영된 영화 〈타짜〉의 주제곡으로 나온 것을 보면서 잠시 옛 생각에 젖어보기도 했었다.

여름에 모닥불이나 전등불에 뛰어들어서 한 줌의 재로 화하는 불나방을 불나비로 바꾸어 표현한 노래인데 사랑하는 여인에 대한 뜨거운 사랑을 불나방의 화려한 산화에 비유한 노래였다.

나방이 불로 날아들어서 타 죽는 원인을 생물학자들은 이렇게 설

명한다. 나방은 밤에 자신이 가야 할 방향의 기준을 달로 삼는다. 즉 달을 이정표로 정하고 날아가는 행동을 수천만년 동안 되풀이하던 나방이 모닥불이나 전등불을 달로 착각하여 방향을 정하게 되고, 바뀐 방향은 각도가 점점 불 쪽으로 좁아지게 되면서 끝내는 불 속으로 뛰어드는 행동을 한다는 것이다. 오랜 진화의 과정에서 본능으로 자리매김한 '달보고 방향잡기' 를 하는 나방은 인류사회가 전기를 사용한 최근의 100여 년 동안에도 본능을 바꾸지 못하고 모닥불이나 전등불 때문에 방향 감각을 상실하고 타 죽는 것이다.

이 나방의 예는 기업에도 적용될 수 있다. 급변하는 21세기에 기입경영을 하면서 잠시만 현실에 안주하게 되면 자신도 모르는 사이에 변화의 맥을 놓쳐버려서 회사가 불나방처럼 되지 않을까 싶을 때가 잦다.

대표적인 예로서 중국이라는 국가가 만들어내는 거대한 변화의 소용돌이 하나만 보더라도 그렇다. 중소기업이 만드는 어지간한 제품은 국내외 시장에서 중국 상품과 경쟁력을 상실하기 십상이다. 세상에 우후죽순처럼 생겨나는 전등불과 모닥불(중국 제품)이 나방의 판단력을 망가뜨려서 죽음에 이르게 하는 것과 마찬가지로 제조업체의 경쟁력을 일순간에 불태워버릴 수 있다.

달 궤도에 진입한 우주선 '항아' 를 쏘아 올릴 정도의 기술력과 핵무기, 초음속 전투기 등 첨단장비를 자체기술로 만들어서 보유할 정도의 중국이라는 거대한 공룡을 아직도 인건비 따먹기 식의 단순 제조업을 하는 기술 수준으로 판단한다면 그것은 오판해도 크게 오판하는 것이다.

인건비를 절감하려고 중국에 진출했던 봉제, 염색, 가죽제품을 만드는 중소기업들이 인건비 상승을 감당하지 못하고 야반도주하는 불상사를 연출한 것이 오판의 한 예이다.

최근에 세계적 규모인 중국 전력기기 전문 업체 친트(CHINT)와 한국 내 비즈니스에 대한 협력관계를 맺으면서 느낀 중국의 기업은 세계수준의 기술력을 바탕으로 한 품질과 가격경쟁력을 갖추고 있었다. 2007년 삼성 이건희 회장의 몇 년 내로 우리나라는 중국 발 위기에 대비해야 한다는 말이 가슴에 와 닿았다.

이처럼 오판은 아직도 밝은 것은 모두 달로 알고 그것을 방향 지표로 삼다가 불에 타 죽는 나방의 모습과 같은 결과를 가져올 뿐이기에 다양한 경로를 통해서 제품을 소싱하고 그 제품에 우리의 고객 맞춤형 엔지니어링 및 컨버전스, 즉 통합 능력을 결합시켜나가도록 방향을 잡아나가야 한다. 즉 새로운 비즈니스 모델을 발굴하여 지속적으로 도전해야 한다.

잘 팔렸던 아이템들도 요즈음에는 불과 몇 년 만에 시장의 급속한 변화에 수명을 다한다. 그리고 눈 깜짝할 사이에 우리의 시장을 무섭게 잠식하는 중국의 신제품들이 나오는 것이다.

이카로스 콤플렉스란 말이 있다. 그리스 신화에 나오는 이카로스는 담장 높은 감옥에서 탈출하려고 아버지와 함께 머리를 짜내어 새의 깃털로 만든 날개를 몸에 달고 하늘을 날기 위한 시도를 되풀이한다. 마침내 성공적으로 나는 순간 그는 하늘을 날고 있다는 자만에 빠져서 자꾸 하늘 높이 오르다 끝내는 태양 근처에 도달하는 바람에 몸과 날개를 붙이는 데 사용된 밀납이 녹아서 떨어져 죽었다는 신화 속의 이야기에서 유래된 용어이다.

우리가 알고 있던 필름시장에서 세계 최대의 기업인 코닥이나 휴대전화의 최강자인 모토로라, 즉석카메라시장의 폴라로이드 그리고 빌 게이츠가 극찬했던 레인콤의 흥망성쇠를 보면 성공한 아이템으로 인하여 어떤 결과가 연출되는지를 잘 알 수 있다. 큰 성공이 더 큰 실패를 가져오는 원인이 된다는 의미로 이카로스 콤플렉스라는 용어가 쓰인다.

IBM은 마이크로소프트사의 등장과 PC시장을 하찮게 생각한 덕분에 훗날 덩치를 슬림화하여 간신히 생존했다. IBM을 궁지에 몰았던 거대기업 마이크로소프트사도 비즈니스 시장의 컨버전스로 인하여 예상치 못했던 분야에서 나타난 경쟁자인 구글에 덜미가 잡혀서 생존 공간 확보를 위하여 발버둥치고 있다. 물론 새로운 비즈니스 모델을 발굴하고 거기에 기업의 역량을 집중하는 것은 당연히 엄청난 위험이 따른다. 그러나 새 비즈니스 모델 발굴과 같은 리스크 테이킹을 하지 않고 현실에 안주하게 되면 생각의 한계로 인하여 더 큰 위험 속에 빠져든다.

IT 기업은 빠르게 변화하는 기술사업의 특성상 늘 새로운 비즈니스 모델을 찾아야 한다.

스펜서 존슨의 《누가 내 치즈를 옮겼을까》라는 책에서 들려주는 이야기처럼 내 치즈는 없어진 것이 아니라 다른 모습으로 변신하여 우리가 찾아주기를 기다리고 있다. 우리가 변화하면서 시장을 찾아내려고 노력하다 보면 마침내 우리가 공략할 치즈가 보인다.

세상이 무섭게 변해 가는데 아직도 하늘의 달만이 밤하늘의 이정표라고 생각하면서 무작정 밝음을 따라가는 나방처럼 사고의 변화 없이 자신과 자신의 기업을 무너뜨리는 상황은 지금 이 순간에도 곳곳에서 일어나고 있다.

우리가 경영하는 기업이 이같은 이유로 퇴출의 상황을 맞지 않으려면, 항상 더 넓게 세상을 보고 그 속에 어떤 비즈니스 모델이 있는지 찾아야 한다. 그런 경영자만이 변화의 무게를 충분히 감당할 수 있다.

법인으로의 전환

1991년이 되면서 치료비로 말미암은 손실을 거의 다 메웠다. 거의 6년 만이었다. 회사도 규모가 조금씩 커지면서 개인회사로는 감당하기 어렵다는 생각을 하게 되었고 세무서에서도 주식회사로의 전환을 종용했다. 1991년 10월 회사를 법인으로 전환하면서 상호를 여의마이컴에서 여의 자동화 시스템으로 바꾸었다. 마이컴은 이제는 회사의 비즈니스 모델에 있어서 유효한 것이 아니었고, 자동화 시스템이 주력 사업이 되었기 때문이다.

제주도 와싱톤 호텔의 전력감시 제어시스템을 우리에게 외주를 주었던 회사가 뚝섬역 부근에 있었다. 전력감시 제어시스템을 성공적으로 마무리 지은 후 그 회사는 수주된 자동제어시스템 대부분을 우리 회사에 맡겼다. 성수동으로 기술 미팅을 하려고 자주 방문하던 중 아파트형 공장을 성수동에서 분양한다기에, 거래하던 수배전반 업체의 권유도 있고 해서 80평을 분양받았다.

분양가가 3억 원 정도였는데, 당시 회사는 몇천만 원 정도의 여유 자금밖에 없었지만 한 가지 방법이 있었다. 노태우 대통령 시절에 우리가 살던 신림동 난곡지역의 아파트가 부동산 가격 폭등으로 가격이 치솟았던 것이다. 아파트를 팔고 잠실 쪽에 전세를 얻었는데 공장 입주 시 회사와의 출퇴근 거리를 고려한 결정이었다. (공장 계약을 하고 집에 가서 아내에게 돈이 부족하니 아파트를 팔라고 해서 단단히 혼이 났다. 힘들게 장만한 아파트이고 부동산가격이 춤을 추는 때였기에 그냥 자리 잡고 살고 싶었기 때문이었다. 그렇지만, 다소 독선적인 남편의 뚱딴지같은 결정에 어쩔 수 없이 동의했다. 이미 일은 저질러졌기 때문이었다.)

아파트를 팔아서 잠실 주공아파트에 전세를 얻고 나머지 돈과 회사의 여윳돈, 그리고 바쁘게 돌아가던 회사에서 입주 시까지 번 돈을 모두 합하여 아파트형 공장의 대금을 치렀다. 이때가 1992년 초였다.

우리가 세든 주공아파트는 잠실 천주교 교구에서 관사로 사용하던 집으로, 당시에는 비어 있던 것을 우리에게 세를 놓았는데, 입주 후 해가 바뀌어도 전세비용을 올려달라는 이야기가 없어서 얼마나 편했는지 모른다.

아내와 우스갯말로 천주교 재단 재산이니까 우리는 김수환 추기경과 전세 계약한 것이라면서 낄낄대며 웃곤 했다. 그러다가 1995년에 전세 보증금에다가 회사에 빌려준 돈을 회수하고 또 그동안

저축한 돈에다가 장인 어른이 돌아가시면서 아내가 받은 몇천만 원의 유산을 모아 잠실에 아파트를 사서 다시 내 집 마련에 성공했다. (실제로 내가 집을 팔고 난 이후 4년 동안 아파트 가격이 폭락하는 바람에 운 좋게도 난곡 28평 아파트를 팔아서 4년 후 몇천만 원 보태서 잠실에 46평 아파트를 산 꼴이 되었다.)

결과적으로 난곡의 아파트를 팔아서 회사에 빌려준 것이 주택가격 폭락으로 회사도 공장이 생기고, 우리는 집을 늘리는 셈이 되었다. (인생이란 알 수 없어서 어떤 때는 고통이 몰아서 오다가도 어느 때엔 예상 못 한 행운이 연속하여 다가오는 것인가 보다.)

아파트형 공장 입주 후 자금부족으로 몇 달간 힘이 많이 들었지만, 김영삼 대통령이 집권하고 난 후인 1993년에 중소기업 지원정책으로 1억 원까지 연리 4% 정도에 무담보로 융자를 해주어서 회사의 자금 흐름과 성장에 큰 도움이 되었다.

1991년 법인을 설립한 그 해에 회사 매출액이 2억 6천만 원이었는데, 그 이후 몇 년간은 매출이 연평균 50% 가까이 신장하였고 수익도 늘어나기 시작했다. 그러다가 매출이 20억 원이 됐을 때 쯤인 1997년 말에 우리나라는 IMF관리체제에 들어가게 되었다.

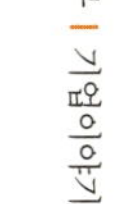

포세이돈 어드벤처

IMF가 터졌을 때는 참 기가 막혔다. 석 달쯤 지나면서 그동안 수주해서 진행하던 일도 다 떨어지고 더는 발주가 나오지 않게 되니까 한 달에 평균 5천만 원 가까이 적자가 나기 시작했다. 잠 못 이루는 밤이 얼마나 괴로운지 당해보지 않은 사람은 모른다. 당시 텔레비전 뉴스나 신문에서 심심찮게 중소기업체 사장의 자살기사가 나오곤 했는데, 그들의 심정을 이해할 만했다. 하지만, 죽음과의 입맞춤에서도 살아남았는데 이 고비만 잘 넘기면 다시 기회가 올 것이라고 나 자신을 다독거렸다.

그리고 오래전에 보았던 〈포세이돈 어드벤처〉라는 영화를 생각했다.

바다를 항해 중인 초대형 유람선! 평화롭던 바다에 갑자기 쓰나미가 밀려와 엄청난 파도로 배(船)가 뒤집혀 바닥을 드러낸다. 생존

한 승객들은 삶과 죽음의 갈림길에서 함께 힘을 모아 이제는 배의 꼭대기가 되어버린 배의 바닥 쪽으로 필사적인 탈출을 감행한다. 배가 뒤집히면서 연회실의 샹들리에가 바닥으로 떨어지는 장면과 시시각각 밀려오는 물의 역류는 〈타이타닉〉의 빙산 충돌 후에 일어나는 장면처럼 박진감 넘치고 끔찍한 광경이었다.

10여 명의 생존자는 그때부터 배의 상단부(뒤집혀 있으니까 배의 물 밖에 나와 있는 바닥부분)로 가려고 치솟아 오르는 물을 피하여 생존 그룹의 리더가 된 젊은 목사와 같이 난관을 하나하나 헤쳐나간다. 난관에 부딪힐 때마다 돌파를 위하여 앞장서다가 한두 명씩 희생되면서 혈로를 뚫어 나간다. 드디어 마지막으로 보이는 철 난간을 지나면 배의 최상단부에 진입하게 되는데 그곳에 진입하게 되면 구조대가 도착해 있으리라 짐작되는 장소에 도달할 수가 있다.

하지만, 막 철 난간을 통과하는 순간 갑자기 배가 기우뚱하면서 철 난간 바로 옆의 파이프가 터지면서 초고온의 수증기가 철 난간 쪽으로 분출되어 더는 진행이 불가능해진다. 철 난간 아래는 낭떠러지이고 낭떠러지 아래는 배에 있던 잔류 연료에 불이 붙어서 불지옥을 연상케 할 정도로 화염이 이글거린다.

생존자들은 아연실색한다. 그동안 생존자 그룹의 정신적 지도자로 묵묵히 자신의 역할을 수행해온 목사가 절규한다.

"신이시여! 얼마나 더 많은 희생을 당신은 요구하십니까?"

그리고는 철 난간에서 2미터 남짓 떨어진 곳에 있는 수증기 파이프와 연결된 밸브를 향해 몸을 날린다. 그리고는 두 손으로 밸브를 돌리기 시작한다. 마침내 밸브는 잠기면서 철 난간 방향으로 분출되던 수증기는 멈춘다. 목사가 마지막 안간힘을 쓰면서 소리친다.

"어서 건너가십시오."

힘이 빠져서 잡고 있던 밸브를 놓친 목사의 몸은 불지옥 속으로 사라진다.

그 영화의 기억은 나에게 새로운 힘을 주었다. 그래, 나도 힘내서 IMF의 철 난간을 지나가자. 지금까지 더 큰 어려움도 건너왔지 않는가!

그리고는 나의 정신적 안식처인 산으로 갔다. 산은 언제나 말없이 제 빛깔을 내면서 나를 바라보고 있었다. 힘들게 정상을 향해 오르면서 곰곰이 생각을 했다.

과연 어느 시점에서 회사를 정리해야 할 것인가? 구조조정을 한다고 가정했을 때 내가 살던 집이라도 팔아서 퇴직금을 줄 수 있고, 일부 직원들을 남겨서 다시 재기를 노릴 수 있는 마지막 시점이 언제겠는가. 적자가 심화하여 퇴직금도 줄 수 없는 상황이 되면 재기 불능이다. 정상에 앉아서 이렇게 저렇게 계산을 해보니 6개월 정도는 더 버틸 수 있겠다는 생각이 들었다. 다행히 그해 말 김대중 대통령이 당선된 후 중소기업을 살리기 위한 정책이 계속 나오면서 조금씩 수주가 늘어나기 시작했다. 1998년에는 IMF 지원 상황에 따른 경제 침체로 회사가 생기고 처음으로 매출액이 7% 감소했는데, 직원도 15% 정도 줄었다. 해고한 것이 아니라 군대도 가고 스스로 다른 길을 찾아가면서 자연 감소분이 그만큼 발생했고 충원을 하지 않다 보니까 그렇게 된 것이었다. 결과적으로 가장 어려웠던 1998년에도 회사는 적자를 내지 않고 IMF의 격랑을 무사히 이겨냈다. 그 와중에 경쟁 회사들이 부도가 나면서 일거리가 더 많아지게 되었다. 그 후 김대중 정부의 벤처기업 육성정책으로 벤처기업 투자 붐이 일기 시작했다. 지나고 나서 생각해보면 그때의 벤처 붐은 국가주도의 정책에 건실한 기업가들에게 혜택이 돌아가기보다 무늬만 벤처인 사이비 기업과 사기꾼들 그리고 이에 편성한 엉터리 정치 모리배들이 코스닥시장과 벤처기업을 도박판으로 만들었다.

바둑판에서 한번 악수(惡手)를 두게 되면 회복하기 위하여 무리수를 두게 되는데 신용카드 문제도 경제를 살리기 위한 정부정책의 또 다른 무리수가 아니었나 싶다. 그때까지는 이와 같은 한국경제의 구조적인 문제로 인하여 중소기업에 또 한 번의 위기가 닥칠 줄은 몰랐다.

다시 위기로 —공장들의 이동

1998년부터 4년 정도는 빠르게 성장을 해왔으며 회사명도 여의 시스템으로 변경했다. (우리 회사를 처음 알게 된 사람은 여의라는 상호를 쓰기에 회사가 여의도에 있는지 묻는다. 처음 회사의 태동이 여의도였고 여의마이컴이라는 첫 상호가 지금 회사 명칭의 앞부분이 된 것은 사실이다. 회사의 명칭변경을 고려했을 때 우리 회사를 알고 있는 고객들이 이렇게 조언했다. "회사의 이미지가 좋으므로 상호를 완전히 바꾸면 기업의 브랜드 파워를 만들려면 많은 노력이 필요하니 앞부분은 그대로 두는 게 좋겠습니다." 요즈음 나는 고객들이나 질문하는 사람에게 이렇게 이야기한다. "여의도에서 따온 여의가 아니고 하늘을 나는 용의 발에 쥐어진 여의주의 여의입니다. 우리 회사는 자동제어 분야에서 여의주의 요술처럼 고객이 필요로 하는 최고의 제품을 만들 수 있다는 의미입니다.")

2000년 5월에는 잉여자금으로 아파트형 공장을 팔고 성수동의 4

층 규모의 작은 공장 건물을 인수하면서 확장 이전했다. 그런데 그 시점부터 한국 노동자의 높은 인건비, 심각한 노사분규로 공장들이 외국, 특히 중국으로 이전하기 시작하면서 문제가 발생했다. 2001년에 접어들면서 본격적으로 공장들이 중국으로 옮겨가기 시작했고 신문이나 각종 언론 매체에서도 이러다가 국가 전체의 제조공장 공동화가 될 정도라고 우려할 만큼 그 경향은 심해졌다. 여의시스템의 주력 사업이 자동제어시스템과 자동화시스템에 사용되는 산업용 컴퓨터와 산업용 네트워크 장비 등인데 공장의 신증설이 줄어드니까 우리 회사의 일거리 자체가 사라져가는 셈이었다. 따라서 경쟁회사와의 경쟁도 치열해지고, 그러다 보니 회사의 이익구조에도 문제가 생기기 시작했다.

2001년도 상반기에는 전년 대비 15% 정도의 매출액이 감소했고, 7월과 8월까지 계속 마이너스가 발생하면서 적자가 누적되기 시작했다.

그 무렵 회사 임원들이 토론해서 얻은 결론은 이랬다. "이번 위기는 한국경제 상황의 구조적인 문제다. 이래서는 기업이 생존할 수가 없다. 그러니 사장한테 건의하자. 25% 정도의 인원을 감축시켜야만 견뎌낼 수 있다." 상무이사가 대표이사에게 감축 대상 명단을 가지고 왔다.

매출 감소와 적자가 8개월째 지속하고 있었기에 누구보다도 위기의식을 느꼈던 나였지만 막상 직원들의 살생부를 받아든 이후로 몇 날 며칠을 잠을 못 잤다. 내가 내 손으로 뽑은 직원을 이렇게 내

보내야 하는가? 내가 면접하여 채용한 직원들이었고 그들은 아무런 잘못도 없는 데 최고경영자의 무능함 탓에 기업생존을 빌미로 내보내야 한다는 것이 마음을 아프게 했다.

다른 방법은 없는가? 생각에 골몰하다 보니 꿈에서도 그 생각을 하다가 잠이 깨곤 했는데 그날도 꿈속에서 헤매다가 갑자기 "인센티브 제도를 도입하면 될 것이 아니냐"는 생각이 문득 들었고 그 순간 잠이 깼다. 그래서 한밤중에 거실로 나와 종이에다가 인센티브 제도에 대한 초안을 그려보기 시작했다. 내가 생각하는 인센티브 제도의 기본 개념은 직원들 상호 간에 시장경제의 마인드를 접목시켜보자는 것이었다. 시장경제란 적자생존의 법칙으로 경쟁력 있는 제품만이 살아남는다는 누구나 아는 평범한 이론이다.

나는 대기업에 비하여 직원들 개개인의 능력이 상대적으로 떨어질 수밖에 없는 중소기업이 생존하려면 경쟁체제를 구축할 수밖에 없다고 생각했으며, 인원감축을 하는 대신에 회사의 실적에 보너스와 인센티브를 연계하여 처리한다는 사업부별, 팀별, 개인별 독립채산 개념의 도입이 골격이었다. 그날 밤을 꼬박 새워서 세부적인 사항을 정리했다.

그때의 실행방안은 다음과 같았다.

1. 최고경영자는 투명경영을 하며 직원들에게 회사 매출, 이익과 손실 등 경영 상태에 대한 전반적인 내용을 자세히 알린다.

2. 회사의 모든 조직을 세분화하여 팀별 인센티브 제도의 개념을

도입한다.

3. 직원을 감축하지 않는 대신 이익이 난 해는 연말에 적정비율의 인센티브를 지급하고 적자인 분기에는 보너스를 지급하지 않는다. 단, 연말 결산 후 해당 연도에 이익이 나면 지급 중지한 보너스를 전액 소급하여 지급한 후 이익에 대해서는 추가 인센티브를 지급한다.

4. 각 사업부별, 팀별, 개인별로 연초부터 해당일까지의 매출액, 자재비, 인건비, 경비와 일반관리비와 수익 등을 영업관리팀에서 분석하여 이메일로 보낸다.

5. 매출 목표대비 영업 결과가 현저히 나쁜 팀은 회기 중이라도 타 부서로 전출시키거나 퇴사도 가능하게 한다.

6. 연말 우수사원과 최우수사원을 선발하여 포상금을 지급하고 인사고과에 반영한다.

7. 연말 인센티브 지급 시 해당 회계연도의 실적과 근무태도, 교육훈련 참가, 외국어 교육 이수, 다른 팀과의 협조 등의 세부사항으로 종합 평가하여 개인별로 차등 지급한다.

8. 직원들은 회사 장부에 의문점이 있는 경우에는 언제라도 장부에 대하여 열람하고 의문사항에 대하여 질문할 수 있으며 재경담당자는 성실히 답변하도록 한다.

9. 매달 무작위로 선발된 평사원들과 CEO와의 대화를 실시하여 직원들의 애로사항이나 불만사항 및 회사발전에 대한 건의사항을 제안토록 하며 대화에서 나온 처리 결과는 회사의 이메일로 직원들에게 공표한다.

이렇게 초안을 만들어서 다음날 회사 임원들에게 나의 의견을 말했는데 임원들도 직원들만 동의해준다면 굉장히 좋은 방법이라는 것이었다.

그래서 전체회의를 소집하여 직원들을 모아놓고 나의 계획을 말했다. 우리 회사와 한국경제의 지금 상황을 자세히 말한 다음, 시장경제에 대한 개념을 설명해주었고 사업부별, 팀별, 개인별 자유경쟁만이 수익창출을 위한 최선의 방법임을 인식시켜나갔다.

"설비투자 감소의 현실에서 위기를 벗어나려면 인원을 감축해야 합니다. 하지만, 우리 직원들만 동의한다면 인원을 감축하지 않고 경쟁체제를 도입하고 싶습니다. 나는 여기 있는 모든 직원들과 함께 일하고 같이 가고 싶습니다. 한 명도 내보내고 싶지 않습니다. 우리의 현실을 이해해줬으면 고맙겠습니다."

고맙게도 모든 직원들은 새로운 회사질서에 동의를 해주었다. 그러고 난 직후 매출감소가 일어난 3/4 분기에 보너스 지급을 중지했다. 그러나 그해 4/4분기에 경쟁 분위기 속의 새 질서에 적응한 직원들의 노력으로 회사의 매출이 크게 신장을 하고 수익도 늘면서 한해의 매출감소를 상쇄시켰을 뿐만 아니라 작은 수익을 만드는 기적을 만들었다.

연말에 나는 약속대로 4/4분기의 보너스는 말할 것도 없고 3/4분기의 보너스까지 모두 소급하여 지급했다. 그리고 그 다음 해부터는 회사의 매출과 수익이 빠르게 늘기 시작했으며, 2008년 상반기에는 작년 상반기 대비 매출과 수익이 평균 60% 이상 성장하는 활기찬 모습을 보이기 시작했다.

나는 이와 같은 결과에 대하여 이렇게 평가한다.

이제 기업은 투명경영만이 생존할 수 있다. 시장경제를 지향하는 국가에 있는 기업의 조직과 내부 시스템은 사회주의 경제같이 차별화되지 않는 체제로는 더는 경쟁력이 없다. 세계 굴지의 거대 기업 규모인 한국의 대기업과 중국처럼 규모의 경쟁력을 갖춘 초거대 기업과 비교하면, 훨씬 열악한 환경의 한국 중소기업은 투명경영을 하지 않으면 무덤으로 가는 길을 스스로 만들고 만다.

즉, 경쟁체제와 투명화 그리고 새로운 비즈니스 보넬에 대한 도전만이 우리의 생존 가능성을 높인다.

새로운 도전

얼마 전 다국적 기업인 코닥이 정크본드 수준의 신용등급으로 추락했다는 내용이 기사화되었다.

디지털카메라와 인터넷의 출현이 카메라 필름시장에서 공룡의 위치에 있던 세계적인 기업의 시장을 불과 몇 년 만에 잠식해버린 대표적인 사례이다. 아날로그 시대에서 디지털 시대로의 변화와 세계화가 진행되면서 이같은 경우가 우리 주변에 비일비재하다.

우리나라의 일회용 가스라이터와 컴퓨터 시장도 이와 유사하다 하겠는데 불티나 브랜드로 국내시장을 석권하면서 주식시장 상장 준비까지 했던 유망기업이 중국에서 밀려들어 온 일회용 가스라이터에 저항다운 저항 한 번 못해보고 브랜드 이름과 같이 불티처럼 일순간에 사라지고 말았다.

IT(정보기술) 업종으로 분류되는 컴퓨터도 얼마 전 현주컴퓨터와 현대멀티캡의 부도와 한국 컴퓨터 업계의 산 역사인 삼보컴퓨터의 법정관리 신청의 경우처럼 시장의 주도권은 이미 중국으로 넘어가 버렸다.

휴대전화기 시장에서 한때 수천억 원 이상의 매출로 대기업을 위협하던 중견기업들이 세계시장에서 중국 제품과의 가격 경쟁을 감당하지 못하고 무너져내렸고 삼성, LG 등 대기업들만 브랜드 파워를 가지고 시장을 키워나가고 있다.

이와 같은 변화가 너무도 갑자기 일어나고 있어서 기업들은 적의 실체를 제대로 파악도 못 해보고 치명타를 입고는 침몰하는 것이다. 이제 세계 시장은 하나로 통합되고 있고 통힙에 따른 급물살의 중심에는 인터넷이 존재하고 있다.

많은 기성세대는 오늘날 어린 세대들이 쉽고 자유롭게 사용하는 IT 분야의 신개발품의 사용법은 말할 것도 없고 그 명칭도 잘 모를 정도로 디지털 시대의 적응력을 상실해버리고 뒷방 늙은이 신세가 되어 사오정과 오륙도 대열에 합류하고 있다.

유비쿼터스라는 용어가 외국 논문에 처음 등장한 게 불과 20년 이내이고, 한국에서는 신문에서 IT 관련 종사자들에게 소개했을 때가 2002년인데 어느새 유비쿼터스는 엄청난 파도가 되어 U 비즈니스라는 용어를 탄생시키면서 물류자동화에 따른 RFID, 홈오토메이션, 휴대전화, 건강진단 등 그 영역을 무한대로 확장시키면서 우리 곁에 와 있고 정부가 국가의 신 성장 동력의 주체로 발표한 신 IT839전략의 주요영역을 차지하고 있다.

이같은 엄청난 변화의 한가운데서 내가 속한 기업이 급물살에 희생되지 않고 생존하고 성장하기 위해서는 기업의 최고경영자와 소속 임직원들이 끊임없이 공부하여 변화에 적응력을 가져야 한다.

기업의 최고 책임자와 직원들이 하나가 되어 자신이 속한 사업영역의 변화에 따른 전략을 구상하고 마케팅을 해나가는 기업만이 생존할 수 있기 때문이다.

이제 변화라는 태풍의 눈이 어떻게 움직이는지 모르면서 기업을 성공의 길로 인도한다는 것은 불가능해졌다. 한때는 굴뚝산업의 범주에 속하던 자동차산업과 엘리베이터와 같은 기계관련 산업도 제품의 많은 영역을 IT가 차지하고 있다. 코스닥 시장에 진입한 기업 중에 큰 이익을 내는 기업군은 IT 관련 기업들이 대부분이다.

이제 비IT 업종이라 할지라도 자신이 속한 기업의 제품에 IT 관련 개념을 도입하여 철저하게 변화시켜야 한다. 그것만이 디지털카메라의 등장 이후 불과 십여 년 만에 코닥이 추락하는 현실에서 내가 속한 기업을 살리고 발전시켜 나가는 바른길이다.

근로자들도 한국노동자들의 1/5 미만의 급료를 받고 첨단기업에 종사하고 있는 중국과 인도의 노동자들이 우리의 경쟁자라는 인식을 분명히 가져야 세계가 하나로 통합되어가는 엄청난 변화 속에서 내가 속한 기업을 생존시키고 발전시켜 나갈 수 있음을 인식해야 한다.

나는 2001년 무렵부터 이 '변화'를 실감하기 시작했다. 그런데 회사의 위기도 위기지만 나에게 동기를 유발한 또 하나의 계기가 있었다. 암 수술에 따른 건강문제가 발생했었고, 또 그렇게 한 번 아프고 나니까 도전 의식 같은 것이 없어졌는데, 그 도전 의식을 불러 일으켰던 것은 한 후배였다. 코스닥 시장이 불을 뿜으면서, 여의마이컴 시절 나와 큰아들이 아플 적에 회사에서 아르바이트 했던 후배가 창업한 회사가 코스닥 시장의 스타 주식이 되어서 한때는 주당 86만 원까지 올라갔다. 그때 그 회사 전체의 주식가치는 1조 원이 넘었다. 솔직히 말하면 배가 아팠다. 정말 배가 아팠다. 그 후배가 돈을 벌었다는 것이 배가 아픈 것이 아니었다. 진짜 이유는 나도 잘할 수 있었을 텐데, 건강 때문에 그리고 이런저런 일 때문에 더 열심히 나아가지 못한 내 자신 때문에 배가 아팠다.

앞에서도 언급한 것처럼 2001년에 시장의 변화로 회사에 경영위기가 왔을 때 경쟁체제를 도입하여 사업부별, 개인별 인센티브제로 바꾸고 나니까 그 이후에는 조직의 규모가 커져도 대표이사의 일이 그전처럼 많지 않게 되었다. 각 사업본부장에게 모든 권한을 주는 제도였기 때문이다.

나는 회사의 새 비즈니스 모델을 제시하여 이를 새로운 성장 동력으로 만드는 일에 주력하는 것이 회사의 장기적인 발전에 더 큰 도움이 되었다. 그런데 회사의 경영체제를 독립채산제 방식의 인센티브제로 바꾸려면 한 가지 대전제가 필요하다. 그것은 바로 회사의 투명성 확보이다. 회사의 장부가 투명하지 않다면 나중에 회사의 수익을 발표했을 때 누가 그것을 믿고 따르겠는가. 만약 대표이사가 회사 돈을 뒤로 빼내 부동산에 투자한다든지 친인척 명의

로 가차명 계좌를 만든다면, 직원들은 회사가 만든 새로운 시스템에 신뢰를 상실하게 될 것은 분명한 사실이며, 따라서 생산성 향상이나 새로운 아이디어 도출 같은 것은 엄두도 낼 수 없다.

그래서 인센티브 제도를 도입할 당시—물론 그전에도 그렇게 했지만—직원들에게, "오늘 이후로 회사 장부를 공개하겠습니다. 직원들 누구든지 자신들이 쓴 비용에 대해서 사업부 확인도장을 찍어서 제출하십시오. 그러면 그것으로 각 사업부의 비용을 계산하고, 매출과 이익을 재경팀에서 정확하게 산출하겠습니다. 그리고 만약 의심이 가는 부분이 있다면 재경팀에 이야기하고 회사의 장부를 보여달라고 하십시오"라고 말했다. 이 제도는 투명경영으로 가지 않으면 도저히 성공할 수 없다고 판단한 것이다. 우리 회사는 사장 이하 모든 임직원이 자금에 대해서는 손을 대지 않는다. 모든 것은 재경팀에서 관리한다.

직원들에게 연초에 사업부에서 제시한 매출목표에 대한 자료를 날마다 이메일로 사업부별, 담당자별 실적이 얼마고 목적치가 얼마인지 계속 보고한다. 그러니까 의문사항이 있으면 대표이사에게 이야기할 필요가 없고 재경부와 영업관리에게 이야기해서 스스로 파악하면 되는 것이다. 내가 할 일은 비즈니스 모델을 찾아내고, 직원들을 평가할 수 있는 시스템을 제대로 구축해주고, 직원들이 뛸 수 있도록 동기 부여하는 부분에 주력하면 되는 것이다.

그 이후 회사는 크게 성장했으며 매출액 대비 1% 전후의 수익에서 진전이 없던 회사가 직원들이 자발적으로 수익을 내기 위해 영

업을 하고 비용절감을 위해 애썼기에 2007년에는 7%가 넘는 수익
을 냈다. 당연히 2001년에 비해 매출액도 두 배 이상 증가했기에 중
견우량기업의 대열에 진입할 날도 멀지 않았다고 확신하고 있다.

벤처기업의 도덕성과 투명성

알고 지내던 분이 경영하던 S사가 몇 년 전에 코스닥에 등록했다.

고객을 왕으로 알고 불량품이 과다하게 나온 제품은 전량을 반품받아서 직원들과 같이 망치로 두들겨 부수기까지 하면서 한국 최고의 제품을 넘어 세계 최고의 제품을 만들려고 노력했기에 도덕성을 가진 기업가로 알려졌었고 나도 존경하는 분이었다.

마침 그 시점에 불어온 코스닥의 거센 광풍은 S사를 코스닥에서 액면가 대비 50배가 넘는 주가로 만들었고 이 회사는 유상증자로 막대한 현금을 확보하기에 이르렀다.

어느 날 주식시장의 공시를 보고 그분이 회사를 팔았다는 소식을 접하게 되었다. 문제는 S사의 경영권이 바뀐 이후에 일어났다. 회사를 인수한 지 얼마되지 않아서 전자제품을 생산하던 S사의 새로운 경영자는 S사와 전혀 관련이 없는 온라인 사업에 액면가의 수십 배수로 투자를 했다. 이미 그때 인터넷 비즈니스는 다음이나 NHN과 같이 경쟁에서 이긴 몇몇 우량기업을 빼고는 시장성에 문제가 생겨서 액면가에도 투자하는 투자자가 거의 없어진 시점이라서 수십 배수에 투자가 이루어진 것은, 투자에 대한 초보자가 보더라도 사기 행각임이 분명했다.

결과적으로 매출액 대비 15% 선의 순이익을 내던 건실한 기업체는 불과 몇 달 만에 가지고 있던 현금을 모두 탕진한 후 부도로 법정관리에 들어갔다. 왜 이런 일이 생겼을까?

국가에서 벤처기업을 육성하기 위해 엄청난 투자를 하면서 많은 벤처기업은 국민의 세금에 기조한 돈을 주제할 수 없을 정도로 무차별 끌어들이면서 시장을 도박판으로 만들었다. 또한, 정치 자금을 끌어들이기 위해 정치지도자층 중 극소수의 사기꾼들이 나서고 그것이 서민들의 한탕주의와 맞물려서 기업의 실제 가치와 다른 엄청난 주가가 형성되었기 때문에 이런 어처구니없는 일이 벌어진 것이다. 이는 전문가들이 비슷한 예로 인용하는 네덜란드의 튤립구근 사건과 유사한 양상을 보인다. 그 때문에 한때 우리나라에는 온통 벤처 주식 광풍이 불었다. 소수의 저질 정치인들은 벤처시장에서 엄청난 자금을 빨아내었고 도덕적 해이(모럴 헤저드)에 빠진 소수의 벤처기업가도 자신의 기업이 보유한 엄청난 유상 증자대금(흑자를 내어 만들어진 이익이 아니었다)에 침을 흘리는 하이에나(정상적인 기업인이 아닌 사기꾼)들에게 회사를 팔고 빠져나갔다. 결과부터 보자면 코스닥 시장에서 정치자금을 만들어낸 정치인들, 일부 모럴 헤저드 기업인, 기업을 인수한 후 보유현금을 횡령한 사기꾼들에 의하여, 대박에 눈이 먼 일반 투자자들과 많은 선량한 벤처기업들은 주식시장의 풍랑 속에 엄청난 손실을 보고 추풍낙엽처럼 사라졌다.

이로 말미암은 사회 전반적인 병폐는 후폭풍이 되어 나라를 뒤흔들었고 이를 막으려고 정부에서 만들어낸 프라이머리 CBO는 몇몇 사기꾼들에게 마지막 횡재를 할 기회를 만들어주고 나서야 증권시장 사상 최대의 투기판은 끝이 났다.

지나간 일이지만 이 사건은 주식시장에서 인위적인 지원에 따른 강제부양은 정책 담당자와 정보를 공유할 수 있는 사기꾼과 소수의 모럴 헤저드 기업가들의 잔치가 되고 그 결과는 주식시장을 폐허로 만든다는 사실을 알려준다.

2005년에는 벤처 1세대였고 기술력과 정직함으로 잘 알려진 모 기업의 수백억대 분식회계사건이 또 한 번 코스닥 시장에 엄청난 회오리를 불러왔다. 소용돌이쳤던 코스닥 시장을 보면서 매출지상주의가 만들어낸 매출을 부풀리는 기업들은 수익성 악화라는 필연적인 결과 때문에 비참한 최후를 맞이한다는 냉혹한 현실을 다시 한 번 피부로 느꼈다.

정직과 성실 그리고 공부하는 자세를 바탕으로 기업 본연의 목표인 이익을 내기 위하여 도전하는 기업만이 진정한 승자의 모습으로 우리 앞에 우뚝 서 있을 것이다.

이익 창출, 그것이 기업에는 알파요, 오메가다. 그것을 모르는 사람은 없다. 그러나 문제는 방법이다. 위에서 말한 것처럼, 도덕성에 기초하지 않으면 기업은 오래가지 못한다. 독립채산에 기초한 인센티브제는 우리 회사의 발전에 크게 기여를 했는데, 이것 역시 도덕성과 투명성에 바탕을 두지 않으면 성립될 수 없는 제도다.

조직이 좀 커지면 대표이사 혼자서 모든 것을 할 수가 없다. 그러면 인력을 충분히 활용해야 한다. 그 활용 방법은 동기를 유발하는 것이다. 직원들에게 활기를 불어넣고 자발적으로 움직이게 하려면 자본주의적 경제 시스템에서 인센티브제만큼 효율적인 것은 없다. 오래전 교조적인 공산주의가 지배하던 중국과 러시아에서도 식량 부족으로 시달리다가 농민이 자신이 수확한 농산물을 팔 수 있게 제도를 변경하고부터는 식량 부족 문제가 사라졌다. 이처럼 인센티브제는 사원들의 자발적인 노력을 유도하여 전체 생산량을 늘리는 시스템인데 우리 회사와 같은 중소기업에 아주 유효한 제도이다.

중소기업은 이 길만이 살 길이라고 생각한다. 투명화가 따라주어야 시스템이 돌아가는 것이다.

그러다 어느 날 나 자신을 보니까 나는 게으른 대표이사가 되어 있었다. 그런데 내가 말하는 게으르다는 의미는 일반적인 의미와는 조금 다르다. 예를 들자면 과거에는 직원들이 출장을 갔다 오면 출장비 명세서를 보고, " 왜 우등고속을 타고 가냐, 일반 고속을 타도 되는데……" 하고 이야기 했다면, 지금은 "네 마음대로 해. 단 그에 대한 평가는 인센티브로 따지자"라고 된 것이다. 일일이 간섭할 필요가 없으니 시간이 남아돌게 된 것이다. 물론 남는 시간에는 다른 일을 찾아야 하긴 하지만.

마찬가지로 임직원들도 회사의 새로운 시스템에 적응하게 되면서 스스로 알아서 업무를 처리하게 되었다. 결과적으로 팀별, 사업부별로 경쟁이 붙는 것이다. 이건 어떻게 보면 잔인한 점이 있는 제도이다. 그런데 자본주의 시장에서는 다른 대안이 없다. 특히 우리나라의 중소기업 같은 경우에서는. 대한민국의 경제 여건 혹은 경영 환경에서는 쓸 만한 기술 인력을 대기업들이 다 흡수해버려 사실상 중소기업에는 인재들이 오지를 않는다. 특히 중소기업은 대기업과 급여 차이가 심하다. 혹, 중소기업에 입사하더라도 대기업으로 가기 위한 징검다리로 생각하는 경우가 많다. 그런데 중소기업에 인센티브제를 도입하면 기본 급여는 적지만 인센티브로서 그걸 충분히 보상할 수 있고, 인센티브를 포함한 실제 급여를 많이 받게 되면 상황이 달라질 수 있게 된다. 즉, 동기 부여가 사람을 움직이는 핵심인데, 여기에는 기업의 투명성이 뒷받침되어야 한다.

그런데 상당수의 중소기업 경영자가 그런 투명 경영을 실천하지 못하고 있다. 물론 투명 경영을 하려면 상당한 고심과 결단이 필요하다. 최고경영자도 사람인지라 자신의 노후도 생각해야 하고 자식들 걱정도 해야 한다. 하지만, 바로 그러한 자세가 결국은 자신이 세운 회사를 어려움에 처하게 되는 상황에 빠뜨릴 수 있는 것이 작금의 기업환경이다.

나 자신에게 늘 다짐하는 말이 있다.

첫째, 비록 회사는 내가 만들었지만 이제 이 회사는 내 것이 아니다. 마치 자식을 내가 만들었지만 자식이 내 소유가 아닌 것과 같다.

둘째, 회사에서 월급을 제일 많이 받는 사람이 누구인가? 대표이 사인 바로 나 자신이다. 회사에 있는 차 중에 제일 좋은 차를 타고 다니도록 해줬고, 필요 경비도 회사에서 지출해준다. 박봉으로 어렵게 사는 직원들을 생각해보면 내가 받는 월급이면 만족스럽지 아니한가? 그런데도 회사가 흑자 나면 나도 인센티브를 받아가고, 연말에는 주식 배당금도 받는다. 그것도 가장 많이…….

셋째, 가장 중요한 것은 이 건실한 회사의 대표이사라는 명함을 내밀 수 있는, 그런 자랑스러움이 나에겐 있다. 그리고 보석같이 소중한 직원들과 함께 한 가지 목표를 향해서 혼신의 힘을 결집해 나간다는건 얼마나 멋진 일인가?

멋진 일을 하고 있음에 만족하면서 살자!

투명성을 검증받다

여의시스템의 경우 그동안 외부에 의해 세 번의 투명성 검증 과정이 있었다. 그 중의 한 번이 세무조사였다. 회사를 하면 당연히 세무조사를 받아야 하는 데 그동안 우리같이 규모가 작은 조무래기들은 세무서에서 세무조사를 유예해주었는데 어느 정도 매출규모가 커지면서 정기 세무조사를 받게 되었다.

2003년 첫 세무조사를 2주일 동안 받았는데 조사관들은 작은 이상도 발견하지 못했다.

나중에 세무서 조사관들에게서 들은 이야기로는 이 정도 매출이면 최소 1억 원 정도는 세금을 추징할 수 있을 거라 생각하고 나왔는데, 조사결과 추징할 사항이 아무것도 없으니까 오히려 당황했다고 했다. 세무조사 마지막 날 그동안 수고한 세무 조사관들(속으로는 2주 동안 일도 제대로 못 하게 한 조사관들이 매우 미웠다)과 며칠 동안 조사관들에게 시달린 임직원들이 모여서 결과를 발표할 적에 세무조사 책임자가, "그동안 여러 회사를 방문해봤지만 이렇게 투명한 회사는 근래에 보기 어려웠습니다. 국가의 녹을 먹는 세리로서 월급 값을 하려고 의욕을 가지고 뒤졌지만 아무것도 찾을 수 없었습니다"라고 말했다.

또 한 번은 2005년 겨울에 한꺼번에 대규모 발주를 받는 바람에 회사의 자금이 부족하여 7억 원의 추가 자금이 필요했을 때의 일이었다. 은행에서 융자를 받을 수는 있었지만 이자가 높아서, 기술신용보증기금을 통하여 보증을 받아서 돈을 빌리면 보증 수수료를 내더라도 이자가 싼 자금이 있었다. 그래서 7억에 대하여 기술보증 신청을 했더니 보증기금 담당자가 회사를 방문해서는 회사의 규모 때문에 7억 원은 가능하지 않다고 했다. 담당자에게 지금 수주가 많이 되어서 그러는데 방법이 없겠냐고 부탁을 했더니 담당자는 지점에 가서 확인해보겠다고 했다.

기술신용보증기금의 담당자가 지점장에게 보고했는데, 지점장이 "괜찮은 회사라면 검증을 해보고 아무 문제가 없겠다 싶으면, 방법을 찾아내서 중소기업의 애로사항을 들어주는 것이 우리가 해야 할 일이 아니냐?"라면서 방법을 찾아보라 했다는 것이다. 요즘은 기술신용보증기금과 같은 정부투자기관을 방문했을 때 옛날과 다르게 적극적으로 중소기업을 도와주고 자금을 지원해주려는 모습을 보이는 곳이 많아서 기분 좋은 느낌을 받는다.

그래서 기술신용보증기금에서 회계 전반에 걸쳐 실사를 받았고

심지어는 대표이사의 동의하에 대표이사의 개인금융 거래내용까지 조사를 받았다.

결과적으로 기술신용보증기금은 우리 회사의 투명성과 건전성을 인정해 신용등급을 상향조정해줘서 우리가 원했던 자금을 융자받을 수 있었을 뿐만 아니라 훨씬 싼 이자를 적용받았다.

이익은 그런 수치상의 것뿐만이 아니고 두 번의 투명성 검증은 회사 임직원들이 최고경영자를 더욱 신뢰하게 되는 계기가 되었다. 2008년 초에는 성실 납세자로 선정되어 국세청장 표창을 받기도 했다.

치즈를 찾아서

　여의시스템은 지금까지 쌓아온 기술력과 경험을 바탕으로 산업 전자 사업부, 네트워크 사업부, 전력기기 사업부, 시스템 사업부로 세분되어 있고, 각 사업부를 연구소가 뒷받침하는 형태로 되어 있다. 그 네 부서에서 산업용 컴퓨터, 산업용 네트워크 장비, 컴퓨터 보안 장비용 플랫폼, 전력기기, 원격 감시 제어시스템, 자동제어시스템 등의 제품을 주력 상품으로 하고 있다. 현재 대부분의 사업부가 정상적인 영업 및 수익구도로 돌아가고 있지만 살아남으려면 지속적으로 경쟁력을 갖추어야 하고 새로운 시장을 찾아야만 한다.

　가까운 친척 중에 상장회사에서 임원으로 근무하다가 IMF 때 회사가 부도 나면서 일자리를 잃은 분이 며칠 전 회사를 찾아와서 그동안 있었던 고통의 시간에 대하여 들려주었다. 그분은 퇴직 후 경비원, 택시기사, 식당 종업원, 실내장식용 석재 영업 등 몸으로 하는 온갖 일을 해보았다고 했다.

그러나 제대로 되는 일이 없었고 오래전에 사업자금을 빌리려고 담보로 했던 아파트도 최근에 경매 처분되면서 신용 불량자가 되니 직장도 구할 수 없고, 나이도 벌써 50대 후반에 접어들어서 이제 일자리에 대한 이야기조차 꺼내기가 어렵다면서 한숨을 내쉬었다.

상장회사 임원으로 근무할 때의 당당한 모습은 간 곳 없고 삶의 풍상에 퇴색되어가는 초로의 모습이었다.

도움이 될 만한 일이 있는지 검토했지만, 우리 회사같이 자동제어시스템 비즈니스를 하는 기업에서 젊은 사원들과 연결할 업무가 마땅찮아서 시간을 두고 검토해보기로 하고 이야기를 끝냈다.

요즈음 옛 친구를 만나면 먹고사는 게 왜 이렇게 힘이 드는지 모르겠다는 이야기를 자주 듣는데 마지막으로 도마 위에 올라가는 게 위정자들의 정책에 대한 비난이다.

사회가 다원화되고 세계화하면서 다국적 자본 및 국내 거대기업들이 초대형 양판점을 만들다 보니 동네 구멍가게조차도 빠른 속도로 도태되어 간다. 그렇다고 대형 양판점을 못하게 하는 발상은 자본주의의 시장경제 원칙에 어긋나니 자본집중에 따른 위력은 점점 심화하고 있다.

마찬가지로 대기업에 의하여 사면초가가 되는 시장에서 우리 같은 중소기업이 무엇을 만들어야 생존할 수 있을까 라는 심각한 위기감을 느끼게 된다. 실제로 정부 욕을 실컷 해봐야 화는 좀 풀릴지 모르지만 당장 좋아지는 게 아무것도 없다. 대신에 우리 내부의 문제에 대하여 좀 더 깊이 고민하고 느껴봐야 한다.

사이버 세상의 등장으로 싸이월드나 블로그에 있는 아바타라는 인형에 옷을 입히거나 온라인 컴퓨터 게임에 사용되는 사이버 무기 구매에 사용된 돈이 작년 한 해 1조 원이 넘었다는 이야기를 들을 때 어떤 느낌이 드는가? 과연 그런 것에 돈을 지불할 만한 가치가 있는 것인지 생각을 해본 적은 없는가? 아니 그것보다 기업경영을 하는 위치에 있으면서 싸이월드, 블로그, 아바타가 정확히 무엇인지 알고 있는지 생각해본 적은 있는가?

이제 시장은 끊임없이 변화하여 실체를 가진 시장만 시장으로 보던 시대에서 형체가 불분명한 사이버 시장까지 형성되고 있다.

휴대전화에 DMB, GPS, MP3, 블루투스, 문자메시지, 이모티콘, 카메라 및 동영상뿐만 아니라 컴퓨터 기능까지 탑재되고 있는데도 휴대전화를 그냥 통화 용도로만 사용하고 있는 것은 아닌지 생각해 보았는가?

변화하는 세상에서 이런 새로운 문화에 대하여 알려고 노력하지 않으면서 시장의 실체를 알려고 하는 것만큼 힘든 일은 없다. 새로운 시장에의 접근 없이 택시운전이라도 해볼까 하는 실직자들의 단순한 생각으로 인하여 빈 택시는 밤거리에서도 줄을 서서 손님을 기다리고 있다. 변화에 대하여 알려고 하는 접근이 없으면 우리가 먹을 떡은 아바타의 옷처럼 실체 없는 유령들에게 잠식당하게 된다.

분명한 실체를 가지고 있던 시장만이 존재하던 세상에서 실체가 없는 시장이 급속도로 커지는 세상으로 변하면서 우리는 늘 공부하는 자세를 가지고 새로운 시장의 존재를 찾기 위한 노력을 해야 한다. 그렇지 않으면 현실의 생존공간은 그만큼 작아지게 될 것이다. 시장은 없어지는 것이 아니라 빠른 속도로 바뀌는 것이다.

그 바뀜에 대한 대응뿐 아니라 내부적으로 생산성 향상에도 노력해야 한다. 생산성 향상이라고 해서 직원들이 더 열심히 일한다는 것만을 의미하지는 않는다. 시스템적으로 생산성 향상이 될 수 있도록 해야 하고, 경영적으로도 생산성 향상이나 경비 절감을 위해 노력해야 한다. 아웃소싱도 그 중의 하나다.

아웃소싱이 중소기업을 자유롭게 한다

몇 년 전 가을에 늦게야 배우기 시작한 골프연습에 열중한 나머지 오른쪽 갈비뼈에 금이 가서 한참 동안 엉거주춤한 자세로 다녔었다. 우연히 장호원을 지나면서 노점에 있는 복숭아가 맛있어 보여서 고향에 계신 부모님에게 보내드리려고 차에서 내렸다.

갈비뼈가 아픈 탓에 숨도 쉬기 곤란한 때여서 자세도 부자연스러웠겠지만 마침 검은색 양복을 입고 있었기에 보통 때 나의 행동과는 다른 뭔가 어색한 걸음걸이였을 것이다. 성경책을 읽고 있다가 반갑게 맞으면서 맛을 보라고 복숭아를 잘라주는 가게주인과 복숭아에 대하여 이야기를 하던 중 가게주인은 "말씀하시는 걸 보니 형제분이군요" 하는 게 아닌가? 초등학교, 고등학교, 대학교를 기독교와 천주교 재단의 학교에 다녀서인지 나도 모르게 성경을 자주 인용하여 표현한다. 그러기에 가게주인이 나에게 '형제' 라는 표현

을 쓴 것은 같은 기독교인이라는 의미라는 걸 안다.

그래서 "형제는 무슨 형제입니까? 저는 사마리아인입니다"라고 했더니 가게주인은 "아이고 목사님이시군요. 몰라봐서 죄송합니다" 한다. 성경에서 사마리아인이란 '착한 사마리아인의 비유'에서 나오는 단어로서 이교도인 또는 무종교인을 말하는 데 나는 "저는 특별히 믿는 종교가 없습니다"라는 뜻으로 아주머니가 성경책을 읽고 계셨기에 성경의 구절을 인용해서 한 이야기였는데, 가게주인은 교회에서 목사님의 사마리아인의 비유에 대한 설교를 들은 적이 있어 검은색 양복에 엉거주춤한 자세로 사마리아인 운운하는 나의 말을 듣고는 목사님으로 착각했던 것이다.

덕분에 복숭아를 두 박스나 싸게 샀는데, 그날 저녁 복숭아를 먹으면서 아내와 사마리아인 이야기를 하면서 한참이나 웃었다.

얼마 전에 삼성전자의 순이익이 일본의 소니, 히다찌, 도시바, NEC 등 7대 IT업체의 순이익을 합친 것보다 많다는 기사를 읽은 적이 있다. 우리나라 기업 중에 이렇게 세계적인 기업이 있다는 사실에 가슴 뿌듯하면서도 다른 각도에서 문제점을 생각해봤다.

이미 IT 분야에서 세계적인 기업의 반열에 올라선 삼성전자와 LS전자 같은 거대기업은 연구개발에 필요한 인력을 국내 명문대학의 IT 관련 학과의 졸업생 모두를 채용해도 부족한 상황이 되었다. 대기업이 새로운 기능의 휴대전화나 반도체와 같은 대량생산 아이템을 개발하여 시장에서 많은 수익을 내면 일반 대졸자들이 위화감을 느낄 정도의 높은 급료를 줄 수 있다. 하지만, 중소기업은 제품개발을 하는 엔지니어에게 지급 가능한 연봉이라는 것이 매출과 수익에 비추어 볼 때 한계가 있다.

연구소를 두고 있는 우리 회사도 산업용 제어장치 시장의 요구에 따라 개발해야 할 신제품의 종류는 많지만 기술 인력의 부족으로 항상 어려움을 겪고 있다. 소량 다품종인 산업용 시장의 특성상 밤낮없이 개발해도 이익은 작다. 왜냐하면, 생산량에 비하여 연구개발비의 부담이 과중하기 때문이다. 또한 부족한 연구 인력으로 인해 제품의 완성도가 떨어져서 산업설비에 적용된 후에도 문제가 많았다. 고심을 하다가 아웃소싱에 대해 검토하기 시작했다.

먼저 제품개발을 할 때 우리가 가진 전문분야가 아닌 부분은 자체 개발이 가능한 부분이라 할지라도 이미 개발이 되어 있는 제품을 찾을 수 있다면 원칙적으로 외주처리하기로 했다. 그래서 인터넷 검색을 통해 국내외에서 해당기술을 보유하고 관련제품을 만드는 회사를 찾아냈다. 마침 찾아낸 회사에서 납기도 짧으면서 자체 개발보다 싼 가격에 구매할 수 있는 부분이 있었다. 이를 이용하여 고객이 원하는 기능을 추가하는 방식으로 연구소의 개발방향을 바꾸자 저렴한 가격에 개발기간도 단축되고 단시간에 납품도 가능해져서 경쟁력을 확보하게 되었다.

요즈음 우리는 새로운 제품에 대한 고객요청이 있으면 인터넷을 뒤져서 우리가 원하는 부분에 근접한 기능을 가진 반제품을 찾아내서 추가해야 할 기능을 자체 개발하는 방향으로 개념을 바꾸었다. 이로 인하여 연구소의 업무효율도 크게 개선되고 있다.

　대량생산 제품은 대기업이 하고 중소기업은 다른 기업이 필요로 하는 아이템을 찾아내서 회사가 가진 전문분야 외에는 외부에서 찾는 아웃소싱이 생존과 성장의 가능성을 높일 것이다. 그래서 여기서도 성경의 한 구절을 인용하고자 한다.

　'진리가 너희를 자유롭게 하리라'에서 표절하여 '아웃소싱이 중소기업을 자유롭게 하리라.'

중소기업의 중국진출

많은 우리 중소기업이 중국시장 진출을 계획하거나 실천에 옮기
고 있다. 우리나라의 제조업체 공동화와 중국의 세계 생산기지로
의 급부상 등 다양한 요인에 기인하고 있다. 실제로 얼마 전까지만
해도 제조업체의 70%가 중국 등 해외로 이전 또는 이전을 계획하
고 있다는 통계자료가 나오고 있다.

중국은 극복해야 할 여러 가지 문제를 가지고 있지만, 기필코 공
략해야 할 시장이다. 중국은 동부와 서부지역 간에 소득격차가 크게
발생함에 따라 지역 갈등이 문제가 되고 있다. 따라서 중국은 동부
지역 발전에 따른 해외 유입자금을 이용하여 서부 대 개발사업을 국
가 중요 프로젝트로 진행하고 있다. 2008년 올림픽 특수도 있다.

그러나 중국시장은 시장이 크다는 장점만 있는 것이 아니라 공략
하기에 매우 어려운 여러 가지 문제를 가지고 있다.

중국 공장에서 생산한 부품을 한국 내의 본사에서 생산하는 완제품에 적용시켜서 소화할 수 있는 규모의 업체라면 크게 문제가 되지 않지만, 중국인을 상대로 비즈니스를 하려면 이와 같은 난제에 고스란히 노출된다.

한국의 중소기업들이 중국에 진출하여 성공한 사례보다 실패한 사례가 훨씬 더 많다는 사실이 이를 설명해주고 있다.

베이징이나 칭다오, 선양 등에서 만난 한국 기업들은 중국인과의 비즈니스가 얼마나 어려운지를 이야기하고 있으며 따라서 중국 시장에 대한 충분한 검토와 분석이 끝난 이후에 공략해야만 실패 확률을 줄일 수 있다고 한다.

여기서 검토해야 할 사항은 다음과 같다.

1. 어떤 아이템으로 어느 지역을 주된 목표로 하나?

2. 투자 방법(독자기업, 합자기업, 합작기업)

3. 시장 공략 시 부가적인 검토사항

4. 중국 문화에 대한 이해

5. 중국 투자법 검토

6. 중국에 진출한 기업들의 성공 및 실패사례의 분석

아이템은 개별 기업의 기술 및 영업 능력에 대한 부분이므로 제외하고 투자지역을 보면 소득 수준이 6,000~7,000달러(선전, 상하이, 베이징)의 고소득 지역에서부터 수백 달러(쓰촨성) 수준의 극빈지역까지 매우 다양하다. 당연히 지역별 물가수준도 크게 차이가 나며, 초기투차비용도 지역마다 다르다. 그동안 한국을 포함한 외국 기업들은 빠른 발전을 하고 교통도 편한 동부지역을 주 공략지역으로 삼았다.

그러나 후발업체로 중국에 진출 시에는 기존의 동부지역뿐 아니라 새로운 시장이 열리기 시작한 서부 대 개발지역 또는 동북부 지방을 공략하는 방법도 생각할 수 있다.

기업은 투자할 때의 장밋빛 미래뿐만 아니라 철수해야 할 때도 미리 고려해야 한다. 즉 투자방법에 따라 추후 철수 시 적용 법률이 다른데 그 부분을 고려하지 않으면 많은 문제가 생기므로 투자방법을 정할 때 이 점을 생각해야 한다. 중국의 투자법이 공산주의를 기본으로 한 법이라서 자본주의 경제에 적응된 우리 기업으로서는 이해하기 어렵거나 모호한 법 조항이 많다. 또한, 많은 한국 기업들이 중국어를 배우지 않고 조선족을 통하여 의사소통을 처리하는 데 투자 실패 사례 중에 대표적인 예로 지적된다. 그리고 원칙에 입각한 경영을 가장 중요하게 생각해야 하며 편법으로 기업을 운영해서는 안 된다.

문화적인 차이로 인한 어려움도 극복해야 할 과제이며 무조건 꽌시에 의한 적당주의는 옳지 않은 결과를 만들어낸다. 적을 알고 나를 알면 이길 수 있다는 손자병법은 중국시장을 공략하는 기업들이 새겨야 할 진리이며, 기업경영의 기본인 정직하고 성실하며 공부하는 자세로 중국어도 배우면서 접근한다면 중국시장은 우리에게 이익을 주는 고마운 시장으로 다가올 것이다.

여의시스템도 이러한 문제의식을 바탕으로 해서 차분히 중국 진출을 모색해왔다.

최근에 전력기기 전문 업체 친트(CHINT)와 한국 내 비즈니스에 대한 협력관계를 맺은 것을 계기로 이를 더욱 구체화할 예정이다

미들테크에서 중소기업의 미래를 찾자

오늘날 중소기업이 처한 어려움 중 중요한 한 가지는 연구개발 전문 인력이 부족하다는 것이다. 아니 부족한 정도가 아니라 거의 없다고 해야 정확한 표현이 아닐까 싶다.

최근 인터넷 구인·구직사이트인 인쿠르트는 각종 매체에 올라오는 대기업의 대졸 초임에 대한 자료는 중소기업에 입사하는 직원들에게 상대적 빈곤감을 주고 있다면서 대기업을 제외하고 어느 정도 규모를 갖춘 기업체의 평균 대졸 초임은 2,145만 원이라고 밝혔다.

대기업의 연봉(500대 기업 평균 대졸 초임 3,093만 원)에 대한 정보를 듣고 우리 회사의 임금수준을 생각하면 나는 너무도 무능한 CEO이구나 싶을 때가 있다. 그리고 우리나라의 대기업과 중소기업의 현실이 왜 이렇게 되었을까 생각해보면서 얻은 결론은 다음과

"

같다.

박정희 대통령 시절에 우리나라는 몇몇 대기업에 국가의 역량을 총 결집하여 각종 특혜를 주었고 덕분에 승승장구한 대기업들은 직원들에게 엄청난 연봉을 주고도 많은 수익이 남는 힘을 가지게 되었다.

특히 대기업들은 IMF 이후에 매출이 급속히 늘 때에도 직원채용을 많이 하지 않고 글로벌 아웃소싱과 외국공장 생산체제를 구축했다. 이미 유리한 위치에 서 있는 것이다.

국가의 지원에 따른 대기업의 고속성장은 오늘날 한국이 이만큼 성장하는 데 큰 버팀목이 되었지만, 고임금 및 직원복지를 바탕으로 블랙홀처럼 양질의 인력을 빨아들이는 현실 앞에 중소기업은 암담하기 짝이 없다. 대기업은 양산아이템을 개발할 수 있는 기술자라면 많은 연봉을 주고 영입한다. 임금이 높더라도 매출규모와 브랜드 파워로 수익구조를 좋게 유지할 수 있기 때문이다.

그러나 중소기업이 처한 현실을 보자. 극소수의 기업을 제외하곤 급료수준이 대기업보다 떨어지다 보니 기업에서 필요한 실력 있는 엔지니어를 구하기가 쉽지 않다. 운 좋게 양산아이템 개발에 성공하더라도 새로운 성장 동력을 지속적으로 만들어내지 못하면 엔지니어를 중소기업에 잡아두기 어려운 상황이 된다.

첨단 제품을 개발한 후에도 문제가 생긴다. 시장의 규모가 확대되는 순간 대기업과 중국 양산 기업의 틈바구니에 끼어 생존의 공간을 찾기 어렵기 때문이다.

팬택, 세원텔레콤, 브이케이 등 중견 휴대전화 업체들이 대기업의 브랜드 파워와 중국기업들이 만들어내는 양질의 저가제품에 맥을 못 추고 어려움에 빠진 것만 봐도 첨단 양산 제품으로 중소기업이 시장에 뛰어드는 것은 생존확률이 낮은 룰렛 게임과 같다.

즉 한순간의 기술적 성공이 그 기업의 무궁한 발전을 기약해주지 못한다.

그래서 나는 감히 주장하건대 첨단 기술을 가진 엔지니어를 보유하고 지속적으로 잡아둘 수 있는 조건을 가진 소수 기업을 제외하고는 미들 테크(Middle Tech.) 쪽에 방향을 설정하라고 권하고 싶다.

미들테크(Middle Tech.)란 "다양한 부품들을 아웃소싱하여 고객이 요구하는 첨단성도 충족하고 소량 다품종에 납기, 가격, 품질을 만족시키면서 고객 맞춤형 제품을 만들어내는 중소기업의 생존영역이다"라고 정의한다.

여의시스템은 바로 그런 측면에서 Middle Tech.에 승부를 거는 기업이다. 얼마 전에 우리 회사의 코스닥 등록을 위하여 회사를 실사했던 증권회사 책임자가 "사장님 회사는 어떤 특화된 기술을 가졌는지 모르겠습니다. 아이템도 너무 많을 뿐만 아니라 소량 다품종의 제품들인데 이게 주식시장에서 먹힐 것 같습니까?"라고 질문했다.

그의 질문이 무슨 뜻인지 안다.

벤처기업이라면 특화된 첨단기술을 가지고 그 분야만 몰두해야하는 데 여의시스템은 산업용 컴퓨터, 임베디드 솔루션, 산업용 네트워크 장비, 컴퓨터 보안장비 하드웨어 플랫폼, 전력기기에다가 SI 분야인 엘리베이터 원격감시 제어시스템과 HMS(Heat Metering System)까지 개발하고 있으니 이게 만물상이지 무슨 벤처기업이냐는 생각이었을 것이다.

나는 그때 이렇게 설명했다.

"그러면 휴대전화를 만들어서 수천억 매출을 올리는 기업이 투자하기에 적당한 기업이라 생각하십니까? 아니면 MP3를 만들어서 양산하는 기업이나 디지털 텔레비전을 만드는 중소기업이 바른 방향을 간다고 생각하십니까? 물론, 그런 기업이 잘못한다는 이야기가 아니라 우리 같은 중소기업의 생존영역 확보라는데 의미를 두고 보십시오.

블루오션이 어디 있습니까? 블루오션은 한국 현실에서는 양질의 인적자원과 규모를 갖춘 대기업이나 극소수 기업의 영역이지 보편적인 중소기업의 생존영역은 아닙니다. 우리는 대기업이나 중국기업이 손댈 수 없는, 정확하게 말하면 대기업이나 중국기업이 판단했을 때 귀찮아 할 아이템을 찾습니다. 따라서 중소기업은 경쟁이 치열한 레드오션에서 차별화하여 생존전략을 찾는 것이 더 현실적이고 생존 가능성을 높여준다고 생각합니다. 우리 회사는 다양한 고객의 다양한 요구에 맞는 많은 종류의 제품을 고객 맞춤형으로 최단시간에 최고의 품질로 만들어 납품합니다. 그래서 우리는 고객의 요구에 맞는 가격, 품질, 납기를 만족시킬 제품을 찾아내려고 세계시장에서 아웃소싱을 합니다. 고객의 요구에 맞는 것을 구하지 못하는 부분만 우리 회사의 연구소에서 개발합니다.

다시 말하면 우리 회사의 비즈니스 영역과 방식은 자동제어 관련 제품, 소량 다품종, 아웃소싱, 고객맞춤, 납기의 속도성 그리고 미들테크입니다.

우리나라에 첨단업체란 말을 들으며 화려하게 증시에 상장된 후 얼마 못 가서 대기업과 중국기업의 거센 도전에 휘둘리는 그런 기업만 있어야 하겠습니까? 관점을 바꾸어 여의시스템과 같은 기업이 경쟁력을 갖춘 기업이라고 생각해보시면 어떻겠습니까? 저는 자신 있게 말씀드리는데 여의시스템은 앞으로도 이와 같은 방향으로 고속성장 할 것이며 10년 후에도 건실한 기업으로 자리매김하리라 확신합니다. 우리 회사의 아이템은 많지만 이를 크게 보면 자동제어관련 제품이라는 한 가지입니다. 앞으로도 우리는 자동제어 분야에 국한하여 아이템을 지속적으로 발굴하는 중소기업이 될 것이며 당연히 매출과 순이익 면에서도 우량기업의 모습을 보여드리겠습니다."

그때 이후로 그 증권회사는 여의시스템의 주식시장 등록을 위한 주간사가 되었다.

공부하는 기업

오랜만에 친구들을 만나서 저녁식사를 하며 술 한 잔을 하고 식사 후 가벼운 여흥을 위하여 노래방에 가면 요즈음 유행하는 노래는 말할 것도 없고 가수 이름들도 생소하여, 학창시절에 라디오나 텔레비전에서 나오는 10대 가요의 순위까지 기억하던 때가 있었던가 싶은 게 나도 이제 머리가 늙어가는구나 하는 생각이 들 때가 잦다.

그리고는 어쩔 수 없이 학창시절인 70년대 통기타가수들의 포크송을 부르던가 아니면 아예 나그네 설움같이 부모님들이 즐겨 부르시던 노래를 선택하는 게 고작이다.

나이가 들면 들수록 젊은이들의 빠른 템포의 노래를 잘 따라 부르지 못하는 것처럼 새로운 IT 제품들은 IT 업종에 종사하는 내가 봐도 그런 제품도 있나 싶은데 어느새 우리 생활에 깊숙이 들어와 있다.

인터넷, GPS, 디지털녹음기, 캠코더, MP3, 디지털카메라가 나오
더니만 휴대전화기에 이런 기능을 몽땅 넣은 제품이 출시되고 있으
며 최근의 휴대전화에는 DMB의 기능에다가 블루투스를 이용한 무
선 헤드폰까지 포함되어 출시되고 있다.

나이 드신 부모님은 자식들이 사준 휴대전화기에서 전화기능 말
고는 좋은 기능을 열심히 설명해 드려도 이해하지 못하고 사용을 못
하시는데 중고등학교 다니는 우리의 자녀는 너무도 쉽게 습득한다.

이와 마찬가지로 급변하는 고객의 요구에 노부모님처럼 적응하
지 못하여 고생하는 기업들이 많다.

회사 경영도 다양한 첨단 경영기법이 나오고 기업운영에 필요한
전사적 자원관리 소프트웨어인 ERP, BPM이 나오더니만 CRM, RTE
등 그 차이가 무엇인지, 그 기능이 무엇인지도 경영자가 잘 모르는
데 사원들은 그와 같은 시스템 소프트웨어를 도입해달라는 요청을
한다. 이쯤 되면 경영자의 입장에선 보통 난감한 게 아니다.

그렇다고 전화 하나 가지고도 잘 살았다면서 옛날에는 주산과 장
부만 가지고 했으니 그대로 하라고 강요하다가는 우수한 직원들이
보따리 싸서 나가게 되고 회사는 경쟁력을 잃고 궁지에 몰리게 된다.

이미 인터넷과 같은 첨단의 이기를 잘 사용하느냐 못하느냐에 따
라서 개인소득에 엄청난 차이가 난다는 통계자료처럼 옛날부터 해
오던 방법대로 기업을 운영하다가는 장기적으로 쪽박의 길로 가기
쉽다.

거기다가 글로벌시대에서 외국기업과 거래하려고 영어와 중국어

공부도 해야 하니 이제 기업가는 리더십 이외에도 열심히 공부를 해야지만 기업운영이 가능해졌다.

사실 노래방에서 새로운 노래를 몰라서 흘러간 옛 노래를 부르면 젊은 직원들에게 환영을 못 받을 정도일 뿐이지만 기업운영에서 흘러간 옛 방식으로 운영하고 변화에 적응하지 못하면 대부분 실패의 길에 이르게 된다.

따라서 변화에 적응하려면 끊임없이 공부를 하는 길밖에 없다.

이제 신기술과 변화의 트렌드를 제대로 인식하고 따라갈 수 있는 기업가만이 성공의 가능성을 키워나가는 세상이 되었다.

요즈음과 같이 하루가 다르게 엄청난 신제품이 출시되는 현실 속에서 경쟁사와 비교우위의 제품을 개발하려고 경영자 스스로 전문기술을 가질 필요는 없지만 차별화된 제품을 만들려고 직원들과 제품개발 방향을 함께 검토할 수 있는 능력을 확보해야 한다.

이제 세상은 끊임없이 자기계발하는 중소기업의 경영자에게만 무한경쟁 속에서 생존과 발전의 영역을 열어놓고 있다.

기업의 성공은 그냥 주어지는 것이 아니라 스스로 공부하고 이를 토대로 변화해 가야 비로소 만들어진다.

3부
어머니

세상에서 가장 존경하는 나의 영웅

1983년 여의도의 조그만 가게를 임대해 사업을 시작했으니, 이제 25년이 되어 간다. 4반세기, 짧은 시간이 아니다. 그동안 수많은 우여곡절이 있었다. 하지만 살다보면 비가 올 때도 있고 바람이 불 때도 있다. 또한, 우리는 가족과 주변 친인척 및 선후배와 벗들의 죽음을 목격하며 살아간다. 기업도 마찬가지다. 심지어 무너질 것 같지 않은 우량기업들이 어떤 연유로 그 운명을 다하고 도산의 길로 가는 것도 지켜보며 살아왔다. 기업이나 인생이나 항상 죽음과 입맞춤을 하고 있다는 생각을 한다.

그런 비장한 생각 속에서 그동안 내가 기업을 경영하면서 추구해 온 몇 가지 원칙이 있다. 나의 원칙들이 학문적인 영역에서 검증을 받은 것도 아니고 절대적인 보편타당성이 있는 원칙이라고는 생각지 않기에 이렇게 책으로 출판함에 많은 망설임이 있었다. 그렇지만 이런 기준으로 기업을 경영하는 경영자도 있다는 관점에서 편하게 봐주시고 또 그 속에서 작은 조각이라도 기업경영에 참고될 사항이 있다면 나로서는 더 이상 바랄게 없다.

첫째는 틈새시장 공략하기다.

요즘 '블루오션' 이란 말이 유행하는 데 따지고 보면 나도 블루오션을 끊임없이 추구했다. 자동제어시스템과 같은 우리가 주력한 분야는 제품마다 수요 물량이 적어 대기업이 진출하기 어려운 분야이다. 또한 여느 분야와 마찬가지로 저가 중국 제품의 수입이 계속 증가하고 있다. 때문에 고객 맞춤형으로 다품종 소량생산을 하는 것이 생존의 가능성을 높인다. 이 원칙은 아직도 유효하다.

둘째는 기술력이다.

여의시스템은 산업용 컴퓨터, 산업용 네트워크 장비, 원격 통합감시시스템관련 제품, 컴퓨터 보안장비 하드웨어 플랫폼, 전력기기가 주력 아이템이다. 물론 기술력이 없다면 80여 명의 작은 인력으로 이렇게 다양한 제품을 감당하기 어렵다. 따라서 끊임없는 기술개발만이 살길이다. 이런 기술력을 바탕으로 엘리베이터 원격감시, 4대강 수질분석시스템, 공장의 전력 및 온도 자동조절, 지하철 신호감시시스템, 휴대전화 검사장비용 산업용 시스템, 하수도정보시스템, 산업용 네트워크 장비, Solar Power 설비 원격계측시스템 등을 개발했다. 중국, 인도네시아 등 외국에도 납품했다. 기술력이 뒷받침되지 않으면 제품 개발은 물론이고 거래처와의 지속적인 거래도 불가능하다.

셋째는 정직이다.

2006년에 대기업에 납품한 3,000여 대의 제품 중 한 대에서 작은 문제가 발생했다. 제품 내부의 케이블에 난 작은 흠집 때문이었다. 몇 년 동안 수천 대를 납품한 것 중 어쩌다 한 번 있을 수 있는 실수였지만, '실수는 또 반복될 수 있는 있다'는 생각에 그 기업에 전후 상황을 사실대로 말하고 전 제품을 리콜 처리했다.

순간을 무마하려고 잘못된 것에 눈 감지 않고 정직하게 처리해야 한다는 게 우리 회사의 기본 정책이다. 정직함은 기업인이 가져야 할 가장 기본적이고 중요한 덕목이다. 경영자가 기업을 투명하게 운영하면 직원들과 거래 업체에 자연스럽게 신뢰를 얻게 된다. 최근 그 대기업은 우리 회사의 제품기술, A/S, 가격, 납기 및 기업 건강도에 대하여 절대평가로 95.8%의 최고 등급을 산정하여 회사의 정직함에 대한 신뢰를 확인시켜주었다.

넷째는 변화해야 한다는 것이다.

세상은 끊임없이 자기계발 하는 자에게만 생존과 발전의 영역을 열어준다. 기업운영을 옛 방식으로 하고 변화에 적응하지 못하면 실패할 것이 분명하다. 따라서 변화에 적응하려면 끊임없이 공부를 하는 길밖에 없다.

내가 나름대로 소신껏 인생을 살며 기업을 경영하는 것은 다 어머니 덕분이다. 3남 2녀 우리 형제에게 어머니는 영웅이었다. 사실 어머니가 아니었으면 우리 형제들은 지금 거지가 되었을지도 모른다. 우리 아버지는 자식들을 위해서 사신 게 아니고 당신 자신을 위해서 하고 싶은 거 다 하고 사신 분이었다. 이것도 하고, 저것도 하고, 하는 사업마다 다 실패하셨다. 사업이라는 게 얼마나 치밀하게 따져서 해야 하는데 뭐 누가 좋은 사업 있으니 하자 하면 했다가 실패하셔서, 어머니가 그동안에 이룩해놓았던 재산을 한순간에 다 털어먹은 것이 한두 번이 아니었다.

어머니는 아버지 때문에 정신적인 고통이 너무나 심해지면서 만성두통에 시달리게 되어, '명랑', '명신' 이라는 두통약을 상복하셨다. 그 약을 장기 복용하면 간경화 및 간암을 불러일으킨다는 것이 밝혀져 최근 판매 금지된 약이다. 그걸 어머니가 30여 년을 드셨다. 가격이 싸니까 머리가 아프면 그 약을 드시고, 또 드셨다. 그러다가 노년에 간경화가 왔고 그것이 다시 간암으로 발전해 2006년에 돌아가셨다. 어머니는 어떻게 보면 아버지와의 전쟁(아버지가 계속 밑 빠진 독에 물 붓기 식으로 사업할 때마다 돈을 모두 날려버리는 상황에서 어머니가 마지막으로 아버지와의 힘겨루기에서 선택한 것이 장남인 나를 서울에 있는 대학에 보내는 것이었다) 속에서 결국은 나를 대학에 보낸 후 모든 노력과 정열을 다 쏟아 부었다. 어머니는 아버지가 아시면 그것까지 날려 버릴 게 뻔했기에 몰래 숨겨놓았던 패물 등 값어치가 있는 것들을 몽땅 팔아서 나의 학비를 대셨다.

우리 형제들이 세상에서 가장 존경하는 분은 어머니이다. 어머니는 아내로서 남편의 사랑을 받아본 것은, 두 분이 돌아가시기 몇 년 전부터인데, 아버지가 더 이상 좋지 않은 행동을 할 돈도 없었고 경제권이 자식에게 모두 다 넘어가고 난 이후였다. 짧은 시간이었지만 아버지는 옛날 당신의 행동에 대한 반성으로 암에 걸리신 어머니를 극진히 보살피고 간호하셨다. 하지만, 아버지께서 그러시기까지 어머니의 인생 대부분은 행복과는 거리가 멀었다. 다음 두 글은 어머니가 병실에 계실 때 쓴 글이다. 그리고 그다음 글은 2006년과 2007년 어머니와 아버지를 보내고 난 뒤의 글이다.

어머니의 병상에서 1

어머니께서 간암으로 또 색전 수술을 받으셨다. 색전 수술을 받으면 극심한 구역질로 며칠 동안은 너무 고통스러워하신다. 나에겐 젖꼭지를 물던 아기 때로 돌아가고픈 충동을 느끼게 하는 포근한 어머니셨는데 이젠 삶의 무게와 오랜 병환으로 입의 가장자리가 홀쭉하게 주름이 진 게 돌아가신 외할머니 모습을 그대로 닮으셨다. 사람이 태어나서 희로애락을 느끼다가 늙어 죽을 수밖에 없겠지만 아픈 어머니를 옆에서 지켜보는 자식 마음이 처연할 따름이다. 바로 옆 병상에 누워 있는 할머니 한 분은 복수가 차서 배가 퉁퉁하다. 어머니에게 위로의 말을 전해본다.

"어머니!
우리 가족은 늘 아흔아홉 가지의 행복을 지니고 살았습니다.

당신의 아들들이, 그리고 당신의 손자가 죽음에 이를 수밖에 없는 병에 걸려서도 모두 치료되고 이렇게 건강하게 살아있습니다.

모두 어려워했던 IMF 때도 당신의 자식들은 어머니께서 눈물 흘리시지 않아도 되게 잘 넘겼습니다.

자동차 사고로 하반신이 마비된 사람은 자신의 몸을 스스로 가누지 못하고서야 자기 마음대로 걸어다닌다는 것이 얼마나 행복했는지를 느낍니다.

병으로 눈이 실명한 사람은 봄의 풀 향기를 맡으면서 한 번만이라도 두 눈으로 봄의 모습을 보는 기적이 생겼으면 합니다.

사고로 말썽꾸러기 자식을 잃은 부모는 그 말썽꾸러기가 늦게라도 집에 돌아와서 툴툴거리는 소리라도 다시 한 번 듣고 싶어 합니다.

유독 가스에 질식되어 죽어가는 사람들은 맑은 공기가 얼마나 소중하고 아무런 생각 없이 편하게 호흡함이 얼마나 행복한 줄 죽음이 임박해서야 느끼게 됩니다.

우린 이렇게 많은 행복을 지니고 있으면서 가지고 있지 않은 한두 가지의 불행만 되새김질하면서 괴로워합니다.

그러다가 새로운 불행이 또 한 가지 생기면 그것만 생각하면서 불행해합니다.

이렇게 어머니께서 치료받을 수 있고 치료를 받음으로써 사랑스러운 자식과 손자 그리고 친구와 형제들의 얼굴을 더 볼 수 있는 시간이 남아 있음이 얼마나 큰 축복인지 아십니까?"

그 말을 들으셨을 때 어머니의 주름진 얼굴에 가득히 떠오르던 미소가 생각난다.

행복은 산 너머 먼 곳에 있지 않고 늘 우리의 마음속에 있다.

어머니의 병상에서 2

어버이 살아신제 섬길 일란 다하여라

지나간 후면 애닯다 어찌하리

평생에 고쳐 못할 일 이뿐인가 하노라.

송강 정철의 어버이에 대한 시조입니다.

어떤 가수가 노래로도 불렀습니다.

어머니!

과연 저에게 있어서 어머니의 존재란 어떤 모습입니까?

어렸을 때 막대 사탕 입에 물고 엄마 치마를 잡고 따라가면서 행여 치마를 놓치면 엄마를 영영 잃어버릴 것 같은 불안감에 한 손에는 사탕 들고 빨면서 한 손으론 어머니 치마를 잡고 갈 때 느꼈던 그런 모습입니까?

입으로 젖을 빨면서 남은 조막손으로 나머지 한쪽 젖을 조몰락 조몰락거릴 때의 뽀얀 가슴에 젖이 가득 든 그런 모습일까요?

입학시험 날 유난히 추운 고사장 앞에서 추운 줄 모르고 기도하던 그런 모습일까요?

못된 짓을 한 자식에게 화가 나서 회초리로 때리다가 퉁퉁 부은 종아리가 안쓰러워 자식을 끌어안고 함께 눈물 흘리시던 그런 모습일까요?

어릴 때 어머니는 우리의 희망이었습니다.

한쪽이 기울어도 많이 기울어진 부모님 틈바구니에서 우리는 어머니가 있음에 가정이 그나마 유지가 되는 그런 가정에서 늘 불안 속에 이리저리 눈치를 봐가면서 어린 시절을 지내왔습니다.

그래서 지금은 우리 5형제가 나름대로 사회에 일익을 담당하며 열심히 살게끔 해놓으셨습니다.

신혼생활 3개월 만에 제2차대전 학도병으로 끌려가신 아버지는 해방되어도 돌아오시지 않고, 필리핀 전선에서 돌아가신 것 같다는 소문을 듣고도 20대 초반의 꽃다운 나이에 여생을 혼자서 사시기로 결심하셨던 어머니셨습니다.

해방되고도 한참이 지나서 아버지가 돌아오셨다가 불과 몇 달 만에 6·25 전쟁이 일어나서 참전하셨을 때도 그냥 그렇게 혼자 사셨습니다.

채소보퉁이를 머리에 이고 대구의 원대시장 귀퉁이에서 좌판을 펼치고 지나가는 손님들에게 정구지 한 묶음 사달라고 애원하던 모

습일 때도 있었습니다. 일수 아줌마의 모습이 우리 어머니의 모습
이기도 했습니다.

바람 불어 추운 겨울 우리 집 근처의 허물어져 가는 빈집에서 덜
덜 떨며 보내는 거지에게 주려고 더운물을 끓여서 찬밥 덩어리와
한두 가지 반찬을 소반에 담아 가시던 모습은 저에게 또 하나의 어
머니 모습으로 남아 있습니다.

어제는 수술 후 고통으로 끙끙 앓고 계시는 어머니의 옆에서 밤
을 지새웠습니다.

어머니의 고통을 옆에 있으면서도 조금도 덜어주지 못하는 자식
입니다. 이젠 얼굴의 주름살이 너무나 많아져서 그 주름실 주름살
에 어머니가 살아오신 삶의 구비를 넣고 또 넣어도 한쪽 부분엔 못
채운 빈 주름이 남아 있을 정도로 늙으신 어머니입니다.

멀지 않아서 어느 날 문득 우리 곁에서 바쁘게 떠나가실 텐데 살
아계신 어머니에게도 효도하지 못하고 늘 바쁜 척하는 못난 자식입
니다.

이제 젖 빨며 주무를 뿐안 가슴도 남아 있질 않고 꼭 잡고 갈 치마
도 어머니에겐 없습니다.

무거운 채소보퉁이를 머리에 이고서도 먼 거리를 걸어가던 다리
는 이제 관절염이 심해져서 노인정 가기도 불편한 모습만이 남아
있습니다.

그동안 몸과 마음을 다하여 어머니로서의 역할을 충분히 다하셨
기에 우리가 이만큼 성장한 것입니다.

어머니!

　당신의 병실에서 이 아들은 훌륭한 어머니가 계심을 자랑스럽게
생각하며 마음속 깊이 감사를 드리고 있습니다.

　•이 글은 간암으로 마지막 투병을 하고 계시는 어머니의 병실에서 간병을
　하면서 밤에 쓴 글이다.

어머니를 떠나보내다

지난주에는 꺼져가는 고운 님의 숨결을 들었습니다.

그 실낱같은 숨결 일렁이는 바람에 스러지고 나서 이틀 만에 한 줌의 재가 되어 나오는 것도 지켜봤습니다.

사람의 삶이란 이렇게도 지나고 나면 한 줌의 재가 되어 혹 하고 불어버리면 날아가 버리는 그런 허무한 존재인가도 싶습니다.

그리고 작은 항아리에 담겨서 제 품에 안겨 있을 적에 아직도 화장장의 뜨거운 열기로 항아리가 얼마나 따뜻하던지, 생전에 어머니의 따뜻한 체온으로 느껴졌습니다.

이렇게 가실 길을 그렇게 고통 속에 신음하셨습니까?

그 고통이 몸의 고통만이라면 그나마 참을 만했을 텐데 마음속 깊이 속속들이 스며든 한스러움을 일년 삼백예순날을 어떻게 다 안고 계셨습니까?

생각만 해도 눈시울이 뜨거워지는 임의 모습이었습니다.

그래요.

그 주름투성이의 모습도 시간의 축을 뒤로 돌리면 솜털이 보송한 꽃다운 소녀였을 적이 있었겠지요.

어린 손자의 눈엔 당신이 세상에 태어날 때부터 할머니였던 것으로 각인되어 있겠지만, 그 할머니도 엄마 젖을 물고 잠들어 있었을 그런 어린 시절도 있었겠지요.

부디 먼 길 편히 가십시오.

그 길 가시다 보면 먼저 가신 임의 부모님이신 외할아버지 외할머니가 계신 곳에 다다르게 되겠지요.

어머니!

진심으로 사랑했습니다.

옆에 계신 아버지가 주름투성이의 손으로 회한의 눈물을 흘리는 것으로 살아생전의 한을 모두 용서해주시고 가십시오.

하늘나라에서는 이 세상 살아오신 그 고통 다 잊으시고 잘 계시기를 제 마음 함께 담아 빌고 또 빕니다.

아버지를 떠나보내다

이 시조는 조선시대 두 임금인 단종과 세조를 섬겼던 금부도사 왕방연이 쓴 글이다. 한때 자신이 섬겼던 단종이 영월 청령포에 귀양을 가있는 동안 성삼문, 박팽년, 이개, 유성원, 유응부 등이 단종을 복위시키기 위한 노력을 하다가 실패한 후 세조의 명으로 단종을 죽이기 위한 사약을 준비하여 영월까지 갔던 사형집행 책임자이다. 어린 단종이 눈물범벅이 되어 통곡하는 것을 보고 차마 사약을 먹이지 못하고 주춤하는 동안에 함께 간 포졸이 단종을 뒤에서 목 졸라 죽였고 단종의 시신은 영월 강가에 던져버리라는 세조의 지시에 따라 시신을 내팽개치고 서울로 돌아오게 되었다.

자신이 섬겼던 단종 그리고 세조라는 권력에 순종하면서 해바라기 같은 삶을 살았던 왕방연이지만 단종을 죽이고 오는 길에 어둠이 깔리는 서강변에서 흘러가는 강물을 바라보면서 가슴속이 텅 빈 것 같은 마음이 어떻겠는가?

이 시조는 살려달라고 애원하는 단종을 도와주지도 못하고 끝내는 자신이 죽이고 올 수밖에 없었던 숙명으로 터질 것 같은 가슴앓이 속에 사내대장부의 뜨거운 눈물을 흘리며 썼던 왕방연의 단종에 대한 진혼곡이다.

강물이 자신의 마음과 똑같이 울고 또 울면서 밤길 속에 흘러간다고 생각했으니…….

며칠 전 아버지가 돌아가셨다.

돌아가시기 하루 이틀 전까지만 해도 병상에서 일으켜 세워달라고 손짓으로 말씀하시기에 일으켜 세워 드렸더니 잠시 자리에 앉으셔서 잔뜩 쉰 목소리로 간신히 하시는 말씀이 너희 어머니 곁으로 빨리 가고 싶으니 안락사를 시켜 달라고 하셨다.

항상 밝게 세상을 살아오신 분이었고, 경로당 갔다 오시던 길에는 며느리 좋아한다고 삶은 옥수수를 사가지고 오시던 분이 찡그린 얼굴로 암으로 인한 고통을 감당하지 못하시고 며느리에게 안락사 말씀을 하시던 생전의 마지막 모습이 눈에 선하다.

어머니 돌아가시고 1년 4개월 동안 살아오신 삶이 너무도 행복했었다는 말씀으로 며느리와 자식들 그리고 사위에게 감사의 뜻을 표하시곤 먼 길을 홀연히 떠나셨다. 그동안 가까운 절에 모셨던 어머니의 유골과 함께 영천 국립묘지인 호국원에 합장으로 모셔드리고 서울로 오던 고속도로변에는 영월에서 봤던 아름다운 서강은 없었지만, 부모님을 먼 길 보내드린 후에 몰래 흐느끼는 내 마음은 왕방연이 서강변에 앉아서 시조를 쓸 때처럼 아팠기에 잠시 인용해봤다.

광란의 골프 라운딩

최근에 들어서 우리나라의 기후가 아열대성으로 바뀌었는지 장마 때는 비가 별로 안 오고, 기상예보관이 "오늘부로 장마가 끝났습니다"라고 하는 때부터 엄청난 비로 나라 전체가 난리가 난다.

어느 해 늦여름 코스닥 등록으로 동료와 선후배들의 부러움을 독차지했던 D 후배와 8월 중순 비 오는 날에 겪었던 이야기이다.

D 후배가 회사 일에 문제가 생겨 모처에 불려가서 며칠 동안 조사를 받으면서 엄청난 고초를 겪은 적이 있었다.

늘 밝은 미소와 긍정적인 사고로 기업을 잘 이끌어갔던 후배는 갑작스런 극심한 불황으로 영업부진에 빠졌고 이를 타개하고자 시장개척을 하면서 무리수를 둔 모양이었다.

그 과정에서 생긴 문제로 모처에서 죽을 고생을 했다는데…….

사건은 후배가 그곳에서 혼이 나고 나오던 날 발생했다.

오전 11시 30분쯤 전화한 후배 왈,

"형님. 나 좀 살려주시오. 나 지금 거의 다 죽게 되었으니 죽기 전에 옛날에 형님과 태백산맥 종주할 때처럼 함께 등산이나 한번 갑시다."

그날은 오전부터 폭우가 내리다가 그치기를 반복하고 있었다.

그렇지만, 후배의 그때 상황을 잘 알고 있었기에 선배로서 선택의 여지가 없었다.

"그래 얼마나 고생했느냐? 어느 산에 몇 시에 갈까?"

"형님 분당 뒷산 중에 강남 300이라고 있어요. 그리로 오후 1시까지 오세요."

알고 봤더니 골프장에 가자는 이야기였다.

극도의 육체적, 정신적 충격과 피곤을 이기고자 택한 것이 골프였던 것이다. D 후배는 자신이 생각하기에 마음 편한 선후배 세 명을 택하여 전화했는데 그중에 한 명이 나였다.

그해 여름이면 나는 시작한 지 불과 1년 정도 된 초보 골퍼였고 태어날 때부터 유전적인 결함이 있는지 아니면 신체적인 결함이 있는지 계속 탑 볼, 생크 등으로 허우적거려서 골프를 계속 할 것인지 말 것인지 고심하고 있을 때였다.

"알았다." 대답해놓고 보니 문제가 보통이 아니었다.

성수동에서 강남 300까지는 빨리 잡아야 40분이 걸리고 또 출발하기 전에 골프 연습장에서 골프채를 꾸려가야 하고 집에 가서 옷도 챙겨야 하고 클럽하우스에서 옷 갈아입는 시간과 골프채가 있는 골프 연습장으로의 왕복 시간, 집에 갔다가 오는 시간을 다하면 최소 2시간은 필요했다. 그것을 1시간 30분 만에 끝내야 하니……. 갑자기 급해진 나는 난리법석을 떨어서 골프채와 골프복 등 필요한 것을 준비하고 폭우 속에 청담대교와 분당 사이의 도시고속도로에서 죽기를 각오하고 차를 몰아서 강남 300에 도착하여 바쁘게 옷을 갈아입고는 바지 단추도 다 채우지 못한 채 스타트 홀에 도착했다. 우리 팀 네 명 중 두 명이 벌써 티샷을 끝낸 후였다.

골프는 마인드 컨트롤이 중요하다고 하는 데 다른 날은 몰라도 그날만은 그 말이 정답이었다.

안 그래도 생초보가 서둘면서 친 공이 어디로 가겠는가?

첫 홀을 보기 좋게 슬라이스볼로 만들어서 오른쪽 언덕꼭대기에 떡 하니 올려놓았다.

다행히 OB는 아니라서 폭우 속에 아이언을 들고 등산을 시작하는 데 바지는 길게 자란 풀에 부대껴서 온통 물투성이고 모자 옆으로는 목을 따라 빗물이 줄줄 흘러내린다.

1번 홀부터 허우적거리며 골프를 시작했는데 엄청난 폭우로 대부분의 정상적인 사고방식을 가진 골퍼들은 다들 집으로 돌아가고 불과 십여 팀만 폭우 속의 골프장에서 미친 듯이 유격 훈련에 가까운 골프를 이를 악물고 즐기고 있었는데, 비가 얼마나 많이 오는지 대낮인데도 컴컴했다.

거기다가 3번 홀에 서니 하늘은 비를 뿌리는 것으로 그치질 않고 귀를 찢어 낼 정도의 천둥과 눈앞을 어지럽히는 번개를 동반

한다.

천둥번개에 폭우가 쏟아지는 골프장에서 용기인지 만용인지 분간이 쉽지 않은 네 명의 인간들이 히죽히죽 웃으면서 드라이브를 들고 죽어라고 공을 때린다.

공이 날아가는 방향을 보면 공은 폭우가 내리는 어둠 속으로 사라지고 저 건너 나무들 사이로는 아름다운 번개가 하늘을 둘로 갈라놓는다.

원래 겁이 많은 나는 심장이 콩알만 하게 줄어들었고 (당연히 거시기도 물에 팅팅 불었고 크기는 아기 거시기처럼 작아졌으리라) 가죽 장갑은 빗물에 젖어서 미끄덩 미끄덩거려서 공을 임팩트 할 때 손에서 골프채가 픽하고 돌아간다.

페어웨이는 대부분이 캐주얼워터(비로 인하여 물이 고이거나 물이 흘러내려서 정상적인 게임을 할 수 없는 영역)로 변하여 하는 수 없이 조금 나은 위치로 옮겨서 공을 쳐도 공 주변의 물과 흙이 샷 하는 순간에 튀어 올라서 옷과 얼굴, 모자까지도 흙탕물 파편으로 더럽혀진다.

간혹 텔레비전에서 UDT 대원들이 훈련하면서 고무보트를 들고 포복을 한 후 개흙이 묻은 얼굴을 본 적이 있을 것이다.

그 정도는 아니었지만 도처에 흙이 묻은 얼굴에 목덜미로는 빗물이 줄줄 흘러내리고 천둥번개가 전후좌우에서 우르르 쾅쾅거리니 이게 실미도 영화의 한 장면인가?

우리의 불쌍한 캐디 언니는 안절부절못한다.

12홀쯤 돌았을 때였다.

엄청나게 크게 들리는 천둥소리가 귓전을 때리며 어둠 속의 후배 얼굴이 번개 불빛으로 환하게 나타난다.

그 순간 D 후배의 큰 목소리가 천둥소리 속에 섞여 들린다.

"형님! 대학 다닐 때 폭풍우와 천둥번개 속에서 태백산맥 종주하던 생각 나지요?

오늘 분위기가 그때와 딱 맞습니다."

"아이고 미친 인간아! 분위기고 뭐고 이 선배 아직 마누라에게 아랫도리가 빠지도록 봉사해야 할 시간이 많은데 이러다가 벼락 맞아서 북망산천 가는 것 아닌지 모르겠다."

옆에 있던 캐디가 한마디 거든다.

"D 사장님! 지금 골프장에 우리 팀 말고는 아무도 없어요. 모두 라운딩을 중지하고 가셨어요. 이제 그만 끝내는 게 어떨까요?"

나의 존경하는 D 후배님 말씀하시길,

"이 아가씨가 무슨 택도 없는 소리 하노? 분위기 쥑이는데 그만 하라니?"

함께 있던 또 다른 두 명의 후배님들 역시 대단하시다.

"그럼요. 분위기 쥑이네. 이건 뭐 완전히 영화의 한 장면인데……"

라운딩 중지를 포기한 나는 기가 죽어서 말문을 닫았다.

천둥 속에 하늘을 보며 울부짖는 세 마리의 야수와 함께 있는 불쌍한 양의 모습이 그날의 나였다면 조금 과장된 건가?

나는 그날 이후로 후배들의 전화만 오면 화들짝 놀라는 이상한 증세가 생겼는데 신경정신과에서 진찰을 받아야 하는 게 아닐지 모르겠다. (ㅎㅎㅎ)

공을 치는 인간들은 그나마도 즐거워서 하는 운동이니까 뭐라 할 수 없지만 폭우와 어둠으로 인하여 공도 잘 보이지 않는 데서 공 찾느라 새파랗게 변한 입술을 하고서는 파들파들 떨며 뛰어다니던 어린 캐디의 애처로운 모습이 지금도 그때를 떠올릴 때면 안타까움으로 나의 뇌리에 남아 있다. (추위하던 모습이 얼마나 불쌍하던지 꼭 안아주고 싶었지만, 성추행으로 오해받을까 봐서 그만두었다.)

세 명의 골퍼는 의기양양하게, 나머지 한 명의 조보 골프는 공포와 추위에 떨면서 18홀을 끝마쳤다.

클럽하우스 입구에서 대충 빗물을 털어내고 아직도 남은 빗물을 바짓가랑이 사이로 줄줄 흘리며 클럽하우스로 들어섰을 때 쳐다보던 골프장 직원들의 어이없어 하는 표정도 기억 속의 한 부분을 차지하고 있다.

사람의 기억 속에 추억이란 대부분 좋은 모습으로 자리매김하나 보다. 다시 그런 기회가 생긴다면 만사 제쳐두고 다시 한 번 광기(狂氣)의 드라이버 샷을 날려보고 싶다는 느낌이 들 정도로 멋진 기억으로 자리 잡고 있으니…….

그 후배는 지금 힘들게 세상을 살아가고 있지만 그의 이런 도전 정신이 있었기에 그만큼 회사를 꾸려나갔던 것이구나 하는 후배에 대한 긍정적인 생각이 강하게 남아 있다.

참 좋은 후배인데 부디 어려움을 잘 극복하고 폭풍우 속에서 웃으며 다시 한 번 티샷 할 날을 기도하는 마음으로 기다려본다.

행복한 남편의 넋두리

(이 글은 골프를 시작한 지 5개월 정도 되었을 때 쓴 글이다.)

중이 고기 맛을 알면 빈대와 벼룩도 남기지 않는다는 이야기가 있다. 오늘은 고기 맛을 안 아내 이야기를 하려고 한다.

나는 초보 골퍼인데 아내와 같이 골프를 시작한 지 불과 5개월 정도 된 작년 연말에 있었던 이야기이다. 얼마 전에 초등학교 친구들과 골프를 치러 갔다가 공이 슬라이스가 나는 바람에 가파른 비탈로 올라가서 세컨 샷을 하고 시멘트 포장된 카트 도로 위로 뛰어내리다가 발목을 조금 다쳤다.

처음엔 별것 아니라고 생각했는데 통증이 점점 심해지더니만 다리를 절뚝거릴 정도로 심해지지 뭔가?

거기다가 요즈음 연습장에 가서 초보자 특유의 부정확성으로 뒤

땅을 자주 때렸더니만 오른쪽 어깨가 묵직한 게 흐린 날 할머니 신경통처럼 몸 상태가 좋지 않았다.

그런데 서울에서 첫눈이 펑펑 내렸던 12월 29일!

우리 아내께서 골프를 치고 싶다고 조르지 않겠는가?

그래서 내가 그랬다.

"부인! 골프도 좋지만, 눈밭에서 어떻게 칩니까? 따뜻한 춘삼월이 되면 제가 자주 모시고 나가겠습니다."

아, 그랬더니만 심통이 나서 저녁도 안 차려주고 설거지하다가 쟁반을 깨는지 와장창 소리가 난다.

'에이 세상 살다가 이렇게 죽으나 저렇게 죽으나 한 번 죽으면 그만인데 아내가 공치고 싶다는데 뭘 못해줄까? 가자 골프장으로.'

그래서 12월 30일 새벽 4시에 출발하여 포천 아도니스 퍼블릭 골프장으로 자동차 바퀴에 불이 날 정도로 달려갔다.

왜냐고?

거기는 선착순이니까.

아도니스가 가까워 올수록 길은 어제 내린 폭설로 완전히 빙판이 되어 자동차가 미친 것처럼 마음대로 왔다갔다 미끄러지고 산타페 자동차의 외기온도계는 영하 18도를 표시한다. 간신히 아도니스 CC에 도착했더니 클럽하우스를 지키던 인간들 하시는 말 좀 들어보소.

"이런 눈밭에서 칠 테면 쳐보십시오. 페어웨이뿐만 아니라 그린에도 눈이 5cm 이상 쌓였고 거기다가 영하 18도에 바람도 쌩쌩 부

는데. 오늘 아침 아도니스에 골프 치러 오신 손님은 두 분 밖에 없
어요.”

그러면서 쳐다보는 게 ‘아이고 인간들아! 돌았으면 곱게 돌아라.
완전히 맛이 갔네. 갔어’ 하는 표정이었다.

그래도 혹시 칠 수 있나 싶어서 클럽하우스 바로 옆의 9번 홀 그
린을 가봤더니만, 그린에도 눈이 잔뜩 덮여 있었고 바람이 심하게
불어서 눈에 의한 물결무늬까지 근사하게 만들어놨다.

당연히 홀 구멍도 눈으로 가득 채워져 있었고.

아내의 소태 씹은 표정을 보는 순간!

아내를 위한 처절한 희생정신이 어딜 가겠는가?

“여보, 한탄강 퍼블릭 골프장이 가까운데 혹시 할지도 모르니까
한번 가볼까?”

아내의 얼굴이 장미꽃 마냥 환해진다.

“가자! 가다가 못 가면 쉬어서라도 가자.”

그런데 한탄강 퍼블릭이 어디인가?

바로 철원이다.

일기예보에서 오늘 철원은 영하 23도란다.

산 중턱인 한탄강 CC는 아마 영하 25도는 되었을 것이다.

거기다가 지난번 카트 도로로 뛰어내리다가 다친 다리는 부어서
통증이 온다. 길은 완전히 눈이 눌려서 만들어진 얼음으로 도배된
유리판이다.

또 최근에 골프 연습하느라고 팔에 너무 힘을 많이 주었더니 갈

비뼈부터 시작해서 목까지 아파 와서 세계적인 물리학자 스티븐 호킹 박사처럼 고개를 삐딱하게 하고 운전한다.

포천에서부터 한 시간 반 이상을 조심조심 운전해서 한탄강 퍼블릭에 도착했더니만 조금 전에 마운틴 9홀의 그린 부분의 눈을 대충 정리하여 공을 칠 수 있다고 한다.

페어웨이의 눈은 그대로 있었다.

카운터에 있는 아가씨에게 가서 부탁했다.

"안 됩니다. 한탄강 CC는 퍼블릭 골프장이더라도 사전 예약제이기에 당일 오셔서는 못 치십니다. 거기다가 두 분이면 더욱 안 됩니다."

몇 번이나 사정했는데도 안 된단다.

이럴 때 군인정신 투철한 사람만이 아는 구절이 있다.

"안 되면 되게 하라."

한탄강 퍼블릭 골프장 사장님을 찾아갔다.

"사장님 눈길에 아도니스 갔다가 이건 이렇고 저건 저래서 여기 왔는데 골프 좀 치게 해주세요. 못 치고 가면 저는 그날로 죽음입니다. 흑흑"

나의 애틋함이 너무 불쌍하게 느껴졌는지 사장님께서 나와 같이 나오셔서 카운터 아가씨에게 말한다.

"미스 김, 이 손님들 치게 해줘. 빙판길에 이 먼 곳까지 오셨는데."

아이고 하나님! 천주님! 부처님!

한탄강 퍼블릭 골프장 사장님께 복 많이 많이 주이소.

드디어 영하 25도에 약 10cm 깊이의 벙커를 연상시키는 눈 페어웨이에서 이제 5개월 된 초보 골퍼 부부가 온몸을 두꺼운 겨울옷으로 둥둥 감고 눈만 살짝 내놓고 용감하게 공을 친다.

내복도 입었다.

솜바지도 입었다.

티도 입었다.

카디건도 입었다.

조끼에 폴라 폴리스에 바람막이에 오리털 파카까지 입고 공을 친다.

몸이 제대로 돌아가냐고?

백스윙을 하면 옷의 소매부분이 두꺼워서 눈을 반쯤 가려 공이 희미하게 보인다. 어떻게 되었을까?

당연히 쪼루 아니면 슬라이스지.

그런데 페어웨이를 벗어나서 눈 속으로 날아간 공은 찾을 수가 없다.

눈에 공이 쏙 들어가서 당최 보여야 말이지.

심지어는 페어웨이에 떨어진 것도 5분씩 찾았는데도 못 찾았다.

거기다가 벙커는 바람에 날린 눈으로 페어웨이와 높이가 평평하게 되어 벙커에 빠지면 드라이버로 벙커의 눈을 죄다 휘저어야 간신히 공이 드라이버에 맞아서 어디에서 툭 튀어나온다.

공을 간신히 찾아서 세컨샷을 한다.

공은 5미터 앞에 떨어지고 아이언 페이스에는 눈이 얼어서 잔뜩 붙어 있다.

페어웨이가 벙커역할을 완벽하게 한다.

나중에는 공이 떨어지면 눈을 살짝 치우고 공을 치는 학습효과가 생겼다.

카운트?

당연히 언카운트블이다.

좌우지간 공을 8개쯤 잊어버리고 남이 잃어버리고 간 것을 15개쯤 주워왔다.

그래도 아내는 마냥 즐겁다.

아내가 즐거우면 나도 즐겁다.

쌍방울 소리 울리며 열심히 따라간다.

쌍방울 소리가 어디서 나느냐고?

영하 25도 눈밭에 가서 골프를 쳐보시면 안다.

그리고는 치는 공마다 슬라이스이다.

죽어라고 몸을 틀어도 몸이 안 돌아간다.

그런데 8번 홀에 갔을 때 하늘 같은 아내께서 말씀하신다.

"여보 뒤 팀이 안 따라오니까 아까 3번 홀에서 날아간 공이 3번 홀과 8번 홀 옆 비탈로 내려왔으니까 지금 찾아봐! 공이 얼마나 아까운데."

아까우면 지가 찾지.

어이구!!!!!

이 행복한 인간은 개당 150원씩 주고 벼룩시장에서 산 헌 볼을 찾으러 다친 다리 쩔룩거리며 비탈을 올라갑니다.

공이 안 보입니다.

눈밭을 드라이버로 휘휘 뒤적입니다.

그래도 공은 안 보입니다.

그래서 그냥 내려왔습니다.

저는 이렇게 삽니다.

그리고는 라운딩이 끝난 후 어두운 빙판의 밤길을 3시간이 넘게 조심조심 차를 몰고 서울로 서울로 왔습니다.

사랑스러운 아내의 도로롱 도로롱 코 고는 소리를 자장가 삼아 무겁게 내려오는 눈꺼풀을 억지로 밀어올리면서 말입니다.

섹슈얼 빅 머신 건과 변강쇠

이번에는 외국 콘퍼런스에서 있었던 가벼운 일화를 소개하겠다.

얼마 전 외국의 콘퍼런스에 참석했다가 회사를 대표하여 상을 받게 되었다.

책임자가 와서 내일 오후에 상을 받게 됐으니 5분 정도 간단히 말할 준비를 하라고 했다.

영어로 5분 동안?

나처럼 영어라는 이야기만 들어도 가벼운 경련을 일으키는 사람에게 5분간 영어로 말하라는 것 자체가 황당하기 짝이 없는 요구였다. 상을 받으면서 그냥 "Thank you very much for this kind of a good award"라고 해봤자 10초면 끝난다. 그런데 영어로 5분간 말하라니…… 무슨 이야기를 할까 고심하다가 30초 정도 수상소감에 대해 이야기를 하고 나머지 시간 동안은 50여 국에서 온 외국 사장들에게 농담 몇 마디를 하기로 했다. 회의장에서는 영어로 했던 내용을 한국어로 번역(나의 수준 낮은 영어실력을 보고 비웃을까 염려되어 그러니 이 글을 읽는 분들은 이 점을 이해하고 읽어주길 부탁한다)해 올린다.

여기에 오신 여러분께서는 1991년도에 개봉한 영화 중에 1863년 미국 남북전쟁을 주제로 한 〈늑대와 춤을(Dances with Wolves)〉이란 영화를 보신 분이 많으실 겁니다.

이 영화에 대하여 간단히 이야기하면 케빈 코스트너가 주연과 감독을 한 영화인데 엄청난 버펄로 떼와 미국 서부의 멋진 풍광이 어우러진 수작으로서 그 해 아카데미상을 휩쓴 영화입니다.

그런데 이 영화 속의 인디언들은 각자의 특징적인 독특한 행동이나 동네 사람들이 기억할만한 사건으로 그 사람의 이름을 만듭니다.

영화 속에 나오는 인디언들의 대표적인 이름을 예로 들면 열 마리 곰(Ten Bears), 새 걷어차기(Kicking Bird), 머리에 부는 바람(Wind In His hair), 주먹 쥐고 일어서(Stands with a Fist) 등입니다.

케빈 코스트너가 혼자 국경 수비대로 파견 나가 있으면서 초소 부근을 어슬렁거리는 늑대와 무료함을 달래려고 가볍게 장난치는 것을 멀리서 인디언들이 보고는 지어준 인디언 식 이름이 이 영화의 제목인 '늑대와 춤을(Dances with Wolves)'입니다.

이 영화의 인디언과 마찬가지로 한국인들도 몽골리안 계통 인종으로 사람의 이름에는 나름대로 뜻이 있습니다.

제 이름은 성명기(成明基/이룰 成, 밝을 明, 터 基)이며 영어로는 Bright Field of Victory(승리의 밝은 들판)란 뜻입니다.

그러나 제 이름을 한국어로 발음할 때는 전혀 다른 뜻도 내포하고 있습니다.

즉 성명기를 한자로는 性名機로도 표기할 수 있으며 이는 Sexual Big Machine Gun(거대하고 멋진 성적 기계, 즉 변강쇠)이란 뜻입니다.

저는 저의 이름을 재료로 삼아서 유머러스한 이야기를 어디서든 자주합니다.

그런데 몇 년 전 부부가 함께하는 대학의 최고경영자 모임으로 기억합니다.

제가 조금 전에 했던 이름에 얽힌 이야기를 부부 모임에서도 했습니다.

그리고는 이야기 끝에 덧붙여서 우리 부모님께서 저의 이름을 저에게 설명하시면서 "자고로 남자는 여자에게 잘해야 인정을 받는데 특히 잠자리에서 훌륭한 행동으로 아내로부터 존경받는 남편이 되라는 뜻에서 너의 이름을 이렇게 지었다"라고 했습니다.

그때 그 자리에 모인 100여 명의 사장들과 부인들이 웃고 난리가 났습니다.

바로 그때 저와 친분이 있는 기업체 사장이 일어나서 말했습니다. "한국영화의 뽕, 변강쇠 등에 주연으로 자주 나오는 영화배우의 아랫도리가 실제로는 영화의 내용에서처럼 대단한 게 아니고 별 볼일 없다고 연예인 가십난에 났던데 지금 말씀하시는 성명기 사장도 이름만 性의 名機이지 실제로는 별 볼일 없는 인간인지 누가 압니까? 아니! 여기서 누가 본 사람 있습니까?'

다시 좌중이 낄낄대며 웃고 난리가 났습니다. 제가 적당한 농담거리를 찾지 못하고 잠시 주저하는 바로 그때 한 사람이 조용히 일어났습니다. 누군가 하고 봤더니 바로 제 아내였습니다. 아내는 일어나서 좌중을 천천히 둘러보고는 이렇게 이야기했습니다.

"제가 봤습니다. 저는 성명기 씨의 아내 되는 사람입니다. 제 남편은 밤마다 고객을 늘 감동하게 해줍니다. 저는 성명기 씨의 고객으로서 남편의 품질을 보증합니다."

오후의 나른함을 깨우는 나의 이야기는 회의장을 한참 동안 웃음의 도가니로 만들었고 그날 이후 콘퍼런스가 끝나는 날까지 나와 마주치는 외국 손님들이 하나같이 밝게 웃으면서 "하이! 섹슈얼 빅머신 건!" 하며 인사했다.

마이크로소프트의 빌 게이츠가 결혼한 직후 그의 아내가 오프라 윈프리 토크쇼에 출연했을 때 있었던 일화이다. 미국의 토크쇼는 성에 대한 이야기도 상당히 사실적으로 표현하는 데 오프라 윈프리는 신혼여행을 막 다녀온 빌 게이츠의 아내와 이런저런 대화를 나누다가 마지막에 이렇게 질문했다. "빌 게이츠가 신혼여행에서 어땠어요? 밤에 잘 해줬어요?" 그때 그 아내의 답변은 "빌의 거시기는요. Micro 하고 Soft 해서 저하고 매우 잘 맞았어요" 였다.

Microsoft를 이용한 멋진 멘트였고 빌 게이츠의 아내다운 유머였다.

나도 고백할 게 있는데 이름만 그럴듯하지 별로 실속(?)이 없다. 빌 게이츠 아내의 표현을 역으로 빌면 사실은 우리 아내가 Micro 하고 Soft 해서 나와 궁합이 아주 잘 맞는 것 같다.

상장회사 한미약품의 회장으로 있는 임성기 씨는 일찍이 본인의 이름이 잘 어울리는 '임성기 성병 전문약국' 을 만들어서 큰 성공을 했고 나중에 한미약품을 인수하여 최고경영자가 되었다.

'임성기 성병 전문약국' 은 '임질에 걸린 성기에 잘 듣는 약을 파는 약국' 이란 이미지가 무의식의 세계에 입력되는 상호가 아닐까 싶다. 그래서 여기에 착안하여 나도 새로운 비즈니스 모델을 구상하고 있다.

회사명은 내 이름을 넣어서 '성명기 성생활용품 백화점' 으로 정했는데, 고객들에게 부드러운 느낌(?)을 주는 인공지능 자동제어 장치와 섹시한 목소리가 내장된 다기능 제품들을 공급해줄 아웃소싱 업체를 물색 중이다. (이 부분은 농담임을 독자들은 아리라 믿는다.)

별은 내 가슴에

설악산 석주길 리지 등반기[•]

송화(松花) 가루 날리는 외딴 봉우리

윤사월 해 길다 꾀꼬리 울면

산지기 외딴 집 눈먼 처녀사

문설주에 귀 대이고 엿듣고 있다.

봄이 오는 소리를 듣는 눈먼 산골 소녀의 애절한 모습을 그린, 고등학교 때 국어 교과서에 나온 박목월의 윤사월이란 시이다. 눈먼 소녀같이 가만히 눈을 감고 마음속의 풍경을 느끼다 보면 떠오르는 아름다운 세상이 있다.

언제였던가?

어디서였던가?

그래!

20대의 푸른 꿈을 가졌던 대학 시절이었지. 이젠 거울 앞에 선 내 누님 같은 여인을 아내로 모시고 사는 중년의 사내이지만 설악산, 도봉산, 북한산에 암벽등반하던 그때의 모습은 이젠 다시 볼 수 없는 눈먼 소녀의 윤사월 풍경이 되어버렸던가?

간혹 가보고 싶다고 생각도 해보지만, 체력과 시간에 쫓기고 무엇보다 자신감이 상실된 중년이 되었기에 눈을 감고 그 바위봉우리를 마음으로나마 음미해볼 수밖에 없었다.

그러다가 어느 날 갑자기 더 눈이 멀기 전에 우리는 무작정 그곳으로 가기로 했다. 아름다운 요정들이 땀 냄새 나는 사내들을 유혹하는 설악의 칼날 암릉인 석주길을 향하여…….

어린이날 연휴― 토요일 오후부터 월요일까지의 황금연휴

토요일 저녁 속초 한화 콘도에서 오랜만의 만남으로 긴 이야기를 나누다가 밤이 늦었다. 덕분에 다들 두세 시간 잠을 자고서는 일요일 새벽 4시 15분에 일어났다. 만들어둔 충무 할매 김밥식 앙꼬 없는 김밥과 미리 비상식으로 준비한 과자 부스러기 그리고 우리와 함께 수고해줄 암벽 장비를 낡은 배낭에 쑤셔 넣고 콘도를 떠났다.

그리고 설악동에서 산채비빔밥으로 아침식사를 하고 출발.

늘 정겨운 물소리와 주변풍경이 아름다운 와선대와 비선대가 우리의 시선을 머물게 한다. 맑은 물소리, 산새 소리, 소슬바람, 고운 꽃망울, 싱그러운 풀 냄새, 그리고 우리 눈을 즐겁게 해주는 설악의 준수한 봉우리들.

낮게 깔린 구름이 우리를 불안하게 한다. 분명히 일기예보에는 맑다고 했는데……. (나중에 석주길 입구에 도착했을 때는 구름은 사라지고 화창한 하늘이 우리의 불안감을 말끔히 지웠다.)

설악골은 최근에 자주 온 비 때문에 계곡의 물이 상당히 불어 있었다. 특히 계곡을 따라 자주 나타나는 작은 폭포들이 우렁차게 골짜기 물을 하류로 흘려보내고 있었다. 석주길이란 글이 바위에 희미하게 표시된 곳에 도착했다. 석주길은 모 산악회 소속의 남녀회원이 비선대에서 급류에 휩쓸려 죽은 후 산악회 동료들이 두 사람을 기리기 위해 개척한 코스로 두 사람의 이름을 따서 명명한 설악산의 대표적인 리지 등반코스이다.

장비를 점검하고 8명을 2개조로 나눠 출발했다.

빨간 리본이 달린 급경사의 흙길을 헉헉대며 5분 남짓 오르자 바위지대가 시작된다. 고개를 들어보니 벌써 고도감을 상당히 느낄 수 있는 위치에 올라와 있었다. 바위지대가 시작되고도 한동안은 안자일렌(등반자를 보호하려고 등산용 로프인 자일을 적당한 간격을 두고 여러 명이 동시에 몸에 묶고서 등반하는 방법으로 한 명이 추락할 때 나머지 대원의 추락을 방지하려는 확보법) 없이 등반할 수 있는 쉬운 코스가 계속되었다. 20여 년 전의 기억들을 내딛는 바위들과 움켜쥐는 홀드(암벽에 요철이 있어서 등반도중 손으로 잡을 수 있는 돌출 또는 함몰 부분)에서 조금씩 느낄 수 있었다.

고도가 점점 높아지면서 계곡이 까마득히 내려다보이고 석주길

암릉 좌우측으로 흑범길, 염라길, 천화대 등 설악산 리지 등반코스
의 첫 페이지에 이름을 남기는 암릉들이 그 이름에 걸맞게 날카로
운 칼날 능선을 시원스럽게 보여준다.

리지(바위로 이루어진 능선)를 계속하여 등반하는 경우에는 우선
시야가 탁 트여 있기에 마음이 후련해서 좋다. 그리고 우리가 자주
보는 설악의 침봉 사진 속에 나오는 바로 그곳의 뾰족 바위를 오르
내리는 긴장감이 묘한 쾌감을 가져다준다.

암릉 곳곳에 사람들이 많이 다니는 곳에는 이미 사라진 에델바이
스가 소담스럽게 꽃을 피우고 있었다. 우리말 이름은 '솜다리' 다.
그 우리말 이름이 에델바이스란 이름보다 너욱 정겹게 느껴진다.

저 멀리 희야봉이 보이는 부분부터 본격적인 바위 타기가 시작되
었다.

초보자가 있어서 자일을 풀어서 확보(암벽등반하는 사람은 몸에 자
일을 묶고 등반자의 앞 또는 뒤에서 자일을 다른 사람이 풀어주는 방식으
로 안전을 도모하는 것)했다.

벌써 11시가 넘었다.

거대한 붉은 암벽이 전면을 가득 채우는 지점의 응달에서 김밥
으로 점심을 했다. 붉은 암벽 옆으로 보이는 작은 테라스에 올라서
니 뒤로 희야봉과 주변의 칼날 암봉들이 그 멋진 자태를 뽐내고 있
었다.

오늘 우리가 가야 할 곳은 희야봉까지다.

이런 암봉을 사진으로 대했을 때와 우리가 얼마 후면 그곳을 올

라야 하는 상황이 되었을 때는 암봉을 바라보는 느낌이 전혀 다르
다. 사진으로 대했을 때는 그냥 아름답다고 느끼지만 올라가야 할
때는 아름다움 뒤에 숨어 있는 팽팽한 긴장감을 느끼게 된다. 그리
고 그곳에서의 다리 후들거림을 그 사진을 보는 순간에 평지에서도
한 번씩 경험한다.

김밥과 사과로 점심을 마친 후 붉은 암벽을 우측에 두고 좌측으
로 난 급경사의 사면을 옆으로 트래파스(바위절벽에 작은 밴드(띠 모
양의 암벽 요철)가 있거나 갈라진 틈이 있어서 옆으로 가로지르기 하는 등
반법)한다.

발아래는 천 길 낭떠러지이고 그 위에서 홀드를 잡고 옆으로 돌
아가야 했다.

이제 온몸으로 암벽등반을 하고 있다는 느낌이 전해오고 확보를
보는 앞뒤 동료의 체온까지도 자일의 떨림에 실려서 느껴진다. 트
래파스를 끝내고는 붉은 암벽을 오르기 시작했다. 바위절벽에 자란
한두 그루의 나무들이 암벽과 묘한 조화를 이룬다.

암벽경험이 전혀 없는 대한항공의 최 부장이 자일을 확보하고 올
라오는데 얼굴이 온통 땀범벅이다. 아래는 수백 미터 절벽이고 그
위에서 직벽을 오르니 긴장감 오죽하랴 싶다. 붉은 암벽 정상에서
슬링(암벽등반용 고강도 노끈)이 설치된 5~6미터의 하강코스로 자
일 하강을 한다.

하강거리야 얼마되지 않지만 하강하는 위치에서 좌측은 200미터
가 넘는 절벽이고 하강하는 도중에 몸이 절벽 쪽으로 쏠리기 때문

에 초보자는 만만치 않은 긴장감을 느끼게 되는데 함께한 초보자 두 명은 다행히 걱정한 것보다는 쉽게 하강한다.

다시 나무에 자일을 걸고 내려가는 15미터 하강코스가 계속되었다.

하강 출발 지점에서 몸을 바깥에 내놓고 약간 몸이 허공에 떠있는 상태에서 하강해야 하므로 고도감이 만만치 않게 느껴지지만 다들 쉽게 하강완료. 자일 하강완료 후 숲 지대를 10여 미터 걸어내려간 후 다시 암릉으로 붙기 시작했다.

연이은 두세 개의 암봉에서는 암봉 좌측으로 난 흙길로 우회했다.

주변의 암봉들을 보면 조물주가 얼마나 욕심꾸러기인지 느끼고도 남는다. 이렇게 오묘하고 아름답고 괴기하게 생긴 암봉들을 아무도 오지 않는 이곳에 만들어놓고 날이면 날마다 혼자 감상을 하고 계시다니…….

무례한 인간 8명이 신의 영역에 와서 돌아다니는 게 조물주에게 불손 죄를 저지르는 것은 아닐까 싶지만, 조선시대 화가 신윤복의 민속 그림 속에서 목욕하는 여인을 훔쳐보는 시골 머슴의 빨갛게 상기된 모습처럼 신의 정원을 훔쳐보고 상기된 속인들을 하해와 같은 마음으로 용서해주시리라.

화강암이 부서져서 굵직굵직한 모래가 되어 흩어져 있는 곳을 5분 남짓 오르자 큰 암벽이 앞을 가로막는다.

아래가 넓고 위가 좁은 침니(암벽이 크게 갈라져서 굴뚝처럼 되어 있어서 사람 몸이 통째로 들어갈 수 있는 곳)의 바로 좌측에 슬랩(암벽의 경사도가 적당하여 등반할 수 있는 곳)이 있어서 여기를 오른 후 중간 쯤에서 우측의 침니로 넘어가야 하는 곳으로 약간의 난이도가 있다.

여기를 오르면 작은 나무숲 사이로 나 있는 70미터의 협곡지대를 올라야 한다. 바닥에 부스러기 돌이 많아서 한 명씩 끝까지 오른 후 다음 사람이 올랐다.

협곡지대를 오르면 왼쪽으로 노란색과 붉은색으로 얼룩덜룩한 직벽이 있었다.

직벽 아랫부분에서 오른쪽의 숲 지대로 가벼운 트래파스를 한 후 바위가 심하게 균열이 난 크랙(손 또는 발이 들어갈 수 있는 크기의 암벽 균열이 있는 지점)이 있는 지점을 오른다. 바위가 니무도 불안히게 균열하여 있어서 앞뒤로 자일 확보를 하고 올랐다.

균열바위를 오른 후 십자크랙 우측으로 올랐는데 십자크랙 주변 은 아래에서 봤을 때는 상당히 난이도가 있어 보였지만 막상 접근 해보니 신발이 들어갈 만큼 크랙이 커서 쉽게 올랐다.

넓은 테라스가 있었고 여기에서 측면으로 트래파스를 조금 하면 하켄 하강코스가 있다. 그러나 희야봉 정상을 오르고 싶어서 6~7미 터 정도의 짧은 레이백(큰 바위에 또 다른 바위가 날개처럼 덮여 있는 바 위 형태로서 일반적으로 상당히 어려운 등반코스)을 오르기로 했다.

대부분의 대원들은 학창시절부터 암벽등반을 해봤기에 레이백을 손쉽게 올랐지만 레이백 등반법을 모르는 최 부장은 마지막 날갯짓 을 하는 레이백 피치에서 혼이 났지만, 이종현 원장이 54세의 나이 가 느껴지지 않을 만큼 듬직한 확보를 해서 최 부장의 등반을 도와

주었다.

희야봉 정상 부근에는 좌우로 무수한 칼날 리지 암봉들이 늘어서 있었다. 이곳이 아니면 어디에서도 볼 수 없는 절경이었다. 이제 희야봉 정상까지 남은 길은 좌우 수직벽 위에 말안장 같이 걸쳐져 있는 20여 미터의 칼날 리지 통과였다. 모두 애마부인처럼 칼날 리지에 찰싹 달라붙어 앞으로 나가는데 등산화 신은 양쪽 다리는 절벽의 허공에 대롱거리며 가는 느낌은 한마디로 오르가슴(엔도르핀인가?)이 온몸에 느껴지는 전율을 가져다준다.

칼날 리지 등반을 한 후 희야봉 정상에서 옆으로 고도감을 느끼는 마지막 트래바스를 끝으로 우리의 석주길 오르기는 끝이 났다 (오후 5시 30분).

태양이 공룡능선 바로 위에 머물렀기에 빨리 하강할 곳을 찾았다.

그러나 하강지점이 마땅치 않았다. 형곤이와 주변을 오르내리면서 점검해봤지만 하강할 장소가 마땅치 않았다. (요즈음 석주길을 가면 하강피톤이 있는 지점을 유도하기 위한 슬링이 걸려 있지만 이때만 해도 슬링이 없었고 20여 년 만에 가다 보니 하강코스에 대한 정확한 위치를 찾지 못한 게 큰 실수였는데 등반을 마무리할 때까지 위험을 느끼게 하는 원인이 되었다.)

설악골 쪽은 엄청난 높이의 직벽이 석주길 리지에서부터 아래로 시작되고 있었다.

아래를 내려다보니 직벽 중간쯤의 두어 곳에 바위 테라스가 있는 게 보였다. 정상부터 첫 테라스까지의 거리가 제일 길어서 여기를

내려갈 수 있느냐 없느냐가 하강을 할 수 있느냐 아니면 비박(산에서 야영 장비 없이 노숙하는 것)을 해야 하느냐의 판단 기준이 되었다.

모두 체력적으로는 문제가 없는 것으로 판단되어 한참을 고심하다가 하강을 시도해보기로 결론을 내렸다. 그리고는 하강할 방법을 찾아나갔다. 가지고 있는 10여 미터 슬링을 잦은바위골 쪽에 있는 정상부근 소나무에 묶고 슬링의 반대쪽에 매듭을 만든 후 50미터 자일을 외줄로 만들어 자일을 설악골 쪽 절벽 아래로 던졌다.

위에서 내려다보니 자일이 조금은 여유가 있는 것 같아서 하강을 결정했다.

50미터 자일 두 벌을 연결하면 라스트를 보는 경헌(이 리지 등반을 끝으로 한국생활을 청산하고 뉴질랜드 오클랜드에 이민 가서 열심히 살고 있다. 이 책의 뉴질랜드 여행기에 나오는 제임스 정이 바로 이 친구이다)이가 자일 회수하는 데도 문제가 없어 보였다.

내가 40미터 정도 되는 직벽을 먼저 하강했다.

첫 테라스에 무사히 안착. 다행히 첫 테라스까지 하강하는 데는 큰 문제가 없었지만 하강하는 중간에 위태롭게 붙어 있는 돌(거의 베개 만 한 크기여서 떨어지면 매우 위험해 보였다)들이 약간 걱정은 되었다. 해가 지려고 해서 첫 테라스에서 그 아래 두 개의 직벽을 내려가는 루트를 어둡기 전에 찾아야 했다.

두 번째 직벽 하강은 테라스에 큰 소나무가 있었고 길이도 18미터 정도라서 40미터 자일로 하강했다. 형곤이가 나머지 대원들의 첫 번째 피치 하강을 돕는 도중에 두 번째 피치를 하강한 내가 아래를 내려다보니 아직도 100미터 이상의 직벽이 도사리고 있었지만 테라스의 끝 지점인 왼쪽으로 걸어가서 내려다보니 30미터 정도면 하강할 것 같았다.

잠깐 사이에 칠흑 같은 어둠이 그 사이에 우리 곁에 있었고 눈썹 같은 초승달과 수많은 별이 곱게 자리 잡기 시작했다. 최종 하강 피치도 내가 먼저 했다.

그리고는 하늘을 보았다.

하늘에는 알퐁스 도데의 《별》에 나오는 주인 아씨에 대한 목동의 순수한 사랑의 시간 동안 하늘을 지키딘 바로 그 별들이 우리를 내려다보고 있었다. 그 어둠을 뚫고 하늘 저 높은 곳에서 우리의 동료들이 암벽에 자일이 툭툭 부딪히는 소리를 내며 내려오고 있었다.

머리에 매단 LED 랜턴이 안개처럼 하얀빛을 발하는 게 별들과 어우러져서 또 하나의 별이 되어 내 곁으로 조용히 내리고 있었는데 나의 영혼 속에 영원히 자리할 가슴 시리도록 아름답고 투명한 모습이었다.

하강을 모두 마친 시간이 밤 9시 30분(어둠 속에 8명이 하강하다 보니 4시간 10분이 소요되었다).

하강완료 지점 부근에 작은 공간이 있었는데 그곳에서 남아 있는 음식물로 저녁식사를 했다. 식사를 하면서 가져온 스카치위스키로 한 모금씩 목을 달랬는데 술 맛을 잘 모르는 나도 지금까지 그처럼 감칠맛 나는 술 맛을 느낀 적은 없었다. 피같이 소중한 술은 술을 거의 하지 못하는 최 모 군이 가장 많이 마셔버렸다. 병을 들고 조금씩 꼴깍 마시라니까 이 친구만 꿀꺽 소리를 내며 마셨는데 단숨에 1/4쯤 없어져 버렸다. 술 마시고 흐뭇한 표정으로 하는 말이, "어술 맛 줴인다." (이때의 술맛은 정말로 죽여줬다.)

이젠 초승달도 공룡능선 너머로 사라지고 별들의 세상 속에서 우리는 북두칠성과 은하수를 헤아리며 식사를 끝내고 밤 10시 15분경에 협곡을 내려가기 시작했다.

이번 설악 산행에서 가장 위험한 산행이 지금부터 시작되었다. 폭이 5미터도 되지 않는 좁은 협곡에는 암릉에서 떨어져 내린 낙석과 바위조각들이 어지럽게 쌓여 있었다. 조심을 하는 데도 조금씩 미끄러져 내려가는 게 작은 충격만 있어도 그대로 무너져내릴 것만 같았다.

선두의 형곤이는 이미 저 멀리 안전지대로 내려갔고 두 번째로 내가 내려갔다. 낙석지대를 반 정도 내려갔을까, 갑자기 '낙석' 하는 이종현 원장의 외마디 소리와 함께 돌 하나의 무게가 수십 킬로그램은 족히 나갈 듯싶은 경치석(축대 쌓는 돌) 크기의 돌들이 굉음을 내면서 소나기같이 아래로 무너져내리기 시작했다. 급히 협곡과 우측 바위절벽 사이의 손목 굵기의 나무 뒤에 웅크리고 손으로 머리를 감싸 안았다. 좁은 협곡에서 천둥소리를 내며 한 트럭 분량의 바위와 돌들이 사방으로 튀면서 불꽃 쇼를 연출하며 내가 엎드려 있는 바로 옆을 질풍같이 지나갔다.

한동안 화약연기 비슷한 냄새가 진동했다. 나중에 알고 보니 다

리가 풀린 초보 대원이 돌 위에서 중심을 잃으면서 발생한 낙석이 있었는데 다행히 모두들 무사했다. 돌무더기가 지나간 후 고개를 들어보니 협곡에는 포탄이 퍼부어진 것처럼 포연 같은 먼지구름이 자욱했다.

큰 위기를 넘긴 우리는 더욱 조심하면서 협곡을 내려왔다.

그 이후로도 가벼운 낙석은 종종 떨어졌지만 다들 조심한 덕분에 더 이상 위험한 상황은 발생하지 않았고 대신 하산 속도는 더욱 느려졌다. 협곡을 두 시간 가까이 걸려서 내려와서 설악골을 닿았다. 야간산행이 계속 되었고 제대로 된 길이 없어서 툭하면 엉뚱한 쪽으로 잘못 들기가 일쑤였다. 그럴 때면 자일을 풀어서 하강해야 했다.

군데군데엔 아직 덜 녹은 겨울눈이 넓은 지역에 엄청나게 두껍고 단단하게 다져져 남아 있었다.

5월인데도 눈을 러셀(눈을 발이나 다른 도구로 다지면서 길을 내는 방법) 하면서 통과하기도 했다.

최 군이 한마디 했다.

"이번 석주길 등반에는 안 해보는 게 없네."

석주길 하산길과 설악골이 만나는 지점 부근에는 이와 같은 잔설들로 낮 시간 동안 더워졌던 공기가 식으면서 생긴 안개가 밤의 여인처럼 소리 없이 다가서고 있었는데 계곡에 나뒹굴어져 있던 집채 크기의 바위 사이로 내려앉던 밤안개의 그 몽환적인 분위기는 마치 4차원의 세계 속으로 걸어가는 것 같은 느낌을 주었다.

설악골에서 석주길 표시가 있던 바위에 도착한 시간이 새벽 1시 55분.

제일 혼이 났을 최 부장이 마음에 쓰였지만 최 군은 도리어 친구의 걱정을 덜어주려는지 가벼운 노래를 부르면서 따라오고 있었다.

새벽 6시부터 시작하여 벌써 20시간을 넘어서고 있었고, 그러면서도 모두 한잠 자지 못하고 긴장 속에 산행을 계속했다. 지난 밤에 불과 두어 시간 눈을 붙였는데도 다들 잘 걷는 게 무엇보다도 고맙게 생각되었다. 안경을 분실한 정경헌 군이 설악골 끝 지점에서 계곡물 속에 미끄러지면서 무릎을 조금 다쳤지만, 다행히 큰 부상은 아니었다.

설악골 입구에 새벽 4시가 넘어서 도착했다.

그리고 다시 비선대.

"이제부터 설악동까지는 자신의 컨디션에 맞게 천천히 와도 됩니다."

대원들에게 그렇게 말한 후, 이번 석주길 등반에 수고를 많이 한 형곤이와 같이 설악의 새벽 정취에 젖으면서 그 길을 걸었다.

등반인원이 많았던 것과 초보자가 두 명 끼어 있었던 것 그리고 무엇보다 자일 하강할 때의 하강피톤이 있는 지점을 찾지 못하는 실수로 인한 길고 긴 등반이었지만 어느새 희미해지는 별빛과 사라져가는 밤안개처럼 석주길은 잊을 수 없는 기억을 남긴 채 나의 추억 속의 한 부분으로 곱게 자리하고 있다.

[●]이 글에 실린 사진은 장명확 사진작가가 2007년 12월 저자와 함께 설악산 암벽등반을 하며 찍은 것입니다. 때문에 글과 사진은 일치하지 않을 수 있습니다.

미국 북캘리포니아 여행기

• 8월 5일(토)

오후 3시, 드디어 출발이다.

하늘에 구멍이 났는지 밖에는 비가 억수같이 퍼붓고 있다.

공항터미널에서 황 상무 내외와 만나기로 했다. 전날 떠날 준비를 하다 보니 등산과 스킨 다이빙 장비를 포함한 짐이 많아 도저히 택시를 탈 엄두가 나지 않아 은마 아파트에 사는 황 상무 처제에게 공항터미널까지 데려다 달라고 부탁했다.

장대비가 대책 없이 퍼부어 짐을 차에 싣는데도 매우 애를 먹었다.

미국에 몇 년 전부터 한번 놀러 오라는 서영철 사장 내외의 성화가 있었지만, 미국 한번 다녀간다는 것이 어디 말처럼 쉬운 일인가. 서 사장은 황 상무와 대학 동기 동창으로 우리 셋은 대학시절 함께 암벽등반을 하면서 선후배의 우정을 다져온 사이이며 한국에 있을 적에는 온 가족의 여름휴가를 함께 다녔을 정도로 가까운 관계를 유지했었다.

그래서 올해는 우여곡절 끝에 여름휴가를 이용하여 떠나기로 했다.

미국 현지시각으로 예정시간보다 조금 늦은 오후 3시에 샌프란시스코 국제공항에 도착하여 입국수속을 하고 4시경에 서 사장 부인인 영실, 둘째 용우와 오랜만에 반갑게 인사를 나눈다.

우리를 위하여 12인승 밴을 렌트해온 서 사장은 공항도로변에 주차를 금지하는 규정과 차의 크기가 너무 커서 일반 주차장을 이용할 수가 없어서 우리가 나올 때까지 계속 공항주변을 뱅뱅 돌고 있었다. 좌우지간 손님 한번 맞이한다는 것이 쉬운 일이 아니다.

잠시 후 만나게 되어 산호세의 로스 가토스에 있는 서 사장 집으로 떠났다. 이번에 사용할 렌터카는 서 사장이 이번 여행을 위해 준비한 여러 가지 중에서 가장 탁월한 선택 중 하나로 우리가 요즘 들어서 주말산행에 사용하던 9명이 타기에도 빠듯한 카니발과는 차원이 다른 12명이 넉넉히 탈 수 있는 큰 차로 뒤에 짐칸 또한 무척 커서 여행 내내 여유 있게 다닐 수 있었다.

오랜만에 그것도 이국땅에서 만난 기쁨으로 운전을 하는 한 시간 동안 이런저런 얘기를 하다 보니 금방 서 사장 집에 도착했다. 영실 씨를 비롯하여 온 식구가 우리를 위하여 준비한 성대한 저녁 만찬이 기다리고 있었다.

뒤뜰에서 숯불 바비큐를 피워서 LA갈비, 옥수수, 감자를 구우면서 미국산 블루베리의 새콤달콤한 맛에 한껏 고조된 기분에 분위기와 격식을 중시하는 애주가 서 사장이 이번 만남을 위하여 특별히 준비한 캘리포니아 나파밸리 산 포도주로 건배를 했다.

서 사장이 이번 여행 스케줄에 대해 간단한 브리핑을 했다.

저녁식사 후에는 로스 가토스 도심에 있는 옛날 미국 텍사스 영화에 나오는 선술집 같은 분위기를 주는 꽤 큰 규모의 생맥줏집에 갔는데 황금색의 아름다운 생맥주 제조시설이 있어서 아주 특별한 분위기를 느낄 수 있었다. 미국의 멋진 선남선녀 사이에 자리를 잡고 한잔의 생맥주에 취하면서 여행 기분을 낸 후 밤안개에 젖어드는 Freeway 슈퍼마켓에서 여행에 필요한 몇 가지 준비물을 구입한 후 가볍게 산책하는 것으로 미국에서의 첫날을 접었다.

여행 첫날로 오늘은 샌프란시스코 시내 관광이다.

내가 디지털카메라를, 서사장이 비디오카메라를 그리고 샌프란시스코의 바닷바람에 대비한 두꺼운 옷 등 만반의 준비를 하고 8시 25분에 출발했다. 샌프란시스코는 오스트레일리아의 시드니, 브라질의 리우데자네이루와 함께 세계 3대 미항의 하나로 알려져 있다.

우리나라는 지금이 1년 중 가장 더울 때이지만 태평양 연안에 접해 있는 이곳 샌프란시스코는 8월에도 날씨가 쌀쌀하고, 언덕이 많

아 전기를 이용한 케이블 전차가 시내를 다니고 있고 영화 더 록
(The Rock)에서 본 마피아의 대부 알 카포네가 수용되었던 알카트
라즈 섬, 골든 게이트 브리지 등이 있다.

특히 주변에 흐르는 7~10℃의 차가운 바닷물과 빠른 해류 때문
에 단 한 번도 탈출에 성공한 적이 없다는 악명 높은 알카트라즈 수
용소는(스페인어로 펠리컨이라는 뜻) 아이러니하게도 지금은 짧은 시
간의 감방체험(어두운 감방에 갇혀 있는 체험을 하고 적지 않은 돈을 체
험비로 낸다) 등이 인기를 끄는 관광지가 되었다.

로스 가토스에서 샌프란시스코까지 가는 도로 양 옆의 산들은 건
기인 관계로 누런 풀들로 덮여 있어 이국적인 분위기를 풍기고 있
었는데 한 시간 남짓 달려 9시 20분경에 금문교(Golden Gate Bridge)
에 도착했다.

사전에 집에서 떠날 때 서 사장으로부터 태평양에 접해 있어 바
람이 세고 춥다는 이야기는 들었었지만 한창 무더운 8월 초의 서울
생각에 반바지를 입었는데 시내에 들어서면서부터 안개가 잔뜩 끼
더니 차에서 내릴 때쯤에는 바닷바람마저 세차게 불어 한기를 느
꼈다.

재빨리 배낭 속의 겨울옷으로 중무장하고 금문교 위에 올라서 쳐
다보니 짙은 안개에 가려 다리 하단부가 잘 보이지 않았다. 금문교
의 중앙은 수면으로부터 높이가 66미터나 되어 큰 군함도 통과할 수
있었고 또 양 옆에 세워져 있는 다리 지주는 높이가 무려 227미터로
서울의 큰 고층빌딩보다도 높았다.

덜덜 떨리는 추운 몸을 간이매점에서 파는 커피로 간신히 달래고 다음 목적지인 Pier 41 부두로 가서 알카트라즈 섬 안을 돌아보기로 하고 표를 사려고 하니 이미 금요일 표까지 매진됐단다.

하는 수 없이 페리 터미널에서 샌프란시스코 만을 돌아보는 베이 크루즈 유람선을 타기로 했다. 유람선을 타고 금문교와 알카트라즈 섬을 돌아오는 코스로 한 시간이 걸렸는데 선착장 출발점 근처에 목재로 만든 부유물 위에 누워 있는 수많은 물개 떼가 장관이었다. (부유물은 물개들이 쉴 수 있게 샌프란시스코 시에서 만들어 설치한 것으로 자연보호의 참 모습이 어떤가를 느끼게 하는 풍경이었다. 물개 떼가 부유물에 배를 깔고 누워 있는 모습은 아름다웠지만, 물개 떼에서 풍기는 냄새는 지독했다.)

베이 크루즈 유람선을 이용하면 샌프란시스코 시내를 잘 볼 수 있을 뿐 아니라 금문교와 알카트라즈 섬 전체를 멀리서 그리고 아주 가까이서도 볼 수 있어 짧은 일정에 많은 곳을 돌아보려는 경우에는 알카트라즈 섬을 방문하는 것보다 오히려 더 효과적인 것 같았다.

유람선을 탑승한 후 바닷가(바닷가라고는 하지만 금문교 부근의 바다는 거대한 폭을 지닌 강 같은 느낌을 준다)의 샌프란시스코 Pier 39 Market 근처의 식당에서 조개수프(Clam Chowder)로 점심을 했는데서 사장이 맛이 있다고 꼭 먹어보라고 아침부터 나팔을 불어대어서 주문했는데 조갯살이 곁들여진 고소한 수프가 아주 맛이 좋았다.

식사 후 우리가 세워둔 밴이 있는 주차장으로 가는 길은 처음 이곳에 도착할 때는 이른 시간이라서 한가로웠는데 어느새 달러를

벌기 위하여 로봇 복장을 하거나 만화영화 주인공처럼 분장한 집
시들이 상당한 수준의 연기력을 과시하면서 구경꾼을 모으고 있었
고 양철통으로 만든 악기에 유명 그룹 뺨칠 정도로 뛰어난 가창력
을 지닌 수준급의 악단 등 북적거리는 시골장터가 되어 있었다.

　미국은 사람들이 많이 모이는 곳이면 어디에서나 이런 모습을 구
경할 수 있다고 한다. 해안선을 따라 바다 풍광을 즐기면서 링컨공
원을 거쳐 태평양의 멋진 파도가 100여 미터 높이의 절벽 아래로 내
려다보이는 클리프 하우스 주변 해안을 돌아보았다.

　클리프 하우스 앞바다에는 추운 날씨에도 높은 파도를 즐기는 젊
은이들이 윈드서핑을 하고 있었다. 금문 공원 주변의 아름드리나무

드럼통 악기로 구성된 악단(일종의 집시들이다.)

들이 울창한 아름다운 숲과 잘 어울리는 조그만 호수를 밴을 타고
둘러보는 기분은 경치와 어울려 아주 좋았다.

금문 공원 안에는 휴일을 맞아 조깅, 롤러스케이트와 롤러 블레
이드(인라인), 자전거, 피크닉과 바비큐, 승마, 골프, 테니스, 보트
등 각종 스포츠와 오락을 즐기는 사람들로 붐볐다.

한동안 차를 타고 이리저리 둘러보다가 공원 내에 있는 캘리포니
아 과학 아카데미를 관람했다. 전시관 내에는 공룡화석, 아프리카
사파리, 천체 관측관, 캘리포니아 야생 동물관, 대양관, 스테인하트

로봇 거지(로봇 흉내를 내고 팁을
받는다.)

수족관 등 볼 것이 많았으며 특히 다양한 고대 화석들로 가득 차서 시간 가는 줄 모르고 돌아다녔다.

늦게 입장했기 때문에 바쁘게 돌아다녔지만 모두 다 보지도 못하고 6시 종료 벨 소리를 듣고서 밖으로 쫓겨 나왔다. 아름다운 공원 언덕길을 넘어 우리가 타고 갈 밴으로 돌아왔을 때 서 사장 표정이 이상하다 싶더니만 자동차 키가 없어졌단다.

이게 웬일이냐?

덕분에 40여 분 동안 자동차 키를 찾느라고 문 닫은 전시실 안도 뒤지고 오가던 길도 샅샅이 뒤진 끝에 전시관 화장실에 흘린 것을 친절한 경비원의 도움으로 긴신히 찾아서 한숨을 돌리고는 시내의 차이나타운으로 갔다. (불이 꺼진 캘리포니아 과학 아카데미 전시실 내부에서 자동차 키를 찾느라고 이리저리 뛰어다니는 동안 혼자서 어둠 속에 서 있는 10여 미터 높이의 티라노사우루스 공룡의 화석 곁을 지날 적엔 영화 〈쥐라기 공원〉의 장면이 떠올라 분위기가 끝내줬다.)

차이나타운을 구경하고 원동루에서 중국 음식을 시켜 저녁식사를 하면서 캘리포니아 과학 아카데미에서의 무용담으로 한바탕 이야기꽃을 피웠는데 서 사장이 시킨 음식량이 조금 부족해 서로 눈치를 보았다.

어쨌든 즐거운 기분으로 식사를 마치고 샌프란시스코 시내에 있는 막내 처남댁을 방문했는데 주택가의 아담한 집에서 전형적인 미국 가정의 모습으로 살아가고 있었다.

미국에서의 세상살이 이야기를 듣다가 밤 10시가 넘어서 내일의

장거리 여행준비도 있기에 서 사장 집으로 돌아왔다.

내일부터 떠날 본격적인 장기여행에 필요한 것들을 준비하고 나서는 포도주를 마시면서 이야기하다가 1시가 넘어서야 잠을 잤다.

(이런 일정은 이번 여행이 끝날 때까지 계속되었다. 그리고 서 사장은 평소에 마누라 바가지 때문에 제대로 못 마셨던 포도주를 이번에 마셔서 없애버리려고 작정을 했는지 시간이 있을 때마다 엄청 마셔댔다.)

• 8월 7일(월)

요세미티와 레이크 타호 호수로의 4박 5일간 여행을 떠나는 첫날이다.

시차와 어제 샌프란시스코 시내여행으로 약간 피곤했지만 모두 들뜬 마음으로 6시에 기상하여 간단한 아침식사 후 짐을 싣고 요세미티 계곡을 향하여 출발했다. 길 반대편 차도에는 실리콘 밸리로 출근하려는 차들이 길게 늘어서 있었지만 우리는 시내와는 반대쪽인 외곽으로 빠져나가기 때문에 시원스레 통과했다.

약 한 시간쯤 달려가자 누런 풀로 뒤덮여 있는 가을에 보는 대관령 목장과 같은 분위기가 나는 완만한 산들이 계속해서 나타났다. 능선 위로 네덜란드에나 있음직한 풍차들이 나타났다. 풍력발전소로 바람이 어느 방향에서 불어와도 항상 일정한 양의 전력을 일으키려고 방향이 서로 다르게 세워져 있는 것을 볼 수 있었다. 그 수가 엄청나게 많아 차로 한참을 가도 계속 보이는 것이 장관이었다.

뒷자리에서 용우와 카드놀이를 하던 태진이(황 상무 아들)에게 설명
을 해주려고 쳐다보니 어느새 깊은 잠에 빠져 있었다. 20여 분쯤 더
가니 캘리포니아가 곡창지대임을 말해주듯 길옆에 농장들과 과수
원이 끝없이 펼쳐졌다.

길가에 있는 과일가게에 들러 20불을 지불하고 바나나, 멜론, 옥
수수, 포도, 자두 등 이것저것 골라 한 상자 넘게 사서 여행 내내 실
컷 먹었다. (미국의 과일은 정말 싸고 맛이 좋다.)

오전 11시경에 대관령처럼 꼬불꼬불한 산길을 올라가다 한적한
산골마을 그로브랜드에서 길옆에 탐스럽게 열려 있는 산딸기를 따
서 먹으며 잠시 휴식을 취한 후 출발했다.

요세미티 가는 길의 풍력발전소

새파란 하늘, 새파란 호수, 가도 가도 끝없는 구릉지— 여기는 미국이었다.

11시 30분 경에 요세미티 계곡 매표소에 도착했다.

입구를 지나 조금 더 가니 전방에 엘 캐피탄(2,307미터)과 하프 돔(2,693미터)이 그 웅장한 모습을 드러냈다.

요세미티다!

(헛소리 잘하는 내가 요세미티 지명을 옛날 이곳에 인디언 요새가 있었는데 그때 이 지역을 인디언 요새의 밑에 있다고 하여 요세미티라고 한다는 소리를 지껄여서 한바탕 폭소를 하는 시간도 있었다.)

기념사진 몇 장을 찍고는 절벽 옆으로 난 길을 따라 아래로 내려

멀리서 본 요세미티(엘 캐피탄과 하프 돔이 보인다.)

가서 엘 캐피탄의 웅대한 암벽이 버티고 서 있는 피크닉 장소에서 숯불갈비 바비큐를 만들었다

미국에서의 LA갈비 파티. 정말 잘 어울렸다.

게다가 엘 캐피탄, 하프 돔 등 우람한 암벽들로 둘러싸인 곳에서 요세미티 폭포의 절경과 투명한 요세미티 계곡물을 보며 하는 식사라서 부러울 게 없었다.

서 사장과 영실 씨는 이번 여행을 위하여 특별히 나파밸리에서 제조한 12병이 든 포도주 한 상자와 커다란 아이스박스에 하나 가득 LA갈비와 돼지갈비를 준비했는데 그 양이 하도 엄청나서 9명이 끼니마다 질리도록 먹느라고 엄청나게 고생을 했고 그것으로도 처분하기가 어려워 포도주 파티 때마다 술안주의 단골메뉴가 LA갈비였다. (덕분에 돈이 남아서 가족당 2,000불씩 낸 회비에서 무려 600불씩이나 돌려줬다. 결과적으로 미국여행 8일 동안 렌터카, 숙박비, 입장료, 온갖 과일, 포도주를 곁들인 LA갈비 등을 포식하고 1인당 하루 8만 원의 비용을 쓴 셈이다. 서 사장이 레이크 타호에서 470불에 보트를 빌려서 운전하다가 바닥을 긁는 바람에 스크루 값으로 400불을 변상한 비용까지 포함해서이다. 서 사장! 다음에도 미국 가면 LA갈비 왕창 또 부탁한다.)

바로 옆에는 수정같이 맑은 물이 흘러내려 점심을 준비하는 동안 아이들은 물놀이를 하며 신나게 놀았다. 15시 30분경에 요세미티 빌리지에 도착하여 박물관과 인디언 부락 등을 구경했다.

서 사장은 여행 첫날부터 무거운 캠코더를 들고 다니며 연방 가벼운 멘트를 적절하게 곁들여서 촬영한다. 인디언 부락에서는 비디

오 촬영 도중 서 사장이 나에게 간단한 소감을 영어로 부탁했는데 평소에 짧은 영어실력으로 늘 괴로운 나였지만 서 사장에게 포도주를 한 잔 얻어 마신 덕분에 간덩이가 부었는지 비디오 촬영 중인데도 헛소리가 영어로 술술 나와서 한바탕 웃음을 제공했다.

인디언 부락을 나와서 차를 몰아 글레이서 포인트(2199미터)로 이동했다. (미국에서는 아름다운 경치를 잘 조망할 수 있는 멋진 장소를 선정하여 Point라고 명명하고 있었는데 길가다가 Point라는 팻말이 보이면 무조건 잠시 쉬면서 경치를 관람했는데 아름다운 풍광이 많았다.)

글레이서 포인트까지 가는 길은 엄청난 숲으로 둘러싸여 있었는데 경치가 환상적이었다.

자연 발화된 화재로 오래전에 타죽은 나무들의 그로테스크한 풍경이 오랫동안 계속되기도 했고, 울창한 나무숲으로 인하여 어두침침한 광경이 계속되기도 했다.

요세미티 빌리지에서 한 시간여 운전 끝에 글레이서 포인트에 도착 !

글레이서 포인트는 오늘 우리가 숙박하는 커리 빌리지 바로 위 깎아지른 절벽 높은 곳에 위치하고 있으며 요세미티 계곡 전체를 가장 잘 볼 수 있는 곳이었다.

저 멀리 다양한 모양의 폭포들과 엘 캐피탄과 하프 돔이 그 아름답고 웅장한 자태를 뽐내며 서 있었다. 천지창조 때부터 그 모습으로 있는 듯하여 입이 저절로 벌어졌다. (요세미티의 전체적인 경치를 비교하면 규모의 엄청남에는 우리나라 산에서는 감히 비교할 대상이 없으

글레이셔 포인트에서 내려다본 요세미티의 중심부

나 후배들과 함께 몇 년 전 설악산 잦은바위골 100미터 폭포 중단에서 암벽등반 중에 내려다본 설악산 침봉이 아름다움과 변화의 다양함에서 앞선다는 생각을 했다. 우리나라가 비록 국토는 작지만 자연의 아름다움으로는 세계 어디에 내놔도 빠지지 않으리란 생각에 옛 성현들이 금수강산이라고 한 말을 되새겨보게 되었다.)

글레이셔 포인트에서 빤히 내려다보이는 커리 빌리지까지 길 양옆에 지름이 1~2미터 이상씩 되는 나무들이 빽빽하게 서 있는 구불구불한 도로를 따라 한 시간이 넘게 운전하여 어둑어둑해져서야 커리 빌리지에 도착했다.

여행책자를 보면 여름휴가 때 숙박할 목적으로 커리 빌리지의 모텔 예약을 하려면 적어도 연초에는 해야 가능한 것으로 되어 있는

데, 우리는 야영을 하려다가 곰에 대한 이야기를 서 사장이 하는 바람에 떠나오기 며칠 전에 모텔로 갑자기 변경했음에도 불구하고 서 사장의 탁월한 비즈니스 솜씨 때문이었는지 아니면 행운이 따라서 그랬는지 하여간 두 채가 서로 붙어 있는 근사한 통나무집 모텔을 구할 수 있었다.

요세미티 계곡에는 곳곳에 "곰을 주의하시오"라는 표지가 서 있었다.

호텔 로비에 비치된 비디오에서는 곰이 주차장에 세워진 차량을 부수고 음식물을 가져가는 모습을 볼 수 있었는데 자동차 문짝을 종이 접듯 망가뜨리고 차 안으로 들어가는 게 대단했다.

요세미티 공원 내의 커리 빌리지

참고로 1999년에 곰으로 인한 차량파손이 1,300여 대에 이른다니 하루에 평균 3~4대의 차량이 곰 피해를 봤다고 한다. 우리는 어둑어둑해져서야 커리 빌리지에 도착했기 때문에 무서워서 야외에서 직접 밥을 해먹을 수가 없었다. 서둘러서 짐을 숙소에 들여놓고 호텔 부근에 있는 패스트푸드점에서 피자와 포도주를 사서 간단한 저녁식사를 했다. 오랜 여행경험으로 낭비하지 않고 알뜰살뜰 시간과 돈을 쪼개쓰는데 이력이 난 우리는 새벽부터 저녁까지 매일이 강행군의 연속이었다. 저녁식사 후 요세미티에서의 첫날밤도 포도주 파티로 보내면서 수다를 떨다가 0시 40분에 취침!

• 8월 8일(화)

요세미티 기운을 쏘여서 그런지 늦게 잤는데도 일찍(6시) 일어났다.

공기가 투명하리만치 맑고 모텔 베란다 앞의 다람쥐(요세미티의 미국 다람쥐는 우리나라의 토끼만 한 크기이다)들은 무얼 하는지 바쁘게 떼거리로 왔다갔다 난리를 친다. 이 녀석들은 사람도 무서워하질 않는다. 새벽 공기 속에 보이는 주변경치에 반하여 바로 머리 위로 아득하게 보이는 글레이서 포인트와 다람쥐를 열심히 디지털카메라에 담는다.

커리 빌리지에서 보면 글레이서 포인트는 머리 바로 위의 1,000여 미터의 수직절벽 꼭대기에서 누군가가 돌멩이를 던지면 모텔 지붕에 떨어질 것만 같다.

안내소에 있는 레스토랑에서 모닝커피와 코코아를 사 가지고 와서 가볍게 한 잔씩하고 출발했다. 우리가 하루 묵었던 모텔의 외관은 통나무집으로 너무 멋지지만, 내부는 조금 허술했다.

어젯밤 체크인 했을 때도 먼저 묵었던 팀의 '꿍아'를 청소하지 않아서 변기 안에 둥둥 떠다니고 있어서 변기의 물을 내렸더니만 (어이구 미국은 다람쥐만 큰 게 아니고 사람의 꿍아도 엄청 크다) 엄청난 크기의 꿍아에 변기가 막혀서 물이 내려가지 않고 화장실 밖으로 넘쳐서 한바탕 난리가 났다.

모텔 담당자가 와서 수리를 하고 꿍아를 처리하고 냄새를 없애서 간신히 사용할 수 있는 상태가 되었다.

여담이고, 오늘은 아와니 호텔을 구경하는 것으로 하루를 시작했다. 아와니 호텔은 요세미티 계곡에 살던 인디언 부족의 이름을 따온 것으로 1927년 7월 14일에 125만 불을 들여 요세미티 중심부에 건립한 최고급 호텔이다. 호텔 상점에는 인디언들이 만든 북을 팔고 있었는데 상당히 공들여 만든 것이었다. 용우가 상점 바닥에 퍼질러 앉아서 북을 두드리는데 멋진 소리가 났다. 그렇지만 가격이 엄청나서 살 엄두를 못 내고 구경만 하고 나왔다. (400~1,000불 수준)

다음 코스인 브라이들베일폭포로 이동하던 도중에 엘 캐피탄에서 암벽등반하는 모습이 보인다는 서 사장의 말에 도로 옆에 차를 세우고는 망원경을 갓길에 고정했다.

망원경으로 지난밤에 비박했는지 암벽중턱에서 장비를 정리하고 등반을 재개하는 팀들의 모습을 구경했는데 옛날 학교 다닐 때 북한산의 인수봉과 도봉산의 선인봉 암벽에 오르내리던 생각이 나서 감회가 새로웠다. (엘 캐피탄을 그냥 쳐다 보면 인수봉보다 조금 큰 것처럼 느껴지는데 암벽등반하는 사람들을 보다 보면 개미처럼 작고 망원경으로도 선명하게 보이지 않아서 암벽 크기의 거대함을 느낄 수 있었다.)

요세미티 계곡은 겨우내 왔던 눈이 녹아 흘러내리는 봄에는 수량이 풍부하고, 지금은 건기인 관계로 브라이들베일폭포는 그 엄청난 높이에 비해 수량이 적어서 떨어지는 물은 세찬 바람에 흩날려서 폭포의 바닥에는 물안개가 되어 떨어질 정도였다.

폭포 최상부에는 물이 떨어지면서 바람에 흩날리다보니 드라이아이스처럼 뿌옇게 하늘로 피어오르는 모습이 아름다움의 극치를 더해주었다.

폭포를 구경하고는 부근의 스윙 브리지 피크닉 포인트에서 아직도 엄청나게 남은 갈비를 바비큐 하여 아침 겸 점심을 먹은 후 잠시 계곡에서 스킨 다이빙을 했는데 물밑에는 송어 떼가 가득했다. (기분 같아서는 작살을 가지고 들어가서 작살을 내고 싶었지만 그러다가는 우리가 잡은 송어 값의 10~20배의 벌금형을 받을게 뻔해서 그냥 구경만 열심히 했다.)

맑은 물, 엄청나게 많은 송어 떼와 쓰레기 하나 없는 피크닉 포인트!

부러운 게 한두 가지가 아니었다. 거기다가 미국에서도 대표적인

요세미티 공원의 브라이들베일
폭포

국립공원인데도 불구하고 공원 내에는 여름 성수기인데도 교통체
증이 생기는 곳이 한 곳도 없었고 주차도 쉽게 할 수 있었다. 식사
후 요세미티를 빠져나와서 120번 국도를 따라 다음 코스인 레이크
타호로 출발했다.

　요세미티를 관통하는 120번 국도는 우리나라 설악산의 한계령
고갯길처럼 요세미티 국립공원의 가장자리를 관통하는 도로로서
주변의 바위산은 한여름인데도 하얀 눈을 조금씩 이고 있었고 요세
미티 국립공원 내부에서 계속되던 아름드리나무와 풍경이 어느 시
점부터는 갑자기 바뀌면서 초원지대와 도로변의 깎아지른 절벽들

이 조화를 이루고 있었고 종종 나타나는 비췻빛 호수는 태양빛에 영롱하게 물 비늘을 출렁이고 있었다.

120번 국도인 티오가 로드 상의 테나야 호수와 초원 늪지대가 펼쳐져 있는 램버트 돔을 통과하여 드디어 오후 3시경에 요세미티 국립공원의 동쪽 입구로 빠져나왔다.

출구 부근에 있는 상점에서 음료수와 가벼운 스낵을 샀고 상점 앞에 있는 에스키모 개가 너무도 의젓한 표정으로 누워 있기에 가슴에 품어 보기도 하는 등 정다운 포즈를 취하며 사진을 찍었다.

오후 4시쯤 주유소에서 연료를 가득 채운 후 티오가 호수와 모노 호수를 통과하여 캘리포니아와 네바다 주의 경계선에 있는 황량한 고산 초원지대를 통과하는 359번 국도를 따라 하염없이 달려 저녁 7시가 다되어서 레이크 타호 콘도에 도착했다.

359번 국도는 해발 2,000미터가 넘는 고지대를 지나는 도로인데 가도 가도 끝이 없는 광활한 고산 초원 구릉지가 펼쳐져 있었는데 황 상무의 부인인 김진숙 선생(중학교 국어 선생님으로 재직 중인데 표현력에서는 타의 추종을 불허한다)은 이를 보고 가라사대 "이번 여행의 압권입니다"라는 명언을 남겼다.

(김진숙 선생은 이때부터 여러 가지 명언을 계속 창조했는데 레이크 타호를 향해가는 도중에 높은 산을 넘으면서 저 아래 보이는 초원지대를 뒤덮고 있는 새카맣게 많은 양떼를 보고는 '파리똥' 같다고 하여 국어 선생님의 뛰어난 시적 표현의 예술성을 만천하에 과시했다.)

먼 여행 끝에 레이크 타호로 넘어가는 산길을 우리의 멋진 밴은

8기통의 강력한 힘으로 가볍게 넘고 있었다. 산길 왼편은 멋진 스키장과 콘도가 아름답게 자리 잡고 있었다. 스키장에서 레이크 타호를 내려다보며 스키 타는 맛은 어떨까? 저 아래 초원에는 파리똥(? 김진숙 선생의 표현)들이 즐비하게 깔려 있었다. 우리가 예약한 콘도는 방과 화장실이 각각 3개, 멋진 주방과 거실 그리고 방마다 텔레비전이 갖춰져 있는 호화맨션이었다. (하루 숙박료 140불)

용우와 태진이는 어느 틈에 콘도에 딸려 있는 수영장으로 달려가서 공을 갖고 처음 보는 낯선 친구들과 신나게 게임을 하고 있었고 우리는 느긋하고 푸근한 마음으로 오늘도 자정이 넘도록 포도주를 마시며 내일의 일정에 관해 이야기했다.

(이 순간 우리의 국어 선생님은 감격하여 또 명언을 남기셨는데 "오늘 정말 술 받네!" 그리고 우리 마누라는 포도주에 완전히 취하여 몸을 제대로 못 가눌 정도가 되어 발그레한 얼굴로 의자에 기대어 있는 모습이 너무도 sexy 하여 사나이들의 가슴을 설레게 만들었다.)

술을 마시고 알딸딸한 기분에 마음이 흡족해져서 서 사장에게 내일은 조금 비용이 들더라도 멋진 스케줄을 한번 만들어보라고 했더니 "그러면 내일은 레이크 타호에서 스피드 보트를 빌려서 호수를 크루징 하는 스케줄을 만들겠습니다"라고 하는 바람에 내일의 멋진 호수 크루징 이야기에 빠지다 보니 어느새 밤은 자정을 넘어가고 있었다.

아침에 일어나서 설레는 마음으로 밖을 내다보니 하늘이 무척 파랗다.

이곳은 사시사철 항상 날씨가 좋은 것 같다. 남정네 셋이서 아침 일찍 이리저리 차를 타고 다니면서 알아본 결과 배를 빌려 호수를 탐험하는 것이 가장 좋은 선택으로 낙찰을 봤다. 콘도에 돌아온 다음 서둘러 아침을 먹고 파워보트를 4시간 전세(470불) 내어 안내인에게 간단한 주의사항을 듣고 레이크 타호 선착장을 출발했다.

참고로 레이크 타호는 가로 30km, 세로 7~8km의 민물 호수로서 백두산 천지 높이의 2,000여 미터 고도에 있는 바다 같은 민물 호수이다. 안내책자에 소개된 바로는 호수의 투명도는 세계2위(1위는 바이칼 호)로서 맑은 물을 자랑하며 스포츠 피싱, 파워보트 크루징, 스킨스쿠버 다이빙하기에 아주 좋은 천혜의 장소로 알려져 있다.

또한 호수의 가운데로 캘리포니아와 네바다 주의 주경계선이 통과하면서, 호수 주변의 도심 가운데를 통과하는 메인 스트리트가 캘리포니아 주와 네바다 주의 경계선이었다.

특히 네바다 주에서는 물품 구입 시 세금이 거의 없어 쇼핑하기에 아주 좋았고 라스베이거스처럼 도박장이나 환락가가 즐비했지만 도로 반대쪽의 캘리포니아에서는 이와 같은 시설이 법적으로 금지되어 환락시설이 전혀 없었기에 메인 스트리트로 차를 몰고 가면 양쪽의 분위기가 딴 나라 같은 느낌이 들었다.

덕분에 아줌마들의 요청에 못 이겨 저녁마다 캘리포니아에 있는 콘도에서 네바다 지역의 쇼핑센터로 뻔질나게 왔다 갔다 하는 바람에 남정네들은 아랫도리에 방울 소리가 났다.

각설하고 먼저 서 사장이 선장이 되어 핸들을 잡고 출발했는데, 신나게 달리면서 호숫가의 멋진 경치와 그림 같은 집들을 바라보는 기분은 환상 그 자체였다. 서 사장은 한참 운행하다가 이번에는 선장의 상징인 핸들을 나에게 넘겼다.

흥이 한껏 오른 서 사장은 파도가 심하게 치는 호수에서 보트 덮개 위에 올라가서는 말 타는 시늉을 하며 나와 같이 산타루치아를 돼지 멱따는 소리로 목청껏 불렀다. (아! 그 멱따는 소리를 언젠가 들은 것 같다. 어디던가? 아~하 ! 1978년 1월 동계 설악산의 눈 덮인 토왕성 폭포에서 부르던 그 목소리였구나. 그때도 우리 두 인간이 제일 크게 불렀지? 20년이 지나도 두 인간은 철들 줄을 모르네.)

호수 주변을 신나게 돌다가 이번엔 황 상무가 선장 키를 넘겨받으면서 핸들을 잡고 호수 가장자리를 가는데 하얀 모래가 깔린 백사장과 바위가 덮인 지역이 교대로 나타나는 게 동해 바닷가를 크루징 하는 것 같았다.

저 멀리 에메랄드 베이가 보석같이 아름다운 모습으로 나타났다. 에메랄드 베이에 들어가는 입구에서 서 사장이 다시 핸들을 잡고는 진입해 들어가는데 잠시 후 드르륵 하고는 배 밑창이 바위에 긁히는 소리가 났다. 수심이 얕아서 배의 밑 부분이 바위에 부딪힌 것 같았다. 긁히는 소리는 났지만 특별한 이상이 없는 것 같아서 그대로 운행하여 에메랄드 비치로 진입했다.

레이크 타호의 에메랄드 베이

　에메랄드 비치는 타원형 모양의 레이크 타호에서 거의 유일하게 움푹 들어간 곳에 있어 바람도 막아주고 백사장도 훌륭하여 물놀이 하기에 가장 좋은 곳이다. 배를 백사장에 대고 상륙하여 물에 발을 담가보니 생각 이상으로 차가웠다. 용우와 태진이가 물속에서 스킨 하며 노는 모습을 지켜보다가 여기까지 왔는데 그냥 갈 수야 있나 싶어 남정네 셋은 스킨장비를 착용하고 물속으로 입수했다.

　미국에 와서 오랫동안 고기와 버터를 많이 먹은 서 사장과 달리 평소에 고기를 못 먹고 푸성귀만 섭취하여 몸에 기름기가 없는 나와 황 상무는 차가운 물에 들어갈 것에 대비하여 반소매 슈트를 준비해 가지고 온 덕을 톡톡히 보았다.

　물은 투명하게 맑았고 스킨 다이빙하여 들어가 보니 바닥에는 제

법 큰 민물 가재가 버글버글한다. 그렇게 스킨 다이빙을 즐기다 보
니 어느새 시간이 훌쩍 지나갔다. 보트를 반납할 시간이 되어서 아
쉬움을 뒤로 하고 다시 보트를 타고 선착장으로 향했다. 그런데 에
메랄드 비치 근처의 바위에 부딪히는 소리가 나기 전까지만 해도
무시무시한 속력으로 잘 달리던 파워보트가 이상하게도 액셀러레
이터를 최대한 밟아도 속력이 붙지 않는다.

　빌빌대면서 대여 마감 시간에 간신히 선착장에 도착해 배를 반납
하려는데 아뿔싸! 검사원이 스크루가 망가졌다고 한다. 아! 그래서
아까 그렇게 속도가 나지 않았고, 에메랄드 베이에 들어갈 때 부표
가 있는 곳으로 무심코 그냥 들어가다가 긁힌 소리가 스크루 망가

레이크 타호 에메랄드 베이에서 스킨 다이빙 준비

지는 소리였구나 싶었다.

잠시 후 스크루에 대한 견적서가 나왔는데 물경 400불 !

하여간 우리 잘못이니 아까운 돈 400불을 추가로 지불하고 망가진 스크루는 여행 기념으로 집에 가져가기로 하고 차에 실었다.

그래! 덕분에 배 한번 타고 870불을 냈으니 이번 여행 동안 9명이 낸 비용 4,200불 중 20%의 돈을 파워보트 4시간 전세 내는데 쓴 꼴이 되었다. 점심은 멕시칸 레스토랑에서 엄청나게 큰 부리토와 타코를 먹었다. 그래 봤자 9명이 먹은 비용을 모두 합해 30불도 못 썼는데 아이고 아까운 400불!

점심 후 호숫가 도로를 따라 드라이브하다가 에메랄드 비치 근처에 있는 이글 폭포를 구경하기로 했는데 이글 폭포 주차장에서 폭포까지의 거리가 6km 정도나 되었고 입장료까지 내야 하기에 오늘 400불에 스크루 깨먹은 것도 있고 해서 비용 절감 차원에서 관람을 포기하고 그냥 발길을 돌렸다.

다시 콘도로 돌아온 다음 아줌마들은 또 슈퍼마켓으로 먹을거리를 사러 갔는데 황 상무는 아줌마들 보디가드로 남고 나와 서 사장은 저녁 스케줄을 알아보러 나가는 동안, 용우와 태진이는 또 콘도 내에 있는 수영장에서 이방인 어린이들과 어울려 물놀이했다. 그런데 네바다 쪽에 있는 가장 큰 카지노 중 하나인 시저스 앞에 오늘 밤에 데이비드 카퍼필드의 마술쇼가 열린다는 것이 아닌가?

카퍼필드는 주로 라스베이거스에서 마술쇼를 하는 데 이번 기회에 안 보면 언제 볼 수 있나 싶어서 무조건 티켓을 구입했다. (나중

에 한국에 돌아와서 알아 봤더니 그때 라스베이거스에서 헤비급 세계타이
틀전이 있는 바람에 데이비드 카퍼필드가 1주일 동안만 레이크 타호로 와
서 공연하는 때였는데 마침 우리의 일정과 맞아서 관람할 수 있었다.)

서둘러 콘도로 돌아와 아직도 남아 있는 갈비(서 사장이 얼마나 많
이 준비했는지 9명이 여드레 동안 먹고도 남았는데 전체가 200불어치라
고 했다)로 바비큐 하여 저녁을 먹고는 애들은 비디오테이프를 빌려
주어 입막음하고 카지노로 향했다.

이역만리의 머나먼 땅에서 데이비드 카퍼필드의 환상적인 마술
을 보고 난 후 그 마술의 열기에 빠져서 몽롱한 상태의 일행들에게
서 사장은 도박하기 싫다는 데도 이것도 여행상품에 포함되어 있다
면서 일인당 5달러씩 코인을 사서 주는 바람에 난생 처음으로 카지
노 체험을 했다.

역시 남편을 잘 만난…… 그래서 아마 경험도 많을 것 같은 영실
씨 성적이 가장 좋았고 카지노 경험이 전혀 없었던 내가 성적이 제
일 안 좋았다. (물론 성적의 좋고 나쁨이란 누가 돈을 더 오랫동안 가지
고 있었느냐의 정도였지 나중에 몽땅 잃어버리기는 마찬가지였다.) 세 가
족이 거금 30불을 몽땅 잃고도 카퍼필드 쇼로 기분이 좋아져서 콘
도로 와서 포도주를 한 잔씩 하다 보니 자정이 훨씬 넘어 술에 취해
서 잠이 들었다.

모처럼 푹 자고 8시쯤 기상해 보니 그동안 계속되는 강행군으로 몸살이 났는지 경우(서 사장 아들)의 몸 상태가 안 좋다. 바비큐로 남은 고기를 몽땅 처리하고 10시 25분에 정이 든 콘도와 레이크 타호를 하직한다. 이젠 캘리포니아 포도주의 고장 나파밸리로 가는 긴 여정이 우리 앞에 놓여 있었다.

가는 도중에 점심을 멕시칸 음식인 부리토, 타코, 나초 등을 시켜 먹고는 자동차 연료도 든든히 채운 후 출발.

멀리 새크라멘토의 시가지가 고속도로 오른쪽으로 보였다.

1870년대에 미국의 골드러시바람은 동부에서 시부로 가던 기존 코스(제1코스: 미 동부에서 중미 및 남미를 돌아서 태평양으로 진입하여 태평양 바다로 하여 서부로 가는 코스, 제2코스: 미 동부에서 중미의 좁은 정글 지역의 육로, 즉 지금의 파나마 운하가 건설된 지역을 통과한 후 태평양 바다로 하여 서부로 가는 코스)가 아닌 제3의 코스로서 육로로 서부를 향하는 코스를 개발했다.

이때 마차를 타고 육로로 서부를 간 사람들 중 많은 수는 배고픔과 질병, 끝없는 사막 그리고 인디언과의 충돌로 무수히 많은 비석을 마찻길 주변에 만들며 사라져갔다. 그때 이 광활한 새크라멘토는 바로 죽음과 함께한 여행이 끝났음을 알려주는 젖과 꿀이 흐르는 가나안이었다.

우리는 새크라멘토를 밴을 타고 고속으로 단숨에 통과한 후 나파밸리로 방향을 틀었다. 로버트 몬다비, 멈 등 와이너리(포도주 제조

공장)들을 견학했다.

오래전에 서울에서 등산 갔다가 가끔씩 들르던 운악산 근처에 있는 우리나라 전통 술도가 배상면 주가에서는 술과 술로 만든 각종 음식을 마음대로 먹을 수 있도록 했는데 여기서는 포도주 한 잔에 15불씩이나 받는 것을 보고 기분이 잡쳐서 나와 황 상무는 차로 돌아와 아이스박스에 남은 6불짜리 포도주와 오징어를 꺼내 먹었다. (덕분에 나파밸리에서는 나파밸리 포도주를 먹어보지도 못하고 왔다.)

와이너리 견학을 마치고는 샌프란시스코를 향해서 출발! 중간에 버클리 대학과 무척 긴 베이 브리지를 거쳐서 저녁 6시 45분경에 명문사립대학 스탠퍼드 대학교에 도착했다. 후버 타워에 올라가면 스탠퍼드 대학의 캠퍼스 전경을 한눈에 볼 수 있다고 했지만, 시간이 늦어 가지 못하고 아름답게 가꾸어진 대학 캠퍼스와 메모리얼 성당 등을 이리저리 구경하면서 사진만 찍고 나왔다. (김진숙 선생은 아들 태진이에게 자꾸 암시를 주는 것이 아들을 스탠퍼드 대학에 보내고 싶어하는 눈치가 역력했다. 그때 내가 한마디 했다. "아비가 돈 많이 벌면 스탠퍼드 대학에 보내고 조금 적게 벌면 국립 서울대학교에 보내면 되지. 뭐가 걱정이야?" 지금 태진이는 서울대에 재학 중인 걸 보면 아마도 아비 돈벌이가 신통찮은 모양이다.)

저녁 7시 40분에 서 사장이 귀한 손님 올 때 자주 들린다는 중국 식당(호남우일촌)에 가서 한 마리에 8.5파운드나 하는 어마어마하게 큰 바닷가재와 새우 등으로 푸짐한 저녁식사를 했다. 탱탱해진 배로 호흡이 곤란해져서 다들 씩씩거리면서 밴에 탑승했다.

중국 식당에서 요리되기 직전의 바닷가재

　4박 5일간의 요세미티, 레이크 타호, 나파밸리, 스탠퍼드 대학 여행을 끝내고 저녁 9시 30분쯤에 로스 가토스의 서 사장 집에 도착!

　거실에서 그동안 찍은 비디오를 감상하니 감회가 새로웠다. 먹다 남은 포도주로 무사 귀환을 자축하면서 내일의 몬터레이 방향의 여행에 대하여 의논하고는 1시가 넘어서야 잠자리에 들었다.

• 8월 11일(금)

　오늘로써 미국여행은 마지막이다. 7시에 기상하여 비행기 표 예약을 재확인하고 서둘러 몬터레이 해변으로 출발했다. 몬터레이로 향하는 1번 국도는 새벽 안개에 잠들어 있다가 우리들의 인기척 소리에 부스스 잠에서 깨어나고 있었다. 몬터레이 항구에는 온갖 바닷새와 물개들이 어우러져 떼거리로 몰려다니는 물고기를 잡아먹느라고 정신이 없었다.

이른 아침의 몬터레이 해변도 엄청 추웠다. 그동안 금문교에서의 추위를 제외하면 요세미티에서 나파밸리까지 초여름의 분위기에 있다 보니 준비성이 떨어져서 또다시 옷을 부실하게 준비한 덕분에 모두 달달 떨면서 돌아다녔다. (미국과 같은 지역을 여행할 때는 한여름에도 배낭에 두꺼운 옷을 항상 준비해 다니는 것이 꼭 필요할 것 같다.)

항구 한편에서는 남녀노소에 각양각색의 피부색을 지닌 인간들이 쭉 늘어서서 낚시를 하고 있었는데 엔초비(멸치)같이 보이는 고기떼가 이리저리 몰려다니면서 순식간에 나타났다가 사라지곤 했는데 고기떼가 나타났을 때는 바다 속이 말 그대로 물 반 고기 반이어서 한번 낚시를 던졌다가 끄집어내면 미끼도 없는 여러 개의 낚싯바늘에 몇 마리씩 옆구리고 입이고 가릴 것 없이 아무 데나 걸려서 나오곤 했다.

우리도 낚시를 하고는 싶었지만, 장비도 준비 못했고 낚시를 하기 위해서는 허가증도 필요하다는 말에 다음을 기약하고 어시장을 잠시 구경하다가 근처에 있는 온갖 잡동사니를 파는 골동품 가게를 구경했다.

점심으로 뭘 먹을까 고민 하다가 우리 부부와 아이들은 피자 그리고 황 상무와 서 사장 부부는 다른 가게에서 조개스프를 먹기로

했는데 5명이 중간사이즈의 피자를 한 판 주문한 후 나오기를 기다
리고 있는데 황 상무가 바쁘게 뛰어와서 하는 말이 클램 차우더의
샘플을 조금 먹어보니 너무 짜서 대신 피자를 먹으러 왔다기에 중
간사이즈로 주문을 했던 피자를 라지로 변경했다.

그런데 아이고! 이게 웬일이냐?

한참 동안 피자가 나오지 않는 것이 수상하더니 한참 후 피자가
나오는데 라지 피자가 우리나라의 라지 피자 수준이 아니고 무려
30인치 크기(피자 지름이 76cm)의 피자를 먹으라고 갖다주고 가는
게 아닌가? 방석으로 사용해도 공간이 많이 남을 정도의 피자였다.
완전히 매머드 크기였다.

조개스프를 먹고 온 영철 내외까지 합세하여 9명이 죽기 살기로
먹었으나 거의 반이 남아서 결국은 집에까지 가지고 오게 됐다. (그

런데 우리가 피자가게를 나오면서 입구에서 피자를 먹는 미국인 두 명을
보았는데 이 친구들은 우리 9명이 쩔쩔맸던 피자를 둘이서 거의 다 먹어
가고 있었다. 오! 위대(胃大)한 미국인들이여! 진심으로 존경합니다.)

점심 후에 바다에 접해있는 몬터레이 수족관을 구경했는데 그 규
모가 엄청났다. 좌우지간 미국사람들은 거대한 것을 좋아했다.

요세미티의 암벽과 다람쥐, 나파밸리의 두 시간을 가도 끝이 안
보이던 포도밭, 수족관, 그리고 피자, 인간들의 존경스러울 정도로
거대한 몸매와 밥통, 거대한 거시기(거시기란 미국인이 신고 있던 신
발을 말함).

몬터레이 수족관은 시간 관계상 대충 둘러보고 오후 5시쯤 여행

몬터레이 레스토랑의 라지 사이즈 피자

잡지에서 많이 보아온 그 유명한 몬터레이 17마일 해안도로를 드라이브하면서 해변 가에 있는 Bird Rock 등을 구경했다.

옆에는 그림같이 아름다우면서도 어마어마한 규모의 집(별장?)들이 늘어서 있었고 골프광이라면 누구나 한 번은 치기를 원하는 세계적인 골프코스인 페블비치 골프코스에는 사슴들이 골프 치는 사람들과 조화를 이루며 뛰어놀고 있었다. 몬터레이 17마일 코스 중간에는 카멜 시의 시장인 클린트 이스트우드의 별장이 있었다.

우리는 시장님 별장 앞에서도 찰칵 사진을 찍었고, 오후 6시에 카멜 비치에 도착했다.

카멜 비치의 모래는 밀가루처럼 보드랍고 하얗다. 무드를 중시하는 서 사장이 부득부득 가지고 온 Beach Chair(해변용 의자)와 파라

솔을 펴고 그동안 먹어치우고도 아직 남아 있는 5,400원짜리 포도
주를 꺼내어 우아하게 한 잔씩 마셨다.

바로 앞에는 비키니를 입은 두 명의 S라인 몸매의 아가씨가 브래
지어 호크를 풀고서는 배를 바닥에 대어서 옆으로 삐져나온 오동통
하고 엄청나게 큰 가슴을 뽐내며 누워 있었다!

저 멀리 서핑을 즐기는 젊은이들이 밀려오는 파도와 어우러져 있
었고, 신이 난 용우가 파도타기를 하고 태진이는 모래 장난, 그리고
우리들은 포도주 파티!

가슴 빵빵한 여인들이 일어날 때까지 기다리고 싶었지만 먼 길을
가야 하므로 아쉬움을 뒤로하고 놀아오는 도중에 해지는 풍경으로
유명한 스패니시 해변에 도착했을 때 우리의 여행이 거의 끝났음을
말해주는 듯 스패니시 해변의 아름다운 수평선으로 고운 해가 지고
있었다.

이런 기회를 만들려고 해도 쉽지 않은데…….

북적거리는 사람들도 없는 조용한 해변에서 사진을 찍고 있는
순간!

붉은 태양이 수평선 아래로 사라지고 있었다. 사라지는 태양과
우리 여행의 끝맺음이 조화를 이루는 순간이었다. 어둠을 뒤로하고
대형 슈퍼마켓인 타겟에서 가볍게 쇼핑을 하고 캄캄한 밤길을 달려
11시가 조금 지나 로스 가토스 다운타운에 도착했다.

우리들은 서 사장 집에 온 첫날 갔던 생맥줏집에서 이번 여행을
회상하며 생맥주 한 잔과 가벼운 저녁식사를 하고 집으로 돌아왔다.

이제 자정 넘어 시간은 새벽 1시 30분이다. 미국여행의 마지막 밤이 긴 그림자를 끌며 깊어가고 있었다.

• 8월 12일(토)

느긋하게 아침 9시에 기상

아침식사 후 짐을 정리하여 11시 30분에 공항으로 출발했다. 도중에 이별을 아쉬워하는 호스트가 한국 식당에서 음식을 대접했고 우리는 아쉬움을 가슴속에 담아두면서 멋진 식사를 했다. (비용은 호스트가 부담했다.)

카멜 비치의 8등신 미인들

그리고 한 시간여 차를 달려 샌프란시스코 국제공항에 도착했다.

이젠 작별이다. 늘 이별은 진한 아쉬움과 섭섭함을 남기는 것!

서 사장과 용우뿐만 아니라 영실 씨와도 미국식으로 진한 포옹(포옹만 하고 키스는 하지 않았음)을 한다.

모두들 안녕 그리고 샌프란시스코여 안녕!

다음엔 또 다른 곳에서 우리의 우정을 다지자는 약속을 뒤로 하면서…….

뉴질랜드 여행기

바람도 없는 공중에 수직의 파문을 내이며 고요히 떨어지는 오동 잎은 누구의 발자취입니까

지루한 장마 끝에 서풍에 몰려가는 무서운 검은 구름의 터진 틈으로 언뜻언뜻 보이는 푸른 하늘은 누구의 얼굴입니까

꽃도 없는 깊은 나무에 푸른 이끼를 거처서 옛 탑 위의 고요한 하늘을 스치는 알 수 없는 향기는 누구의 입김입니까

근원은 알지도 못할 곳에서 나서 돌부리를 울리고 가늘게 흐르는 작은 시내는 굽이굽이 누구의 노래입니까

연꽃 같은 발꿈치로 가이 없는 바다를 밟고 옥 같은 손으로 끝없는 하늘을 만지면서 떨어지는 해를 곱게 단장하는 저녁놀은 누구의 시입니까

타고 남은 재가 다시 기름이 됩니다

　　그칠 줄을 모르고 타는 나의 가슴은 누구의 밤을 지키는 약한 등불
입니까

―한용운의 〈알 수 없어요〉―

　　나는 암벽등반을 좋아해서 설악산을 자주 오른다. 백담사 옆을
지날 때 분위기에 어울리는 만해의 시 구절을 주절거려본다. 떨어
지는 나뭇잎, 비바람, 검은 구름, 파란 하늘, 고사목, 봉정암의 이끼
낀 탑, 절에서 배어 나오는 향내, 낙조, 그리고 수많은 밤을 함께 했
던 별과 까만색 밤하늘…….

　　백담사에 오랫동안 머물렀던 만해는 이 시를 다른 의미로 썼겠지
만 나는 설악산 비경에 너무도 잘 어울리는 시라고 내 방식으로 해
석한다. 그러다 보니 종종 어딘가에 있을 또 다른 비경으로 떠나고
싶었다.

　　그곳이 어딜까?

　　어딜까?

　　끊임없이 머릿속을 맴도는 알 수 없는 비경의 그곳은 어딜까?

　　어느 날 나는 꿈속에서 한 번도 경험하지 못했던 비경 속을 걷고
있었다.

　　투명한 맑은 바다와 호수!

지구의 숨소리인 양 유황냄새 풍기는 연기와 부글부글 소리 내는 들판과 계곡!

불빛 하나 없이 깊디깊은 물속을 두려움에 떨며 헤엄쳐야 하는 동굴!

그 풍광의 황홀함에, 신비로움에, 두려움에 빠져 있다가 화들짝 잠이 깨었다.

그리고 그곳이 어딘지 깨달았다. 꿈속의 나라 뉴질랜드!

오랫동안 가고 싶었던 곳이지만 쉽게 다가서기엔 너무 먼 남쪽 나라이고 시간과 비용문제로 주저했었는데 잡다한 생각을 떨쳐버리고 30년 지기 후배 부부들과 함께 아름다운 자연이 숨 쉬는 뉴질랜드의 하늘을 만지고 싶었고 뉴질랜드에 반하여 몇 년 전 서울거리에서 홀연히 사라져버린 제임스, 제니퍼 부부를 찾으러 여행을 떠났다.

• **8월11일(토)**

| 오클랜드~파이히아 |

장거리 비행기 여행으로 온몸이 쑤시고 저려올 즈음에 뉴질랜드 북섬의 공항에 도착했다. 착륙할 때의 충격으로 바퀴에서 나는 소음은 늘 작은 불안감을 가져다준다. 뉴질랜드에 4년 전 이민 온 제임스 정, 제니퍼 부부가 반갑게 맞아주었다. 여행사에 근무하는 제

니퍼가 모텔과 렌터카를 예약해주었고 뉴질랜드 북섬에 대하여 많은 조언을 해주었기에 여행 준비에 많은 도움이 되었다. 제니퍼는 대학 산악부 후배인 제임스의 아내인데 활달하고 시원시원한 성격이기에 도착하자마자 내가 장난을 걸었다.

"제니퍼! 마오리식으로 코인사 해줘요."

질겁하기에 대신 가벼운 포옹으로 만남의 인사를 마치고 우리들의 좌충우돌 뉴질랜드 여행을 위한 바쁜 일정을 시작했다. 제임스 부부가 첫날은 코베이에 있는 자신들 집에서 점심을 하고 파이히아로 출발할 것을 제안했으나 오늘이 아니면 이번 여행에 골프를 칠 여유가 없었기에 식사도 하지 않고 골프장으로 식행했다.

골프하버 클럽 하우스!

"형! 여기가 오클랜드에서 상당히 괜찮은 골프장입니다. 한국 골프장보다는 못하지만……."

제임스가 한마디 한다.

제임스는 아까 제니퍼와 내가 포옹을 한다고 공항에서 우리 마누라를 세게 끌어안아서 숨도 못 쉬게 했던 못된 심보의 사랑스러운 후배이다. 골프장은 그동안 내린 비로 필드가 질퍽거려서 페어웨이에서도 공이 땅속으로 박혀서 툭하면 공을 잃어버렸다. 그리고 언뜻 보기엔 울퉁불퉁하게 보이는 그린은 왜 그렇게 빠르던지…….

1번 홀에서는 홀 구멍 3미터 옆에 붙여놓고도 4퍼팅으로 뉴질랜드 골프장 신고식을 호되게 치렀다.

열 시간 남짓 여름에서 겨울로 날아온 탓인지 옷을 두껍게 입었는데도 꽤 춥다. 거기다가 질척거리는 페어웨이 컨디션에 골프채도 빌렸고 오랜 시간을 비행기 속 좁은 공간에 앉아 있어서인지 공이 잘 맞지를 않았고 공이 러프에 들어갔다 하면 최소 한 타는 날려버린다.

덕분에 서울 촌놈 셋이 오클랜드 촌놈에게 돈을 몽땅 털렸다.

"뉴질랜드에서 고생한다고 위문공연 와서 용돈까지 보태주니 그 은혜를 어떻게 다 갚지요?"

제임스가 너스레를 떤다. 오후 1시가 조금 넘어서 티업을 했기에 시간도 충분치 않아서 바쁘게 라운딩했지만 14홀에 가니 어두워진다.

"에고! 한국에서는 오후 7시 반까지는 라운딩할 수 있는데 5시 반에 어두워지니……."

투덜거리며 어둠이 깔려오는 해변이 보이는 멋진 카트 길을 따라 클럽하우스에 왔다. 그런데 어찌 이런 일이 다 있나? 아직 라운딩을 하는 팀이 있는데도 클럽하우스는 불을 끄고 모두 퇴근을 해버렸다. 30분 정도 기다리다가 할 수 없이 클럽하우스 뒤에 빌린 골프채를 정리해두고 파이히아로 출발했다. 제니퍼가 파이히아의 숙소로 11시쯤 도착할 거라면서 늦어서 미안하다고 한다.

파이히아 가는 길은 제임스와 제니퍼가 교대로 운전대를 잡았는데, 운전에 대한 감을 익히느라 조수석에 앉아서 앞을 보고 있는데 운전대도 차선도 한국과 반대이니 지금 운전대를 잡았다간 역주행

하기에 딱 알맞겠다.

이틀 후 로터루아로 갈 때는 우리가 직접 운전해야 하는 데 쉽지 않겠구나 싶었다.

한국 같으면 1번 북쪽국도처럼 좁은 도로는 제한속도가 60~70km일 텐데 뉴질랜드는 구불구불한 도로에서도 100km가 제한속도이다. 거기다가 앞에 가는 차들은 얼마나 신나게 달리는지 우리가 100km로 가는데도 조금씩 멀어진다. 왕가레이부터는 제니퍼가 운전대를 잡았는데 서방님보다 더욱 터프하게 운전을 한다. 간이 콩알만 해져서 달달 떨며 파이히아에 도착하니 예상보다 무려 한 시간이 단축되어 밤 10시에 도착!

선시커 모텔은 뉴질랜드에 이민 온 분이 운영하고 있었다.

제임스 부부가 준비해온 고기를 구워서 늦은 저녁식사를 하면서 신나게 수다를 떨다가 모텔 밖을 나와 보니 맑은 하늘을 가득 메운 별! 별! 별!

온통 별 밭이었다.

"형들이 오니 뉴질랜드의 겨울 날씨답지 않게 하늘이 맑네."

제임스가 한마디 한다.

술에 취하고 별빛에 취하고 수다에 취하고 오랜만에 만난 후배 부부의 따뜻한 정에 취해서 뉴질랜드의 첫날밤은 깊어만 간다.

| 파이히아~케이프 레잉아~파이히아 |

기상! 새벽 5시 30분에 일어났다.

식사준비를 하고 케이프 레잉아까지 가는 버스의 도착시간(7시 20분)에 맞추려고 새벽부터 부산을 떨었다. 덕분에 준비를 끝내고 모텔 앞 픽업장소에 왔을 때 시간이 조금 남아 있었다.

모텔에서 찻길까지 나오는 동안 본 적이 없는 제법 큰 새 두 마리가 주변 잔디밭에 있기에 가까이 가서 사진을 찍으려다 큰 봉변을 당할 뻔했다. 두 마리 중 한 마리는 병아리 크기의 새끼를 품고 있었는데 내가 다가가자 다리를 다친 시늉을 내면서 새끼를 보호하려고 애썼다. 그런데도 내가 다가가서 사진을 찍으려 하자 갑자기 부부로 보이는 두 녀석이 교대로 쏜살같이 머리를 쪼일 듯 날아온다. 처음에는 당황스러웠지만 위험을 무릅쓰고 공격하는 모성애에 마음 한구석이 찡해온다.

잠시 후 케이프 레잉아 투어 버스가 도착!

운전기사와 미리 탑승한 사람들에게 가벼운 인사를 하고 버스에 올랐다. 제임스와 제니퍼 부부는 낚시를 한다고 파이히아에 남고……. 차창 밖에는 뉴질랜드 특유의 멋진 전원풍경이 펼쳐진다.

"여기는 잔디를 깎고 그린만 만들면 천지가 골프장이겠군요."

후배 순환이가 한마디 한다. 버스가 도착한 곳은 KURI FOREST PARK이다. 아름드리 카오리의 아름다움에 취하여 천천히 걷는다. 함께 버스를 탄 승객 두 명이 카오리 나무를 두 팔로 감싸보지만 어림도 없다. 뉴질랜드에 살아있는 제일 큰 카오리 나무가 눈앞에 있는 것이다. 세월의 무게를 이기지 못하고 천수를 다하고 쓰러진 카오리 나무의 밑동 크기로도 나무의 거대함을 짐작하게 한다.

잠시 후 버스는 다시 북으로 향한다.

그저께부터 비행기 여행과 골프, 오클랜드에서 파이히아까지의 밤 드라이브와 수다를 곁들인 늦은 저녁식사로 다들 잠이 부족한지 버스 안에서 곯아떨어진다. 얼마 후 버스는 ANCIENT KAURI KINGDOM에서 잠시 휴식을 취한다.

버스에 탄 관광객들은 레스토랑에서 아침식사를 했고 우리 일행은 새벽에 한국식 아침식사를 미리 하고 왔기에 커피를 마신 후 이곳저곳 다니며 구경하느라 분주하다. 특히 2층으로 올라가는 구조물과 계단이 수천년 된 카오리 나무의 몸통으로 이루어졌다니 나무의 크기에 아연 실색할 따름이다.

왔다 갔다 하면서 실컷 구경하고 버스에 탑승!

우리 팀은 또다시 병든 병아리처럼 꾸벅꾸벅 졸면서 부족한 잠을 보충한다. 케이프 레잉아 근처의 비포장도로에서 버스의 덜컹거림으로 잠이 깨었다. 그리고는 주차장에 도착!

한눈에 주변 풍광이 예사롭지 않은 것을 느낀다. 등대로 가는 길의 좌우의 깎아지른 절벽 그리고 테츠만 해와 남태평양이 만들어내는 파도의 멋진 작품 속에 우리의 모습이 담겨 있었다.

세진이는 늘 아내사랑이 지극하여 나머지 두 부부의 그럭저럭 괜찮은 남편들을 낙제점 남편으로 만든다.

케이프 레잉아의 등대

어디를 가든지 아내 사진 찍어주느라 바쁘다.

시간 나면 사진 찍어주고, 시간 나면 스킨십을 하기에 저러다가 아내가 닳아버릴까 걱정된다. 나도 아내에게 나름대로의 사랑표현을 하지만 표현의 어설픔으로 인하여 진숙 씨(순환 군의 아내로 중학교 국어 선생님이다)가 한마디 한다.

"형의 사랑표현은 너무 가식적인 것 같이요."

에구, 못된 가시나!

표현력은 부족하지만 나름대로 진실한 행동을 가식적이라고 폄하해버리니 이제부터 아내에게 어설픈 사랑표현조차 제대로 할 수 없게 되었다. 진숙 씨의 초 치는 말에 완전히 풀이 죽어서 세진이의 멋진 아내사랑 표현에 괜히 심통을 낸다. (35년 지기 산악회 선후배 사이라서 표현에 조금 거슬리는 부분이 있더라도 이해 바란다.)

"어이구! 용숙 씨는 복도 많다!

어찌 그런 멋진 남편 만나서 깨가 쏟아지는 사랑을 받나? 투덜투덜……."

등대를 갔다가 다른 관광객이 버스에 타기 전에 우측으로 난 길을 따라 빠른 걸음으로 절벽 길을 걸었다. 혼자서 테츠만 해에서 불어오는 바람과 파도가 드세게 몰아치는 바다의 멋진 풍경에 젖어서 호젓한 길을 걷다 보니 너무 많이 왔나 보다. 열심히 뛰어서 헉헉거리며 버스에 오르니 운전기사가 영어로 한마디 한다.

"예쁜 마오리 여인 찾았어요?"

탑승객들이 까르르 웃는다. 이게 무슨 소린가 했더니 내가 없는 동안 운전기사가 탑승객을 확인하고는 한 명이 부족한데 누가 안 왔느냐고 물었단다.

그때 우리 마누라 말씀이,

"제 남편이 아직 안 왔는데요. 아마도 예쁜 마오리 여인 찾으러 갔을 거예요."

어찌 나는 이렇게 지지리 복도 없나?

마누라까지 남편을 골려 먹으니…… 버스가 주차장을 출발하고 얼마 가지 않아서 거대한 모래 언덕이 오른쪽으로 보인다. 사막에서나 봄직한 엄청난 모래 산이다. 도저히 그런 모래 산이 있을 것 같지 않은 자리에서 대하는 사막의 풍경에 꿈꾸는 느낌이다.

잠시 후 버스는 모래 산 옆에 정차한 후 운전기사는 서프보드 같은 것을 나누어주었다. 오랜만에 동심으로 돌아가서 신나는 모래 산에서의 미끄럼타기가 시작되었다. 다들 멋진 모습으로 신나게 내려오는데 항상 문제는 황순환 군이다.

참고로 이 친구는 왕가레이를 지나면서 뉴질랜드에서나 통용될

케이프 레잉아의 테즈만 해

케이프 레잉아 해변의 사구언덕

‘황가레이’란 별명을 얻었다. ‘황가레이’가 모래 산에서 내려오다가 중간에 머리가 아래로 돌면서 거꾸로 처박혔다.

19년 전 겨울 설악산에서도 토왕성 폭포의 눈사면을 미끄럼타고 내려올 때도 뒤집혀서 머리부터 먼저 내려오더니 산천이 두 번이나 바뀌었는데도 머리의 무게는 변하지 않았나 보다.

덕분에 모래를 잔뜩 뒤집어쓰고서는 투덜거리지만, 모두에게 시원한 웃음을 선사해주었다. 오늘 여행의 하이라이트는 무려 90마일(실제로는 64마일이라는데 그래도 100km가 넘는다)의 물이 빠진 모래사장을 버스로 달리는 것이다. 버스 유리창에는 바닷물이 튀어 오르고 오른쪽 창밖으로는 파도 치는 바다의 아름다움이 한 시간 이상 계속되었다.

케이프 레잉아 해변에는 조개가 지천이다.

그 넓디넓은 백사장에 물놀이하는 사람이 한 명도 보이지 않고 버스는 신나게 달린다. 때로는 모래사장을 한 바퀴 돌면서 모래에 빠져서 한 많은 일생을 마치고 널브러져 있는 처참한 몰골의 승용차의 모습을 보여준다.

그리고는 바닷가에 잠시 차를 세우더니만 피피조개를 주울 시간을 준다.

뉴질랜드에 오기 전에 안내책자를 통해서 어느 정도 지식은 있었는데 실제로 해변의 모래를 파니 모래 반 조개 반이다. 5분만에 6명이 도구도 없이 손으로 모래를 팠는데도 비닐봉지에 담은 조개만 해도 두 되는 된다.

모래가 많아서 먹을 수 없을 거라 생각했던 피피조개는 파이히아에서 아이스박스에 바닷물을 떠서 담아둔 덕분에 그날 밤 맛있는 조개구이가 되어 우리 입속으로 들어갔다. 겨울철이어서인지 돌아오는 길가의 가게들은 대부분 문을 닫고 있었다. 불과 이틀 전만 해도 항상 사람들로 넘쳐나는 서울에 있었는데 길가는 사람을 거의 볼 수 없는 이곳의 도로풍경에 묘한 느낌이 들었다.

버스 운전기사는 나이가 많은 할아버지인데도 친절하게 쉴 새 없이 설명해주었지만, 뉴질랜드 특유의 발음에다가 나의 짧은 영어실력이 적당히 버무려져서 알아듣기가 곤란했다.

모텔에 도착하니 낚시를 갔던 제임스 부부가 거의 동시에 도착한다.

낚시꾼 이야기는 항상 뻥이 많기로 유명하지만 뉴질랜드라서 다

리통 굵기의 물고기는 몇 마리 낚아오는 줄 알았더니만, 조그만 물고기 서너 마리와 아기 주먹 크기의 게 몇 마리가 전부다.

집에 들어오기 전에 슈퍼마켓에서 먹을거리를 샀고, 우리가 잡아온 피피조개가 있었기에 망정이지 그렇지 않으면 회 몇 점 먹으려다가 선후배 사이에 대판 싸움이 나지 않았을까 싶은 양이었다. 어쨌든 선배들 먹이려고 열심히 낚시하느라 수고한 제임스 부부에게 감사하고…… 그날 저녁에 생선회는 부족했지만, 선후배의 우정은 충분했기에 포도주와 어우러져서 멋진 저녁식사가 되었다.

• 8월 13일(월)

| **파이히아~베이 오브 아일랜드~오클랜드** |

새벽에 일찍 일어나서 식사 후 일출구경을 하자는 의견이 모아져 가까운 해변으로 갔다. 어둠 속에서 동녘이 점점 붉게 물들고 그 붉음을 뚫고 나오는 일출을 보고 있노라니 그 뜨거운 열기가 내 마음까지 뜨겁게 달군다.

태양은 우리가 보든 안 보든 상관없이 매일 동에서 떠서 서쪽으로 지는데 우리가 어디에서 어떤 마음으로 바라보는가에 따라서 받는 느낌은 다르다. 뉴질랜드의 겨울에는 거의 매일 비가 온다는데 우리가 도착한지 3일째인데도 연일 맑은 날씨가 계속되었다.

모텔에 들러서 짐을 정리한 후 이틀을 보낸 모텔과 작별하고 가까이 있는 하루루 폭포를 갔다. 하루루 폭포는 낙차가 크지는 않지만 작은 나이아가라 폭포 같은 모습이다. 오늘의 계획은 Hole in the rock까지의 베이 오브 아일랜드 크루즈이다.

파이히아 항에서 제임스와 세진이는 바다낚시를, 나머지 6명은 크루즈 표를 샀다.

낚싯배가 먼저 출항을 하기에 고기 많이 잡아오라고 덕담하면서 떠나보냈다. 나보고 fishing을 함께 하자고 꼬드겼지만 '낚시는 물속에서 잘 살고 있는 물고기들을 미끼로 속여서 잡아먹는 행위'라고 정의하는 내가 그런 못된 행동에 동참할 리가 없다. fishing이 아니라 인어 hunting이라면 당장 따라갈 텐데…….

배가 다양한 민족의 사람들을 태우고 항구를 떠난다.

창공에 빛난 별 물 위에 어리고

바람은 고요히 불어오누나.

내 배는 살같이 바다를 지난다.

뱃전에 기대어 찬 바닷바람을 피부로 느끼노라니 노래가 절로 나온다. 다도해를 닮은 풍광이 계속되는데 우리나라의 다도해가 워낙 아름답기에 크게 감동을 주는 것 같지는 않다. 4명의 여인네는 바다와 섬 구경에 관심이 없고 무슨 이야기를 하는지 선실에 모여서 연방 수다를 떤다. 그러다가 배에 동승한 젊은 인도 부부의 아기가 귀엽다고 난리다. 이번 여행기간 동안 우리 마누라는 눈의 결막에 작은 문제가 생겨서 무척이나 힘들어한다. 뉴질랜드 여행 오는 것을

베이 오브 아일랜드의 크루즈 중 만난 Hole in the rock

그렇게 좋아했는데 그 때문에 시무룩한 게 보기에 안쓰럽다.

크루즈의 반환점은 Hole in the rock이라는 바위섬에 뚫린 구멍이다.

이 구멍은 멀리서는 조그맣게 보이는데 가까이에서 보면 제법 큰 구멍이라서 상당히 큰 크루즈 배가 그 속을 쉽게 통과했다. 돌아오는 길에는 잠시 배를 멈추고 돌고래 구경을 했다. 돌고래가 배 근처로 와서 재롱을 피우는데 등에 있는 숨구멍이 물 밖으로 나올 때마다 벌어지면서 날숨을 쉬는 게 신기하다.

하와이 여행을 갔을 때 거대한 대형고래 워칭을 해봤기에 돌고래로는 크게 재미난 느낌을 받지 못해서 몇 장의 사진을 찍고는 선실에 들어와서 부족한 잠을 청했다. 크루즈 배는 러셀 항에 우리를 내려놓고 떠났다. 러셀에서 파이히아까지는 20분마다 페리가 있어서 낚시 팀이 파이히아에 도착할 시간까지 러셀의 도심을 구경하고 파이히아로 가기로 했다.

조그만 시골마을인 러셀은 30분이면 충분히 한 바퀴를 돌아볼 수 있었다. 뉴질랜드에서 한 가지 의아한 것은 남북한보다 더 큰 땅에 불과 400만 명이 살고 특히 러셀 같은 곳은 주변이 온통 노는 땅인데도 주택값이 보통 5억∼10억 원 수준이다. 키위(뉴질랜드에서 백인 남자를 키위라 부른다)들이 좋아하는 지역이고 관광지라지만 땅값이 왜 그렇게 비싼지 이해가 안 되었다. 오클랜드도 서울의 강남 주요 지역보다는 싸지만, 서울의 기타지역 집값 못지않다. 러셀에서 파이히아까지 다니는 페리는 아주 작고 낡은 배인데도 제법 운치가 있었다.

파이히아 항에 도착하니 낚시 갔던 배도 막 도착해서 개인물품과 낚시꾼들의 희생물이 된 물고기들을 배에서 내리고 있었다.

30cm 정도 되는 물고기 네 마리였는데 알고 보니 더 큰놈을 한 마리 잡았는데 선장이 착각하고는 다른 사람에게 포를 떠서 주었다니 어찌 이런 일이 있나? 좌우간 남은 고기로 회를 떠서 선후배 사이에 작은 다툼도 없이 잘 먹었다.

파이히아 해변의 레스토랑에서 가벼운 점심에 시원한 맥주를 곁들이니 세상에 부러울 게 없다. 푸른 하늘, 투명한 바다, 멋진 음식, 평온한 분위기, 그리고 사랑스러운 벗들과 소중한 이내.

왕가레이 폭포

파이히아에서 오클랜드까지는 세진이와 내가 번갈아 운전하기로
했다. 먼저 세진이가 핸들을 잡았는데 항상 꼼꼼하게 일을 처리하
고 눈썰미가 뛰어난 친구라서 불과 몇 분 만에 뉴질랜드 운전에 적
응하는 게 부럽기 짝이 없다.

왕가레이 폭포!

폭포의 전반적인 분위기는 제주도의 천지연 폭포와 비슷했고 폭
포 우측 절벽에 주상절리가 발달한 것도 화산폭발에 의한 폭포임을
한눈에 알 수 있었다. 폭포 상단에서 하단까지 환형 트레킹 도로가
있어서 폭포를 보기에 더할 나위 없이 좋았다.

왕가레이 폭포부터 오클랜드까지는 내가 운전대를 잡았다.

출발하자마자 가벼운 실수를 한 탓에 제니퍼가 불안한지 종알종
알 잔소리를 해댄다.

"잔소리 자꾸 하면 창문 밖으로 집어던져 버릴 테야!"

엄포를 한번 놓았더니 찍소리도 않고 불안한 표정으로 바라만
본다.

"아유! 조용히 있으니까 너무 예쁘네. 마오리식으로 코 키스 한
번 할까요?"

나와 제니퍼의 말장난을 곁들인 가벼운 다툼에 일행들은 배꼽을
잡았다. 운전대와 차선이 반대로 되어 있어서 나도 모르게 차선보다
우측으로 치우쳐서 달리게 되는데 이를 빨리 극복하는 것이 뉴질랜
드 운전에 익숙해지는 지름길이라는 생각이 들었다.

오클랜드의 제임스 집에서 낚시로 잡은 생선회와 90마일 비치의

희생자 피피조개 그리고 제니퍼의 솜씨가 어우러진 멋진 식사시간을 가졌다. 서울에서 가져온 컴퓨터를 제니퍼에게 전달하는 기증식도 함께하면서…….

• 8월 14일(화)

| 오클랜드~와이토모 동굴~로터루아 |

오늘 일정은 와이토모 동굴에서의 4시간짜리 동굴탐험과 로터루아의 항이쇼 관람이다.

"이렇게 새벽부터 법석을 떠는 사람들은 처음 보네요. 거기다가 4시간짜리 동굴 투어라니……."

제니퍼가 우리의 빡빡한 일정에 혀를 내두른다. 이틀 동안은 제임스와 제니퍼 부부가 가이드를 해준 덕분에 어려움 없이 지냈는데 이제 우리 앞에 어떤 즐거움과 난관이 있을까? 여행은 좌충우돌하면서 직접 경험하고 몸으로 느껴야 한다는 게 여행에 대한 기본적인 생각이라서 우리의 여행은 항상 예측하지 못하는 일들로 가득 찬다.

이른 새벽인데도 1번 고속도로로 오클랜드 시내를 통과하는 데 교통체증이 심했다.

시내를 벗어나면서 체증은 풀렸고 그때부터 전형적인 뉴질랜드의 시골풍경이 펼쳐졌다.

도로 옆의 넓은 대지 곳곳에 하얀 수증기가 올라오는 지열지대가

와이토모 동굴지대의 특이한 지형(움푹 들어간 곳에는 어디라도 지하에 동굴이 있다.)

보이면서 갑자기 짙은 안개로 주변이 뒤덮이면서 안갯속에 실려 오는 유황냄새가 코끝을 자극했다.

지열지대의 열기와 주변공기의 온도 차로 짙은 안개가 만들어지는 듯했다. 계곡과 들판의 수증기와 유황냄새로 우리가 뉴질랜드에 왔음을 실감했다. 해밀턴을 조금 못 미쳐서 39번 국도로 방향을 바꾸었다.

새벽부터 바삐 달린 덕분에 10시가 조금 못되어서 와이토모 동굴

부근의 투어회사에 도착했다. 와이토모 동굴은 그 지역에 산재한 동굴 군을 말하는 데 각 투어회사는 프로그램에 따라서 전혀 다른 장소의 동굴을 안내한다. 4시간 동굴탐험 비디오를 먼저 보는데 진숙 씨의 얼굴이 하얗게 변하면서 표정이 굳어졌다.

"형! 저는 무서워서 못하겠어요. 저는 여기서 기다릴 테니 나머지 분들만 하세요."

내가 대답했다.

"안 돼! 우리는 뉴질랜드에서 죽어도 함께 죽고 살아도 함께 사는 거야. 하물며 여기는 절대로 죽지도 않는 곳인데 당연히 함께 가야지."

두 명의 가이드는 동굴 근처의 옷 갈아입는 컨테이너하우스까지 가는 동안에도 진숙 씨의 굳은 표정이 신경 쓰이는지 연방 "레이디! 스마일!" 하면서 분위기를 바꾸려고 애쓴다.

웨트슈트를 입고 헤드 랜턴이 부착된 헬멧과 장화를 착용하니 여지없는 광부차림이다.

동굴 개념도를 보면서 가이드로부터 설명을 듣고 질척거리는 길을 따라 동굴로 출발했다. 가이드가 어제까지 비가 많이 왔는데 오늘은 화창하다면서 우리 팀이 운이 좋다고 한다.

뉴질랜드의 영혼은 우리에게 4일째 맑은 날씨로 큰 축복을 주고 있었다.

동굴 입구로 걸어가는 길은 뉴질랜드의 전형적인 초원 모습이었는데 거대한 고목이 서 있어서 멋진 골프장 같은 분위기였고 동굴

로 가는 길의 여기저기에는 초원의 한가운데가 함몰되어서 지하에
동굴이 존재함을 짐작할 수 있었다.

동굴 입구는 아주 좁아서 몸을 똑바로 쭉 펴서 공간을 최소화해
야만 간신히 들어설 수 있었는데 헬멧에 부착된 희미한 LED 랜턴
외에는 불빛이 전혀 없는 칠흑 같은 어둠이 시작되었고 인공적인
구조물은 어디에도 보이지 않았다. 동굴 속의 물길을 따라 투어가
시작되었는데 바닥이 얼마나 날카로운지 만일 넘어지기라도 하면
다치기 알맞았고 수심이 깊은 지역도 있어서 가장자리로 조심조심
걸어갔다.

장난꾸러기 가이드가 갑자기 "꽥" 소리를 지르며 물속으로 풍덩
뛰어내려서 잔뜩 겁에 질려 있던 진숙 씨를 더욱 겁에 질리게 하였
다. 동굴바닥의 진흙으로 얼굴에 머드팩을 하면서 낄낄거리다 보니
튜브링하는 곳에 도착했다.

암흑 속의 깊은 물은 공포심을 주었지만, 학창시절부터 모험심이
뛰어난 악동들이기에 모두 튜브를 엉덩이에 걸치고 신나게 차가운
물에 풍덩 뛰어들었다.

가이드는 다리를 앞사람의 튜브에 걸친 형태로 기차모양을 만들
게 한 후 헤드 랜턴을 끄게 했는데 그때부터 우리는 칠흑 같은 어둠
속에서 영겁의 시간 동안 그 모습으로 있었을 동굴의 물길을 따라
조용히 떠내려가기 시작했다.

상상이라도 할 수 있을까?

밤하늘의 별을 방불케 하는 또 다른 별들이 동굴 천장에서 반짝이

고 있었다. 작은 벌레의 유충들이 동굴 천장에 붙어서 발광하는 모습이 파이히아에서 본 밤하늘의 수많은 별과 닮아 있었다. 그렇게 환상 속에 빠져서 우리는 어둠과 별이 빛나는 동굴을 조용히 떠내려가고 있었다. 차가운 물속에 여러 번 들락거리다 보니 꽤 추웠다.

Rock Café! 넓은 바위가 있어서 잠시 쉬어갈 수 있는 장소였다. 가이드가 초콜릿과 뜨거운 레몬차를 나누어주었는데 동굴 속 카페에서의 차 한 잔의 여유는 두고두고 기억될 아름답고 맛깔스러운 추억이 되었다.

진숙 씨는 항상 근심에 가득 찬 표정이었기에 가이드는 수시로 "뷰티풀 레이디! 스마일!" 하면서 긴장을 풀어주려고 애썼다. 동굴

로터루아의 원주민 항이쇼

은 수시로 좌우방향으로 크게 돌면서 물길을 만들고 있었고 곳곳에 여러 갈래로 갈라지는 곳도 있어서 전형적인 미로의 형태였는데 그만큼 신비로움이 더했다.

동굴을 빠져나오기 직전에도 상당히 깊은 물속을 튜브를 잡고 가이드라인을 따라 수영하다가 출구로 나왔는데 오름길이 급경사에다가 진흙으로 축축이 젖어 있어서 한참이나 애를 먹었다.

동굴 밖은 우리가 동굴 속을 들어갈 때의 모습 그대로였다.

그러나 4시간 동안 지하세계에서 겪은 그 아름답고 신비로운 경험은 영원히 잊을 수 없는 추억이 되어 나의 기억 속에 자리 잡을 것이다. 투어회사 앞에서 늦은 점심 후 시계를 보니 5시가 다되어서 서둘러 로터루아로 출발했는데 항이쇼 시간을 맞추기가 어려워 보여 꾸불꾸불한 밤길을 과속했더니 순환이는 여행 끝날 때까지 나를 "크레이지 드라이버"라고 놀려댔다.

폴리네시안 스파 부근 호텔의 항이쇼는 식사를 하면서 마오리족의 민속춤을 보는 프로그램이었는데 애절한 노래가락은 오래전 우리나라의 시골에서 들어본 듯한 곡조였다. 나라 잃고 이젠 백인들의 통제 하에서 자신들의 옛 모습을 상품화하여 살아가는 마오리인들의 모습이 투영되어서 더욱더 애절하게 들렸는지도 모른다.

항이쇼보다는 옆 테이블의 가슴 빵빵한 미인에 시선이 가는 걸로 보아 항이쇼 자체보다 항이쇼를 하기 전에 호객을 위한 호텔 프런트에서의 원맨쇼가 더 볼만했다.

밤이 늦어서 시내의 맨해튼 모텔에 여장을 풀었는데 도시 전체를 감싸는 유황냄새와 함께 로터루아에 도착한 밤은 깊어만 갔다.

• 8월 15일(수)

| 로터루아 |

비바람이 치던 바다 잔잔해져 오면

오늘 그대 오시려나 저 바다 건너서

저 하늘에 반짝이던 별빛도 아름답지만

사랑스러운 그대 눈은 더욱 아름다워라

그대만을 기다리리 내 사랑 영원히 기다리리

그대만을 기다리리 내 사랑 영원히 기다리리

70년대에 가수 은희가 부른 발라드풍의 노래 연가인데 한국전쟁에 참전한 뉴질랜드 병사들이 고향 로터루아를 그리워하며 불렀다. 그런데 로터루아에는 연가에 나오는 바다는 없다. 대신에 로터루아 호수가 있는데 파도까지 치는 바다에 필적하는 거대한 화구호(화산이 폭발하면서 만들어진 호수로 우리나라의 백두산 천지가 화구호이다)이다.

연가를 한국어로 번역한 분이 원 가사처럼 호수라고 표현하면 한국에서의 호수와는 규모의 차이로 느낌이 달라져 바다라고 표현했으리라. 노래에는 사랑이 있어야 더욱 아름다운 정을 느끼게 하는 법이다.

별빛보다 아름다운 사랑스러운 여인의 눈동자!

언젠가 학창시절 읽었던 알퐁스 도데의 《별》이라는 작품이 생각난다.

알프스의 목동이 별빛이 주룩주룩 내리는 어느 여름날 밤 깊은 산 속의 목장에서 평소에 사모하던 주인집 아가씨와 우연히 함께 있었을 때 그녀의 눈동자에서 느꼈던 아름다움도 이와 같았으리라.

뉴질랜드의 북섬에서 가장 뉴질랜드다운 도시인 로터루아!

뉴질랜드에 와서 그동안은 매일 아침 일찍 서둘렀지만 로터루아의 관광지들은 8시 30분이 되어야 문을 열기 때문에 느긋하게 휴식을 취하다가 8시에 모텔에서 출발했다.

지옥의 문(헬스 게이트)이 오늘의 첫 방문 장소이다.

지옥의 문으로 가는 길옆에는 로터루아 호수가 그림 같은 모습으로 자리하고 있었다. 별빛처럼 반짝이는 눈망울을 가진 아름다운 뉴질랜드여인이 혹시 나를 기다리고 있으려나 싶어 잠시 내려서 호수에 발이라도 담그고 싶었지만 여우 같은 마누라의 눈동자가 옆에 있어서 욕망을 억누르고 지옥의 문으로 직행했다.

뉴질랜드 여행을 하다 보면 관광 안내 책자에서 중요하게 다루는 유명관광지라도 막상 가보면 입구가 너무도 평범해서 쉽게 찾지 못하는 경우가 많다.

지옥의 문도 허술한 입구 탓에 하마터면 그냥 지나칠 뻔했다.

지옥의 문!

꿈속에 들어봤던 지구의 숨 쉬는 소리는 바로 여기에서 나는 소리였다. 황량한 풍경에 곳곳에서 수증기와 연기가 무럭무럭 치솟고 지독한 유황냄새가 코끝을 찌른다. 악마 외에는 살아갈 수 없는 땅이어서 지옥의 문이라는 표현이 적당했다.

지표면에 움푹움푹 들어간 구멍 속에 시커먼 색의 걸쭉한 진흙탕물이 지열에 의한 압력으로 부글거리며 끓는 그로테스크한 모습이었다.

지옥의 문은 크게 두 구역으로 나누어져 있다.

첫 구역은 정문을 들어서자마자 보이는 지역이고 이곳을 지나면 아름다운 숲이 우거진 길을 지나게 되는데 길옆의 계곡에는 Hot waterfall(뜨거운 물이 쏟아지는 폭포)이 있었다. 계곡물은 땅속에서 분출된 유황을 포함한 여러 가지 물질들로 혼합되어 탁하고 지저분했다.

두 번째 구역도 첫 번째 구역과 비슷한 모습이었다.

우리가 서 있는 땅속에는 거대한 마그마 챔버가 있어서 그 열이 지표면으로 올라오는 지역이 헬스 게이트에 대한 지구과학적 분석이겠지만 우리는 눈에 보이는 신비로움에 빠져들었다. 유황 연기 속을 한참이나 돌아다닌 후 다시 입구로 나올 때쯤 세진이가 가벼운 현기증이 난다고 했다. 이때만 해도 가볍게 듣고 흘렸는데 내일 여행의 끝머리에 심각한 해프닝을 연출할 줄이야.

지옥의 문 입구에는 땅에서 올라온 뜨거운 물로 족욕(발목욕)을 하는 곳이 있었다.

테 와이로아 매몰촌 주변 호수의 흑조

　모두 족욕을 하러 간 동안 혼자 주차장에서 비스킷을 먹으면서 다음 여행지에 대한 자료를 보고 있을 때였다. 어디선가 ‘꾸구국’ 하는 소리가 나기에 고개를 들어보니 ‘맙소사!’ 동물원에서나 볼 수 있는 아름다운 깃털을 가진 공작 한 쌍이 내 눈앞에 와 있었다.

　사람도 두려워하지 않고 먹을 걸 달라는 소리였다. 먹던 비스킷을 던져줬더니 큰 부리로 단숨에 먹어 치운다. 뉴질랜드의 멋 중에 하나는 바로 야생동물과 쉽게 동화될 수 있다는 것이다.

　족욕하고 온 동료들도 이 모습을 보곤 신기해서 어쩔 줄 모른다.

　공작커플과 한참이나 장난치며 놀다가 다음 장소인 테 와이로아 매몰촌으로 떠났다.

　길옆에 있는 블루호가 얼마나 아름답던지 가던 길을 멈추고 호숫가를 거닐어본다. 빈틈없이 살아가는 삶 속에 이런 멋진 여유로움을 가졌던 때가 얼마나 자주 있었던가 싶다. 티끌 하나 없을 것 같은 투명한 호수에는 몇 마리의 흑조가 헤엄치고 있었다. 매몰촌의 입구를 찾지 못하여(매몰촌 입구는 테 와이로아 매몰촌 쇼핑센터가 정문이었는데 쇼핑센터 뒤에 매몰촌이 있을 거라 생각 못했다) 타라웨라 호수를 따라 나있는 길의 끝까지 들어가게 되었다.

그 호젓한 길에는 호숫가를 따라 그림같이 아름다운 전원주택들이 들어서 있었다.

결과적으로 매몰촌 입구를 바로 찾지 못한 덕분에 상상 속에서 그려봤던 전원수택들을 보는 즐거움을 누릴 수 있었다. 레몬 니무가 예쁘게 가꾸어진 정원을 가진 집 앞에서는 여인들이 잠시 사진을 찍으며 여유를 부리는데 노란 레몬과 아내들의 여유로운 모습이 잘 어울렸다.

다시 길을 돌아 나와 테 와이로아 매몰촌 입구인 쇼핑센터로 왔다.

레스토랑에서 샌드위치와 과자로 가벼운 점심을 먹고 매몰촌 투어를 시작했다. 테 와이로아 매몰촌은 1886년 6월 마을에서 10km 이상 떨어진 타라웨라 화산이 폭발하면서 매몰되었는데 뉴질랜드 역사상 최대의 자연재해로 기록된 대참사의 현장이다. 매몰촌 박물관에서 당시의 참상을 전해주는 사진자료를 보고 매몰촌을 둘러보기 시작했다. 집의 처마 끝까지 화산재로 파묻여 있었고 지붕에는 이끼가 덮여 있어서 불과 120년 전의 집이었지만 고색창연이란 표현이 어울리는 모습이었다.

와이오타푸 서멀 원더랜드의 한 장면

　매몰촌 마을에는 작은 실개울이 휘감아 흐르고 있었는데 그 얕은
물에도 커다란 송어 떼가 몰려다니고 있었다.

　그냥 낚시를 드리우면 금세 수십 마리를 잡을 수 있을 것 같았다.

　화산재에 묻힌 마을과 실개천, 송어 떼 그리고 주위를 아름답게 꾸
미는 숲 사이로 난 길을 걷다 보니 우리는 어느새 타임머신을 타고
1880년대로 시간여행을 하고 있었다. 실개천이 흘러가는 타라웨라
호수 방향으로 타라웨라 폭포가 멋지게 걸려 있었다. 물안개를 일으
키며 떨어지는 폭포의 아름다움에 우리의 모습도 사진 속에 담았다.

　지옥의 문, 블루호, 타라웨라 전원주택 지역, 테 와이로아 매몰촌
을 둘러 보니 뉴질랜드의 겨울은 벌써 해를 서쪽 하늘에 걸어놓고
있었다. 와이오타푸 서멀 원더랜드를 마지막으로 보려고 전속력으

로 달렸지만 와이오타푸는 오후 3시 45분이 마지막 입장시간이었다. 뉴질랜드에서는 관광지들이 너무 늦게 문을 열고 너무 일찍 끝나기 때문에 이 점을 고려하여 여행 스케줄을 짜야만 무리가 없다.

오이오타푸 근처까지 가다가 일정을 내일로 미루고 로터루아로 돌아왔다.

여인들은 여행을 하면서 한결같이 코스트코 같은 대규모 양판점을 구경하는 것을 좋아했기에 로터루아 시내의 양판점인 PAK’ N SAVE에 가서 먹고 싶은 것들을 잔뜩 사서 모텔로 돌아왔다.

푸른빛이 도는 뉴질랜드 홍합이 가격도 싸고 싱싱해서 많이 사왔는데 모텔에서 삶아서 초고추장과 같이 먹으니 오동동한 핑크빛에 살살 녹는 맛이 환상이었다. 저녁을 먹고 잠시 밖을 나와 보니 밤하늘엔 뉴질랜드의 달이 달무리 속에 졸면서 천천히 북쪽 하늘을 가로지르고 있었다.

5일째 맑은 날씨가 이어지고 있어서 여행에 큰 도움이 되고 있다.

• 8월 16일(목)

| 로터루아 ~타우포~투랑기 |

와이오타푸!

신의 팔레트라 했던가?

와이오타푸를 신의 팔레트라고 부르는 이유는 직접 보고 느껴야 비로소 안다. 호수 면의 여기저기에 형형색색의 색채를 띠는 원형의 색 자국들은 도저히 자연이 만들었다고 믿어지지가 않는다.

뉴질랜드에서는 내륙으로 그리고 남쪽으로 내려갈수록 기온이 점점 더 내려간다. 그래서 와이오타푸 서멀랜드에서는 오리털 파카를 꺼내 입었다. 와이오타푸는 규모도 크지만 자연이 만들어낸 색의 마술이 예술품 그 자체이다.

어릴 적 저녁 무렵의 시골 논두렁을 걷다 보면 정감이 가는 초가집의 나지막한 굴뚝에서 나오는 연기처럼 계곡 여기저기서 연기가 피어오르는 모습이 와이오타푸에서 대면하는 첫 장면이다. 마치 동화 속의 난쟁이들이 사는 작은 초가집들이 계곡에 들어서 있을 것만 같지만 그곳은 신들이 만들어낸 영역이었다.

크고 작은 호수와 유황 연기를 뿜어대는 악마의 구멍들이 우리가 걸어가는 길에 연이어서 나타나는데 땅의 여러 가지 광물질이 녹아서 지역마다 나타나는 색상이 다르다. 나는 그 아름다움에 탄복하다 못해 그냥 바보같이 입을 헤벌리고 걸었다. 아까 입구를 통과할 때 카운터의 아줌마가 간헐천인 레이디 녹스 가이저 쇼를 보려면 10시 10분까지 정문으로 나와야 한다기에 우리는 뛰다시피 하며 여기저기를 정신없이 다녔다. 오솔길의 구석진 곳에 유황냄새 풍기는 뜨거운 물이 솟아 오르는 아주 작은 옹달샘이 있었다.

가지고 간 달걀을 옹달샘에 넣고 근처의 나뭇가지로 달걀이 보이지 않게 살짝 덮어두었다. 그리고 나머지 지역을 종종걸음으로 돌아서 나오면서 옹달샘에 가서 익은 달걀을 챙겨서 정문으로 향했다.

　　서두른 덕분에 간헐천 쇼를 보는 장소에 시간을 맞추어 도착할 수 있었다. 레이디 녹스 가이저는 크기가 2~3미터 정도 되는 아주 작은 화산 같은 모습인데 화구에 소금을 넣으면 여러 가지 광물질이 녹아 있는 구멍 속의 물에 소금이 반응하면서 그 압력으로 물이 분수처럼 뿜어져 나왔다. (뜨거운 물이라 생각했는데 바람에 흩날리는 물방울은 상당히 차가웠다.)

　　레이디 녹스 가이저는 오래전에 읽었던 생텍쥐페리의 어린왕자의 세계로 나를 인도해갔다. 어린왕자는 작은 별에 흩어진 화산을 틈틈이 돌봐야 한다. 이를 게을리하면 화산이 폭발하게 되고 그러면 어린왕자가 사는 아기별은 산산조각이 나기 때문이다. 저렇게

와이오타푸의 간헐천

작은 화산이 있다면 어린왕자가 사는 별에 너무도 잘 어울릴 것 같
았다.

소금을 넣고 난 후 분출이 일어나기까지 몇 분이 걸렸는데 책임
자가 마치 옛날 무성영화의 연사처럼 잠시 후 일어날 현상에 대하
여 설명하는 모습이 인상적이었다. 간헐천 관람을 마친 후 주차장
에서 옹달샘에서 익힌 달걀을 먹으려고 했는데 흰자만 약간 익은
걸 보니 물속에 둔 시간이 너무 짧았나 보다.

타우포로 가는 길에 지열발전소를 들렀다.

지열을 이용한 발전소였는데 뉴질랜드의 발전량 중에서 20% 이
상을 지열발전소로 충당한다고 했다. 발전소 뒤에 있는 언덕에는 발
전소 전체를 조망할 수 있는 전망대가 있었는데 넓은 지역의 여기저
기에 수증기가 피어오르는 발전소의 풍경은 또 다른 볼거리였다.

날씨가 겨울을 느끼기에 부족하지 않을 만큼 추워져서 여름휴가
로는 더할 나위 없이 추운 휴가가 시작되었다. 거기다 6일째 비가
오지 않는 맑은 날씨의 연속이다. 강을 따라 난 길을 올라가면서 후
카 폭포로 갔다. 이 폭포는 타우포 호수에서 흘러나가는 강에 걸려
있는 폭포이다. 절벽에서 떨어지지 않는 폭포이면서 뉴질랜드의 대
표 폭포라는 설명을 들었지만, 막상 폭포를 대하는 순간 청포물같
이 푸르고 맑은 물이 협곡을 가득 메우고 굉음을 내며 흘러내리는
장관에 마음마저 젖어들었다. 폭포가 만들어내는 하얀 물거품이 저
멀리까지 흘러내리는 물속을 휘감으며 떠내려간다.

뉴질랜드의 호수 중 최대 규모인 타우포 호수를 오른쪽에 두고

지열발전소

타우포의 후카 폭포

우리의 애마는 방향을 돌려서 번지점프장에 갔다. 번지점프대에서 내려다보는 수직절벽에 오금이 저려온다. 번지점프를 하고 싶었지만 불과 30초 전후로 끝나는 점프비용이 7만 원이라서 최 이사가 대표로 하기로 했고 우리는 전망대에서 사진을 찍어주기로 했다.

그런데 사진 찍을 준비를 하기 전에 점프를 하는 바람에 제대로 된 사진을 찍지 못했다. 어쨌든 최 이사는 우리의 기대를 저버리지 않고 멋진 자세로 다이빙했다. 지금도 수직절벽 옆을 푸른 물을 향하여 한 마리 날개 없는 새가 되어 떨어지던 그 모습이 그곳의 멋진 풍광과 어우러져 기억 속에 새롭다.

오늘의 점심은 새우농장에서 새우 파티를 하기로 했다.

밥 한번 사라고 조르는 후배들에게 새우농장의 점심으로 대신하기로 했다. 후배들에게 종종 밥을 사곤 했지만 굶주린 후배들은 틈만 보이면 밥을 사라고 아우성이다. 한국의 대하보다 훨씬 큰 새우는 앞다리의 한쪽이 유난히도 크고 길어서 바닷가 달랑게의 왕발처럼 우스꽝스러운 모습을 하고 있었다. 모양이야 어쨌든 새우 맛은 아주 좋았다.

새우로 배를 든든하게 채운 후 소화도 시킬 겸 가까이 있는 허니 하우스를 갔다. 다양한 꿀을 전시판매했는데 시식 코너가 있어서 여러 종류의 꿀을 한 번씩 먹었더니 달콤한 꿀맛과 꿀 향기가 입 안 가득 배어온다. 허니 하우스는 인심도 좋아서 시식 꿀은 아무리 많이 먹어도 괜찮았다. 덕분에 공짜 꿀을 듬뿍 먹었더니 단맛에 적응이 되어서 순환이가 디저트로 사주는 꿀 아이스크림 맛이 그저 그렸다.

　서산에 해가 걸리는 시간에 타우포 호수를 오른쪽에 두고 투랑기 가는 길을 달리기 시작했다. 타우포는 얼마나 넓은 호수인지 저 멀리 호수가 만드는 수평선이 가물거리며 보였다. 뉴질랜드에서의 운전도 적응되어서 이젠 밤에 운전하는 것도 힘이 들지 않는다. 한 가지 적응이 안 되는 것은 꾸불꾸불한 왕복 2차선 길도 제한속도가 100km이고 앞 뒤차가 모두 쌩쌩 달리니 밤길 커브길 운전 때는 약간 긴장을 한다. (뉴질랜드를 다녀온 후 서울의 삼성의료원 앞길의 8차선 도로를 제한속도 60km로 달리려면 은근히 부아가 치밀 때가 잦다.)

　어두운 밤을 한참이나 달려서 제니퍼가 예약해둔 투랑기의 모텔에 도착했다. 넓은 지역에 연립주택처럼 보기 좋게 여기저기 흩어져 있는 모습이 여러 날의 여행으로 피곤한 나그네에게 편안한 느낌을 준다. 투랑기는 조그만 시골마을이었는데도 큰 규모의 슈퍼마켓이 있었다. 슈퍼마켓에서 청합을 잔뜩 사서 모텔에 돌아와서 제임스가 준 멋진 와인과 함께 먹으며 오늘 여행의 달콤함(꿀을 많이 먹어서 더 달콤했나 보다)을 나누고 있는데 세진이가 갑자기 온몸을 긁어대면서 호흡이 곤란하다고 했다.

　몸을 보니 온몸의 여기저기가 알레르기로 벌겋게 변해 있었다. 거기다가 호흡도 곤란하다고 하기에 모텔주인에게 구급차를 불러달라고 했다. 며칠 동안 즐거움만 가득했던 여행에 한순간에 먹구름이 밀려오는 느낌이었다. 하늘에서는 곤경에 처한 우리 상황을 아는지 뉴질랜드에서 처음 만나는 비가 내리기 시작했다.

문제가 무엇인지 차근차근 생각해보니 어제 세진이가 지옥의 문에서부터 어지럽다고 했던 것과 아까 와이오타푸에서 혼자 유황이 묻어 있는 삶은 달걀을 먹은 것에 생각이 미치는 순간 유황 알레르기라는 느낌이 강하게 들었다.

곧바로 구급차가 왔고 구급차의 의사는 환자의 상태를 세밀하게 검사하기 시작했는데, 검사하는 도중에 호흡도 많이 부드러워지고 알레르기도 줄어들기 시작했다.

의사는 유황 알레르기인 것 같다면서 환자의 상태가 호전되는 것을 보고는 상태가 다시 나빠지면 연락하라며 돌아갔다. 짧은 시간이었지만 세진이의 유황 알레르기 해프닝은 이번 여행의 남은 기간에 풍성한 이야깃거리를 제공해주었고 오클랜드에 있던 제임스, 제니퍼 부부도 한바탕 야단법석을 떨었던 사건이었다.

제니퍼가 전화로 한마디 한다.

"좌우지간 끝내주는 팀이군요. 도착하자마자 핸들도 반대이고 차선도 반대인 뉴질랜드에서 차를 렌트해서 겁 없이 운전을 하더니만 4시간 동안 동굴 속에서 헤매고 다니지를 않나? 번지점프도 하더니 마침내 응급차까지 불러대니. 쯧! 쯧! 앞으로 남은 여행이 기대됩니다."

내가 한마디 했다.

"아이고~ 제니퍼 아줌마! 당신 남편 제임스도 우리와 같은 종족이야. 우리는 늘 이렇게 소란을 피우며 30여 년을 함께 뭔가에 몰입

하며 지내왔지. 그리고 앞으로도 죽는 날까지 그렇게 지낼 거야. 그
래도 우리가 이런 모습으로 함께할 수 있음을 얼마나 행복해하는지
는 아줌마도 충분히 짐작하겠지? 기대해라. 더 멋진 여행을 듬뿍 하
고 갈 테니.”

| 투랑기 ~ 와카파파 빌리지 ~ 로터루아 |

새벽부터 제법 많은 비가 모텔 지붕을 두드리는 것을 보니 여행
의 막바지가 되어서야 뉴질랜드의 겨울다운 모습을 느끼게 한다.
세진이의 알레르기 증세는 밤사이에 마치 꾀병을 부린 것처럼 사라
져버렸다. 짧은 시간 동안의 해프닝으로 끝난 여행의 양념 같은 사
건이었다.

이른 시간에 제니퍼가 미리 예약을 해놓았던 송어낚시 배 선장이
모텔에 도착했다.

“비가 많이 오는데 낚시 예약했던 것 취소할 수 없나요?”

비에 옷을 적시며 낚시하고 싶은 마음이 사라졌기 때문에 취소하
고 싶다는 이야기를 했더니 마음씨 좋게 생긴 선장 할아버지는 “그
게 저도 바라는 바입니다. 이런 비바람에 고기가 잡히겠어요? 비싼
돈 내고 고기 못 잡으면 나중에 저를 원망할 것 아닙니까?”라고 너
털웃음을 웃으며 너무도 편안하게 이야기했다. 이른 새벽부터 우리
때문에 모든 채비를 갖추고 와서는 예약취소를 쾌히 받아들이는 모

습이—오랜만에 용돈 생길 찬스가 비와 함께 사라졌는데도 밝게 이
야기하는 것을 보며—참으로 여유롭게 세상을 사는 사람으로 느껴
졌다.

덕분에 우리는 빗소리를 들으며 모텔 방에서 느긋하게 식사도 하
고 간식도 먹으면서 세진이의 알레르기 이야기로 시간을 죽였다.

날이 밝아오면서 비도 어느새 그쳤다.

다시 짐을 꾸려서 출발이다. 모텔에서 멀지 않은 곳에 있는 소방
서 옆의 세인트존스 응급센터의 구급차량 옆에서 사진을 찍었다.
어제 세진이를 진료했던 의사가 타고 왔던 바로 그 차였다. 어제의
난리법석은 이제 지난 일이 되었고 우리는 구급차량 옆에서 낄낄거
리면서 추억이 될 사진을 찍고 있었다. 차는 와카파파 빌리지로 방
향을 잡았다.

원래는 통가리로 크로싱 루트를 트레킹할 계획이었지만 용숙 씨
다리상태가 좋지 않은 것 같아서 와카파파 스키장의 리프트를 타고
2,000여 미터까지 올라가서 루아페후 산을 등산하기로 계획을 바꾸
었다.

루아페후 산은 1995년과 1996년에 대폭발을 일으킨 활화산이다.

자동차가 고도를 높여갈수록 외기온도가 낮아져서 창문 쪽은 서
늘한 기운이 느껴지면서 제법 겨울다운 느낌을 준다. 그래도 도로
양쪽의 숲들은 여전히 푸른빛을 띠는 것이 한국의 겨울과는 다른
모습이라서 색다른 기분이 들었다.

루아페후 산의 스키장 리프트

47번 국도에서 와카파파 빌리지로 향하는 길로 접어들었다.

저만큼 그랑샤토 통가리로 호텔이 루아페후의 설산을 배경으로 중세풍의 멋진 모습으로 우리를 맞이했다. 호텔 주차장에 잠시 차를 세우고 아름다운 호텔 내부와 호텔 앞의 멋진 골프장도 구경했다. 호텔 안은 유럽식 이름이 말해주듯 르네상스시대의 고풍스러운 호텔이 아마도 이랬으리라 싶은 인테리어가 정겹다.

바람이 부는 추운 날씨 탓인지 한눈에 18홀 전체가 내려다보이는 골프장엔 사람이라곤 찾아볼 수가 없었다.

한국이라면 이 정도 날씨에도 골프장이 북적거리겠지만 이곳처럼 텅 빈 골프장을 심심찮게 볼 수 있는 것도 뉴질랜드다운 모습이다. 뉴질랜드에 와서 그동안은 날씨가 따뜻해 겨울다운 분위기가

루아페후 산의 스키장 정상 카페에 쌓인 눈과 고드름

나지 않았는데 이제 겨울이라는 기분을 실감하기에 부족함이 없다.
와카파파 스키장의 용품점에서 부족한 보온장비를 구입한 후 리프
트를 타러 나오는데 하늘이 짙은 가스로 덮이면서 흰 눈이 펑펑 내
리기 시작한다. 스키장에는 95년과 96년의 대폭발 때 굴러 내려온
화산석이 잔뜩 쌓여 있어서 살아있는 자연의 모습이 어떤지를 느끼
게 해주었다. 스키 타는 사람들 사이에서 이방인들이 배낭을 메고
리프트를 타는 모습은 우리가 서로 쳐다봐도 스키장에 어울리지 않
는 풍경이었다. 리프트는 하단리프트와 상단리프트가 있어서 중간
에 내려서 다시 상단리프트로 갈아타야 하는 데 팸플릿에 소개된
자료로는 상단리프트의 종착지는 해발 2,000미터가 넘는 높이에 있
었다.

하단리프트를 타고 올라가는 동안에 폭설과 거센 바람이 만들어
내는 눈보라로 눈을 제대로 뜰 수가 없었고, 옷은 눈으로 푹 젖어버
렸다. 우리는 상단리프트를 타기 전에 눈을 피할 수 있는 리프트 탑
승구 옆에서 수건으로 젖은 옷을 대충 닦아낸 후 비옷을 입었다. 리
프트를 바꾸어 타고 올라가는 도중에도 폭풍설이 몰아치는 바람에
선글라스를 쓰고도 눈을 뜨기가 어려웠고 짙은 가스로 리프트 바
로 아래로 지나가는 스키어들이 영혼의 세계처럼 흐릿하게 보였
다. 얼마나 추웠던지 두 번의 리프트 타기가 너무도 길게 느껴져 모
두 온몸이 꽁꽁 얼어서 리프트 하차지점에 있는 레스토랑에 들어
갔다. 배낭과 비옷을 대충 벗어놓고 언 몸을 녹였다. 레스토랑에 근
무하는 아가씨들이 눈에 확 띨 정도의 육체파 미인들이라서 수컷
의 본능으로 충만한 사내들은 가슴 빵빵한 여인 구경을 하는 것도
괜찮았다.

눈이 펑펑 내리는 활화산의 약 2,000미터 높이에 있는 멋진 레스
토랑에서 육체파 미인들을 보며 그녀들이 만들어주는 커피를 마시
는 기분을 상상해보시라. 다시 시간을 내서 가고 싶은 천상의 눈꽃
나라였다. 루아페후 산은 엄청난 폭풍설과 가스로 동서남북을 식별
하기 불가능한 상태라서 등산은 포기하고 식사를 하고 레스토랑에
서 잠시 휴식을 취한 후 하산하기로 했다. 레스토랑 바깥은 엄청나
게 눈이 쌓여서 처마 근처까지 눈이 덮여 있었고 처마 끝에는 고드
름이 주렁주렁 매달려 있어서 겨울 정취에 푹 파묻히게 했다.

하산하는 동안에도 폭설은 우리를 겨울분위기로 흠뻑 적셔주었

다. 산에서 내려오니 무섭게 내리던 눈의 세계는 저 멀리 물러나 있었고 우리는 다시 푸름이 가득하고 때때로 해가 비치는 밝은 세상 속에 자리하고 있었다. 타우포로 오는 동안에도 바람은 차가웠지만 멀리 수평선이 보이는 호수의 풍경은 우리를 매료시키기에 충분했다.

타우포 다운타운 근처에 다다랐을 때 이름 모를 나무에는 노란 꽃이 활짝 피어 있었다. 눈보라 치던 산에서 내려온 지 얼마 되지 않았는데 어느새 우리 곁에 다가온 호숫가의 꽃이 너무도 이질적으로 다가왔다. 어제 갔던 길을 되돌아 오는 길에 오늘 우리가 만났던 변화무쌍한 세상의 모습을 생각하며 수다를 떨다 보니 어느새 실바람을 타고 유황냄새가 코끝을 자극하는 로터루아의 다운타운이 초저녁 불빛을 잔뜩 담고 저 멀리서 어서 오라고 손짓한다. 내일 새벽 일찍 오클랜드 북쪽의 노쇼우까지 가야 하므로 오늘은 로터루아에서 여정을 끝내기로 했다.

뉴질랜드 청합(홍합인가?) 맛에 반한 우리는 시내 슈퍼마켓에서 청합을 잔뜩 사서 숙소로 돌아왔다.

로터루아의 밤은 삶은 청합과 포도주의 향기에 취하고 방문만 열면 보이는 하늘 가득히 품은 별빛에 취하고, 오늘의 꿈같은 이야기에 취하고, 사랑하는 선후배의 깊은 우정에 취하면서 그렇게 깊어만 갔다.

| 로터루아~오클랜드 |

새벽 5시의 로터루아에서 오클랜드로 향하는 1번 고속도로에는 어쩌다 지나가는 차량이 간혹 있을 뿐 며칠 동안 우리와 함께해준 애마는 자신의 전조등 불빛에 의지하여 북으로 북으로 달렸다. 이른 새벽에 조금은 잠이 부족한 상태로 운전대를 잡으니 가벼운 피곤함과 기분 좋은 느낌이 함께 내 영혼에 머문다.

오클랜드에서 로터루아로 내려올 때의 낯선 분위기와는 다르게 고속도로의 주변풍경은 어느새 우리에게 친근함으로 다가왔다. 뒷자리의 동료들은 다들 곤하게 잠들어 있다. 훈틀리를 지나서야 동녘이 조금씩 밝아오지만 이제 뉴질랜드는 이틀 연속 칙칙한 분위기의 비 오는 날씨를 보여준다.

뉴질랜드에서의 비 오는 날은 한국과 너무도 다르다.

한국에서는 한번 왔다 하면 대체로 수량도 많고 오는 시간도 긴데 반하여 여기는 잠시 오다가 그치기를 되풀이한다. 오클랜드로 향하는 고속도로에서의 비는 전형적인 뉴질랜드의 겨울비로 잠시 왔다가 그치기를 반복했다.

아침 9시가 안 되어서 노쇼우에 도착했는데 이제는 뉴질랜드 지도만 가지고도 제니퍼의 집을 쉽게 찾았다. 며칠 동안 좌충우돌하면서도 아무 탈 없이 돌아온 우리들을 제임스, 제니퍼가 살갑게 맞아준다.

"형! 여기 와봐요."

제임스의 밝은 목소리에 뒤뜰로 가봤더니 팔뚝만한 장어들이 양동이에 가득하다. 우리 온다고 새벽에 호수에 가서 닭기름 덩어리를 미끼로 통발을 놓았는데 한 시간 남짓 만에 잡힌 양이 이 정도란다.

손으로 잡아봤더니 힘이 얼마나 좋은지 잡고 있을 수가 없다.

제임스는 뱀장어 손질하느라고 집에 남고 제니퍼가 오클랜드 무료 여행 가이드 겸 운전기사로 따라가기로 했다. 오랜만에 가이드와 운전기사가 있으니 마음이 푸근하다. 거기다가 제니퍼 특유의 소프라노 수다에 우리 모두 기분이 즐거워진다.

첫 여행지는 무리와이 비치이다. 부슬부슬 비가 내리는 가운데 무리와이 비치의 검은 모래사장엔 거친 파도가 몰아친다.

"저쪽 바위는 낚시하던 사람들이 갑자기 몰아치는 파도에 휩쓸리면서 익사하는 사고가 종종 나는 곳이에요."

제니퍼는 처음부터 겁을 준다.

천방지축 철부지 어린애 같은 아저씨, 아줌마들을 보고 얼마나 불안했으면 조심하라고 겁부터 먼저 줄까 싶었지만 무리와이 비치는 제니퍼가 우리들에게 보여주는 첫 장소로 선택하기에 나무랄 데 없는 멋진 해변이었다. 바다에 무언가 작은 점 같은 것이 무리지어 움직여서 물개인가 하면서 자세히 봤더니 윈드서핑 하는 사람들이다. 겨울에 찬비까지 내리는데 윈드서핑이라니 저 인간들도 참 대단하다 싶었는데 물이 너무 차가워서인지 오래 있지 못하고 해변으로 나온다.

파도는 제니퍼의 경고처럼 한 번씩 크게 치는데 그 파도와 잘 어울리는 가닛(신천옹) 떼들이 모여 있는 바위처마가 가닛의 합창소리로 부산하다. 파도와 가닛 그리고 멋있게 솟아있는 암봉 위의 한 무리의 또 다른 가닛 떼!

무리와이 비치는 마치 여름밤 논에서 울어내는 개구리 떼 같은 가닛의 울음소리와 저 아래 너럭바위 위로 추상화처럼 퍼져가는 파도를 옆에 두고 낚시하는 낚시꾼의 모습이 한데 어울려 멋진 동영상을 보는 것 같았다.

해변 언덕을 따라 난 길을 걷다가 뜻밖에 멋진 선물을 만났다. 무리와이 비지에서 이제 막 결혼식을 올리는 신혼부부와 들러리들을 만난 것이다. 정장을 차려입은 남자 들러리와 멋쟁이 신랑, 그리고 언덕 아래에서 수줍은 표정으로 다가서는 신부의 모습이 또 다른 볼거리를 제공했다. 결혼행진곡도 없이 신랑 쪽으로 걸어오기에 동양의 불청객들이 결혼행진곡을 불러 분위기를 띄웠더니 신부가 가벼운 눈웃음을 흘린다.

무리와이 비치에서 시내로 들어오면서 제니퍼는 매력적인 고음으로 스쳐가는 주변의 장소를 설명하느라 바쁘다. 그러는 가운데 동화 속의 작은 화산 같은 마운트 이든(한국식으로는 에덴동산이다)을 올랐고 오클랜드 최고의 휴양지라 칭하는 미션베이가 우리 곁에 잠시 있었다.

점심은 집사님 부부와 함께했는데 집사님은 한국에서 세진이 부부와 친분을 쌓은 분이라고 했다. 그랜드 하버라는 이름의 중국 음식점이었는데 푸짐한 점심식사로 배가 탱탱해질 때까지 먹었다.

식사 후에 시내에서 가벼운 쇼핑을 하고 집으로 향했다.

그동안 제임스는 물동이에 가득한 장어를 요리하기 좋게 손질해놓았다. 구수한 장어 굽는 냄새가 진동하는 가운데 포도주와 함께 나누는 선후배의 오래된 우정이 묵은 신김치처럼 진한 맛을 내며 어우러졌다. 식도락을 살아가는 데 있어서 중요한 행복으로 생각하는 진숙 씨와 용숙 씨가 서방님에게 장어를 먹이려고 안달인 걸 보면 아무래도 서방님들의 밤일이 많이 부실한가 보다.

하긴 이제 모두들 나이 50이 넘었는데 무슨 힘이 남아 있겠나?

저녁을 먹고 제임스의 꼬드김으로 쉬지도 못하고 근처 바닷가로 낚시를 하러 갔다.

바닷가는 저 멀리 희미하게 보이는 불빛 외에는 칠흑 같은 어둠이었다. 가볍게 철썩거리는 파도소리를 들으며 낚시를 드리우다가 어느 바보 같은 물고기가 한국 촌놈에게 잡히겠나 싶어서 낚시하는 벗들을 뒤로하고 밤의 해변을 걸어봤다. 비가 오다가 그치면 어느새 하늘에는 구름 사이로 보석 같은 별들이 가득하고 그 속에 또 다른 세상이 손짓하고 있는 것 같았다. 언젠가 읽었던 류시화의 《하늘 호수로 떠난 여행》이라는 인도여행기가 생각난다.

인도의 사막 한가운데 있는 작디작은 마을을 혼자 여행하면서 부닥치는 에피소드를 글로 쓴 것인데 구멍 뚫린 여인숙 천장으로 바라다보는 하늘엔 수천 년 전에 그 별을 떠난 빛이 마을에 조용히 내려앉는다.

먼 이국땅에서 혼자만의 해변을 거닐며 먼지 없는 투명한 하늘의 별을 보고 있노라니 마치 하늘 호수로 떠난 여행에서 만난 별을 마주하는 것 같다. 그러다 보니 갑자기 내 영혼의 방랑자 기질이 나를 인도로 유혹한다. 언젠가 그 영혼의 호숫가를 거닐어 보리라.

별빛 내리는 바닷가를 걷다가 낚시하는 곳으로 발걸음을 돌려봤더니 예상대로 한 마리의 물고기도 낚지 못했다.

"이 친구야! 찬바람 부는 밤에 물고기가 사람 낚겠다. 그만 들어가자."

집으로 돌아오는 길에 데본포트를 잠시 들렀다. 데본포트에서 바라다보는 오클랜드 시가지의 불빛도 하늘의 별처럼 영롱하게 빛났다.

이제 뉴질랜드의 마지막 밤이 깊었다.

내일이면 여기를 떠나서 다시 일상으로 돌아가야 한다.

좀 더 일찍 와보지 못한 게 후회스러울 정도로 멋진 뉴질랜드 북섬 여행이었다. 그래서 조만간 내 사랑하는 벗들과 여름의 남섬 여행을 하리라.

그때는 퀸스타운의 다리 위에서 멋지게 번지점프를 하리라.

거친 빙하 위를 달려가리라.

밀포드 트레킹에 흠뻑 취해보리라.

소름끼치는 동굴탐험도 하루쯤 하리라.

밀포드 크루즈도 하고 맑다 못해 검푸른 바다에도 첨벙 뛰어들어서 스쿠버 다이빙도 하리라.

　그리고 수영복 입은 뉴질랜드의 아름다운 키위여인들과 마오리 여인들의 아름다움에도 실컷 취해보리라. 며칠 동안 우리의 여행을 지켜봐준 제임스, 제니퍼 부부에게도 뉴질랜드의 별빛처럼 아름답고 투명한 마음을 담아 감사의 뜻을 전하면서 다시 올 때까지 아오테아로아(뉴질랜드의 마오리식 이름)여! 안녕!

북인도 배낭여행

　　고등학교 친구 중에 대구 계명대학에서 후학을 가르치는 김태오 교수가 있다. 전공이 교육학과 철학인데 오래전부터 인도 철학에 흠뻑 빠져 있었다. 그렇지만, 외국여행을 많이 해보지 않았고 특히 배낭여행은 경험이 없었기에 방랑자 기질을 가진 나에게 작년 초부터 인도배낭여행을 함께 가자고 졸라댔다. 그렇지만 회사가 바쁘게 돌아가는 바람에 선뜻 시간을 내지 못하다가, 회사의 장기근속자 외국배낭여행 프로그램 혜택이 나에게 주어지는 해가 올해라서 모든 것을 제쳐놓고 나그넷길을 떠나보기로 했다.

　　또 다른 고등학교 친구인 경북대 김진현 교수도 함께…….

　　이 여행기는 북인도 여행 도중 느꼈던 점에 대해 주제별로 정리했다.

뉴델리의 꾸뜹미나르

• 인도의 시골길과 캐스롤리 고성에서의 별 밤

인간이 사는 세상 어디라고 그렇지 않은 곳이 있겠느냐마는 인도는 극과 극의 정도가 너무 심하다. 뉴델리 중심부에 있는 인디아 게이트 주변은 미국의 유명관광지에 와있는 느낌이 들 정도로 깨끗했는데, 같은 델리라도 구시가지가 있는 올드델리는 화장실도 찾기 어려워서 우리를 당황스럽게 했다.

인도에서의 둘째 밤은 뉴델리에서 자이푸르로 가는 길목에 있는 캐스롤리 고성으로 예약되어 있었다. 인도의 전형적인 시골길을 가노라면 비포장에 가까운 포장도로를 살인적인 속도로 앞지르기를 하는 운전기사의 횡포를 느긋하게 즐기면서 기야 한다.

나중에 바라나시에서 오토릭샤의 운전을 몸으로 체험하고서는 미니버스 기사가 얼마나 정중하고 예의 바른 운전기사인지 감사하는 마음마저 생겼다. (이 부분은 바라나시의 오토릭샤 편을 읽으면 느낄 것이다.)

중간 중간에 길옆으로 작은 시골마을이 나타나면 어김없이 조그만 시장이 도로변에 형성되어 있었다. 인도에는 주인 없는 소, 개, 염소, 양들이 너무 많다. 또한, 이놈들은 허락도 받지 않고 아무 데서나 애정행각을 벌리는 통에 사랑의 결과물인 새끼들도 주렁주렁 꽁무니를 따라다닌다.

특히 인도에서 소는 우리가 아는 것과는 다르게 숭배의 대상이 절대로 아니다. 옛날에는 숭배했을지 몰라도 지금은 인간과 소를 특별히 구별하지 않고 그냥 같이 살아가는데 대부분의 소가 주인도 없이 방황하고, 사람들은 소에게 무관심하다. 그런데 시골은 그나마도 풀이라도 뜯어 먹을 게 있겠지만, 델리 또는 바라나시 같은 도시에서는 그 많은 소들이 쓰레기통을 뒤지고 다닌다.

그런데 쓰레기통이라고 먹을 게 있겠는가?

만일 먹을 게 있었다면 아마도 배고픈 사람이 먼저 먹었을 것이다. 간혹 사람 몰래 가판대의 음식물을 먹으려다가 주인에게 귀퉁배기 한대 얻어맞기 일쑤이다. 그러다 보니 도시의 소들은 뼈가 앙상하게 드러나 있을 정도로 말라있는 데다가 피부병까지 있다. 그런 큰 짐승의 배를 채울 게 없다 보니 비닐봉지에 묻어 있는 음식찌꺼기를 먹으려고 비닐봉지 채로 삼키는 것을 보면 불쌍하기 짝이 없다.

잠도 장사꾼 좌판 아래고, 좁은 골목길이고 장소에 구애받지 않고 잔다.

당연히 사랑도 때와 장소를 가리지 않는다. 그러다 보니 인도 운전사의 살인적인 운전에 희생되는 짐승을 심심찮게 목격한다. 마침 캐스롤리 고성으로 가는 시장에서 과일을 사려고 잠시 정차했을 때 차에 치였는지 피범벅이 되어 죽어 있는 개를 봤다. 이방인인 나그네들만 얼굴을 찡그리며 외면할 뿐 인도인들은 주검을 옆에 두고서도 짜이를 마시거나 음식물을 먹으면서 태평스런 표정이다.

포장된 시골길에서 작은 소롯길을 접어든지 얼마 후 땅거미가 질 즈음 우리는 캐스롤리 고성에 도착했다.

캐스롤리 고성의 외부

캐스롤리 고성 주변의 새벽풍경

캐스롤리 고성은 천 년 이상 된 고성을 호텔로 개조해서 손님을
받고 있었는데 그 깜찍하고 앙증맞은 모양과 크기는 어린왕자가 살
던 작은 별에 어울릴 것 같아서 탄성을 자아내게 했다. 조금 전 시
골길에서의 정신적 스트레스를 말끔히 잊게 하는 아름다움이었다.

객실의 문은 옛날 고성의 문을 그대로 이용한 탓에 마치 교도소
같은 분위기를 주었지만 방 안은 마치 동화 속에 나오는 어린 공주
의 방처럼 삐뚤삐뚤한 것이 모스크바의 붉은 광장에 있는 불균형이
만들어낸 아름다움의 조화라 불리는 '성 바실리 사원'의 방과 계단
을 연상케 했다.

배낭여행의 숙박 장소로는 어울리지 않게 멋지다는 느낌도 들었
지만 이런 때가 아니면 내가 언제 옛날 성의 공주님이 자던 방에서
잠을 자볼 수 있을까 싶어서 멋진 스케줄을 만들어준 여행사에 마
음으로 감사했다.

저녁은 성의 가운데 있는 작은 마당(크기가 100여 평이나 될까?)에
서 했는데 건조한 날씨 탓에 해가 지면서 차가운 기운이 온몸을 파
고들었지만 그 분위기만은 나그네의 기분을 황홀하게 만들었다.

저녁식사를 한 후 우리는 술 한 잔을 하려고 고성의 꼭대기에 있
는 테라스에 올라갔다. 구름 한 점 없는 투명한 하늘에 있는 수많은
별들이 술잔에 떨어지고 있었다. 우리는 밤이 늦도록 테라스의 소
파에 누워서 수백, 수천 년 전에 그곳을 떠나서 이곳 지구별에 당도
한 별빛을 세고 있었고, 우리들이 살아온 이야기를 나누다 보니 별
들의 고향으로 우리들의 투명해진 영혼이 젖어들고 있었다.

그 아름다운 별들을 헤다 보니 보석같이 맑고 빛나는 별 하나가 외로움으로 헤매다니다가 내 가슴속에 부드럽게 그리고 포근히 안겨들었다.

캐스롤리에서 만났던 길 잃은 별은 지금도 내 가슴에 이슬같이 영롱한 아름다움으로 여운을 남기고 있다.

• 카주라호의 에로티시즘

북인도 여행에서 최고의 여행지 중 한 곳이 카주라호이다.

지명으로는 호수 같은 느낌이 들지만 실제로는 '가주라호' 라는 단어 전체가 인도 지명이고 호수라고는 찾아보기 어려운 인도 중북부의 작은 도시 이름이다. 간디가 이곳을 방문한 후 미투나 상을 보고는 사원들을 모조리 부셔버리고 싶다고 했을 정도로 에로틱한 조각들이 즐비하다.

그때 간디가 이 아름다운 사원을 박살냈으면 나 같은 인간들이 인도에 오고 싶은 마음을 최소한 반으로 뚝 감해버렸을 것이다. 당연히 수많은 이방인이 여기 인도에서 돈을 쓰는 일도 반감됐을 테고. 미투나 상은 약 천 년 전 찬델라 왕조 시대에, 그것도 포르노에서나 상상할 수 있는 온갖 체위로 보는 사람의 영혼을 부끄럽게 한다. 그렇지만 나는 내 이름(성명기, 섹슈얼 빅 머신 건 편 참조)에 걸맞게 이번 인도여행의 하이라이트를 카주라호로 정했다.

나는 카주라호에 대한 글을 내가 아는 최고의 에로틱한 단어로

써봤다.

그러나 어떤 분야에도 절대 고수가 있는 법!

《떠나는 자만이 인도를 꿈꿀 수 있다》라는 경당에서 발행한 임헌갑 님의 책에 있는 카주라호 편을 대하고는 내가 쓴 글을 모조리 지워버렸다. 카주라호에 대하여 이보다 더 아름다우면서도 에로티시즘의 극치를 보이도록 도저히 표현할 수 없었기 때문이다. 그래서 작가와 경당의 허락을 어렵게 얻어서 카주라호에 대한 찬양시에 잠시 가까이 가보는 기회를 마련했다.

차 오르는 만월, 자정의 달빛 아래 도마뱀 한 마리가 여인의 탐스러운 젖무덤을 풀어헤치고 있다.

네 개의 발을 조심스럽게 움직이며, 달빛마저 숨죽이게 만드는 너는 무엇의 화신인가.

어쩌면 너는 시바가 지상으로 내려보낸 사랑의 화신인가, 아니면 천 년 전 카주라호의 뙤약볕 아래서 여인의 관능을 조각하던 석공의 분신인가. 여인의 관능을 경배하는 너 역시 몰래 담을 넘은 나처럼 밤을 잊은 게로구나, 잠들 수 없었던 모양이로구나, 그래서 몸을 낮추어 이 사원으로 숨어든 것이로구나.

인적이 끊어지기를 기다려 몰래 스며든 자정의 사원은 수백, 수천의 벌거벗은 나신들로 뜨겁게 달아오르고 있다.

남자의 성기는 늠름하고, 여인의 관능은 비유법을 허용하지 않는다.

달빛도 흐물흐물 녹아내리게 만드는, 이슬도 닿는 순간 굴러 내릴

카주라호 사원의 미투나 조각품(헉헉~)

듯한, 아니 목덜미에 입술을 대면 그대로 발목까지 미끄러질 듯한 아
름다운 나신이다.

　이들이 내뿜는 거친 숨소리에 나무 그림자까지 부끄러워 두 귀를
막아버렸는가. 나는 달 그림자 안으로 기어들어 도둑고양이처럼 발
끝으로 걷는다. 파르바티 사원에서 비쉬바나트 사원으로, 치트라굽
타 사원에서 칸다리아 사원으로. 사원을 온통 달구고 있는 관능의 꽃
잎, 그것은 천 년 동안 똬리를 풀지 않은 꽃뱀, 뱀의 붉은 혓바닥, 혓

바닥이 다시 토해놓은 부드러운 꽃잎. 눈이 아파라, 몸이 아파라, 아, 나는 지금 숨소리마저 아파라.

나는 몸을 낮추어 더 짙은 그림자 아래로 스며든다. 그리고 고개가 아플 때까지 여인들을 올려다본다. 밤하늘은 달빛으로 푸르고, 벌거벗은 수많은 남녀들이 가쁜 숨을 토하며 육교의 향연을 벌이고 있다. 나는 아픈 숨소리를 다스리며 실눈을 뜨고 그들을 바라본다.

한 여인이 턱수염이 무성한 사내의 남근을 어루만지고 있다. 왼손은 자신의 요니를 애무하고 있지만, 좀은 부끄러운 듯 살짝 고개를 돌린 모습이다. 곁에 있는 여인은 더욱 적극적이다. 아예 바닥에 주저앉아 사내의 남근을 입으로 탐하고 있다. 상체를 뒤로 틀면서 질끈 눈을 내리 감고 있는 남자, 그들의 향연을 훔쳐보며 풍만한 가슴을 드러내고 있는 다른 여인. 다시 그 곁엔 상체를 숙여 바닥을 손으로 짚은 여인이 엉덩이를 하늘로 치켜든 채 남자의 근을 받아들이고 있다. 실눈을 뜨고 바라보자 정지되어 있던 그들의 몸이 조금씩 움직이기 시작한다. 그 움직임은 차츰 격렬해진다. 나는 숨을 죽이고 도마뱀처럼 옆으로 자리를 옮긴다. 이건 또 무엇인가. 물구나무 선 남자의 다리를 허리에 휘어 감고 그 위에 걸터앉아 있는 고행과도 같은 체위. 육교를 통해 신에게로 도달하려는 갈망인가. 요가를 단련하지 않고는 도저히 불가능한 이들의 체위를 돕기 위해 두 여인이 곁에서 부축하고 있다.

사내는 자신을 돕고 있는 두 여인의 요니를 손가락으로 어루만진다. 세 여인과 향연을 벌이면서도 그의 표정은 놀랍도록 자연스럽다.

오른쪽의 여인만이 사내의 손을 자신의 요니로 끌어당기면서도 부끄러움을 아는지 얼굴을 살짝 돌리고 있다.

그렇다. 이 밤, 달빛 아래서 벌어지는 섹스의 향연은 점차 무르익고 있다. 이들의 갈망은 끝이 없다. 늠름한 남근을 손으로 받쳐 들고 삽입을 시도하는 사내를 바라보다가 나는 지친다.

나의 눈과 호흡은 지금 휴식을 요구하고 있는 것이다. 나는 잠시 바닥에 눕는다. 그리고 밤하늘을 올려다보다가 차우사트 요니 사원으로 스며든다. 성의 향연은 그곳에서도 농염하게 무르익고 있다. 남자를 타고 앉아 숨 가쁘게 몸을 움직이는 여인, 노골적인 그 행위를 지켜보던 두 여인은 아예 고개를 돌리고 이들을 외면한다. 곁에서 한 사내가 상체를 숙인 여인의 허리를 꺾고 뒤에서 남근을 밀착시키고 있다. 그런데 이 여인 좀 보게. 그녀는 후위에 남자를 받아들인 채 그것으론 성이 차지 않는지, 앞에 서 있는 다른 사내의 남근을 불끈 움켜쥐고 입으로 가져가는 게 아닌가. 이 밤, 향연에 초대된 무리는 인간들만이 아니다. 먼 길을 떠나는 낙타와 코끼리 떼, 앞발을 높이 치켜든 사나운 말, 그 말의 커다란 성기를 숭배하는 여인의 갈망이 대담하고도 노골적으로 묘사되고 있다. 허어, 그런데 저건 또 무엇인가. 수염이 무성한 저 남자, 작은 조랑말을 범하고 있으니 전생의 질긴 인연이라도 닿고 있는 것인가. 조랑말을 향한 사내의 남근은 우윳빛 이슬을 뿜어내려는 듯 극도로 발기되어 있다. 팽팽한 가야금 현처럼 금방이라도 퉁겨져 나갈 듯 긴장된 모습이다.

조랑말은 또 어찌나 능청스러운지 앞에 서 있는 다른 사내의 남근

카주라호 미투나 상의 오르가슴 1

을 탐하듯 바라보고 있다.

　그 곁에 부끄러워 두 손으로 얼굴을 가리고 서 있는 여인. 이 밤, 부끄러움을 아는 것은 오직 그대와 나 한 사람뿐이다. 그러나 여인아, 부끄러울 것 하나도 없으니, 흐드러진 달빛 속의 향연은 이윽고 모든 걸 재로 만들어 버리나니, 나는 자꾸만 부끄러움을 아는 저 조각 속의 여인이라도 유혹하고 싶어지는 것이다.

　나는 다시 바닥에 눕는다. 가쁜 숨이 가라앉을 때까지. 그러나 수천의 나신들이 내뿜는 열락의 신음은 내게 휴식을 허락하지 않는다. 눈을 감고 귀를 막아도 화살처럼 후비고 들어오는 그들의 속삭임, 그들의 거친 숨소리, 먼 길을 가는 낙타와 코끼리 떼의 발굽소리.

카주라호 미투나 상의 오르가슴 2

　나는 벌떡 일어나 다른 사원으로 향한다. 달은 조금씩 서편으로 기울고 있다. 달빛 몇 올이 여인의 배꼽에 고였다가 흘러내린다. 밤은 깊어 가는데 아직도 전희 단계에 머물고 있는 여인들도 있다. 사내들의 남근은 하나같이 거대하고, 여인들의 나신은 그 앞에 엎드려 경배해도 좋을 만큼 훌륭하다.

　아, 달빛 속을 날아오르고 싶어라. 몽땅 벗어버리고, 관념의 허울마저 벗어버리고 조각 속의 여인들과 짜디짠 땀을 섞고 싶어라. 활활활 한줌의 재로 연소되고 싶어라. 달빛 속으로 떠올라 끝없이 어딘가로 흘러가고 싶어라. 끝없이 흐르다보면 그곳이 어디이런가. 어디면 또 무슨 상관이런가.

돌로 만든 카주라호 사원의 아름다움

쉬잇, 한 여인이 달빛을 타고 하강한다. 천 년 전, 찬델라 왕조 시대의 아름다운 여인이다. 노한 말들이 앞발을 치켜들고 힝힝거린다. 사막을 지나 진군하던 코끼리 떼도 휴식이 필요한 시간. 이윽고 여인이 꽃을 목에 걸어 주며 나를 바닥에 눕힌다. 그러나 이제는 돌아가야 할 시간. 아흐 다롱디리, 덩더쿵 어기여차. 나는 밤을 잊은 도마뱀, 눈꺼풀이 내려앉는다. 다리가 후들거린다. 기우는 달을 짊어지고, 여인도 함께 들쳐 업고 이제 돌아가잔다. 돌아가 뜨겁고도 깊은 수음을 하잔다. 그리하여 잠들고 나면 아침이 와도 깨우는 이 아무도 없으리, 샨티 샨티!

그날 밤 흐느적거리는 몸으로 간신히 호텔로 돌아와 차우사트 사원에서 만났던 미투나 상의 풍만한 가슴을 소유한 관능적인 여인을 꿈속에서 만났다. 그 여인을 가슴에 품고 달아오른 몸을 식히느라 밤새도록 뜨거운 숨결로 여인의 젖가슴을 애무한다. 여인이 오르가슴에 몸부림치며 무의식에서 나오는 신음소리가 내 영혼을 유린하고 있었고 수컷의 본능이 이성을 압도하고 있었다.

모든 것을 녹여버릴 것 같았던 여인의 몸과 혓바닥은 뜨거움으로 이글거리면서 잠시도 나를 내버려두지 않았기에 여명이 밝아올 때까지 여인의 가슴에 파묻혀 허우적거렸다.

그리고 새벽이 밝아오고 있었다.

온 밤을 꼬박 세우며 새벽까지 "싯따람! 싯따람! 싯따람!"을 외치던 사두의 가르침의 말씀이 조금 전까지 본능에 몸부림치던 내 영혼에 한 조각 해맑은 빛을 던지니, 꿈속에서 비명에 가까운 신음소리와 함께 몸부림치던 여인은 물안개처럼 잔잔한 미소를 실루엣으로 남기면서 조용히 사라지고 있었다.

 바라나시

"바라나시를 보지 않았다면 인도를 본 것이 아니다."

내가 한 이야기가 아니고 인도여행 안내책자에 있는 내용이다.

바라나시의 조각들을 모자이크 해보겠다.

마니까르니까 가트 풍경

시골 개울가에서 삼복더위에 개를 잡아서 구울 때의 냄새를 맡고서 구역질을 한 기억이 있다.

여름철 선풍기 외에는 더위를 식힐 마땅한 방법이 없었던 시절에 가족들을 데리고 이동의 광덕고개 너머 조그만 개울가에 발을 담그고는 37도가 넘었던 한여름의 삼복더위를 식혔던 적이 있었다.

개울물에 넣어둔 수박을 쪼개서 기분 좋게 먹고 있을 때 어디서 야릇한 냄새가 나기에 연기 나는 곳을 봤더니 예닐곱 명의 아저씨들이 개를 구우면서 풍기는 냄새였다.

그 비위 상하는 냄새는 나의 기억에 아직도 생생하게 남아 있다.

바로 그 냄새와 똑같은 냄새를 맡았던 곳이 개고기를 먹지 않는 인도의 마니까르니까 가트(갠지스강 쪽으로 걸어 내려갈 수 있게 만든 경사진 지역으로 지역마다 가트의 이름이 다르다)의 화장터였다.

저녁 9시가 넘어서 찾아간 마니까르니까 가트에서 세상의 모든 생로병사, 행복과 불행을 잊은 열 몇 구의 시신이 각각 한 다발의 화목 위에 말없이 누워서 북망산천 마지막 길을 가면서 육신을 태우는 냄새였다.

밤늦은 시간에 빨갛게 타고 있는 화목 위에서 전기 통닭구이처럼 누리끼리한 액체를 발뒤꿈치로 낙숫물처럼 뚝뚝 흘리면서 화장되고 있었다. 그러다가 한 번씩은 "펑!" 하고 뻥튀기 기계의 폭발음과 같은 소리를 내어서 깜짝 놀라게 했는데 열로 인해 팽창된 죽은 자의 복부 터지는 소리였다.

배에서 바라본 바라나시의 화장터 풍경

새벽 갠지스강의 관광객

비쩍 마른 소와 개 그리고 염소들이 무얼 얻어먹을 심산인지 불
타는 시신 주변을 킁킁 냄새를 맡으며 돌아다녔다. 옆에 서 있는 친
구의 얼굴이 화목이 타면서 만들어낸 불빛으로 인하게 붉게 물들어
있었다. 그로테스크란 표현이 어쩌면 그렇게 잘 들어맞는지 그 모
습은 바로 우리들의 저승길 가는 모습이었다.

한국에서는 우리 눈에 보이지 않는 곳에서 가스를 이용해서 화장
이 이루어지는 것만 다를 뿐이지 지금 내가 보는 모습의 실체와 무
엇이 다르랴? 인도에 오면 인도식 가치관으로 이해하지 않으면 제
대로 이해가 되지 않는다. 미처 다 못 태운 발이나 머리 부분은 가

갠지스강변의 도사님(히~~~)

트 옆의 갠지스강에 그대로 던져졌다.

갠지스강을 인도에서는 강가(Ganga)라고 하는 데 Ganga는 인도에서 천상의 강이 시바 신의 도움으로 인간의 세계에 내려왔다고 믿는 신성한 물이기에 시신이 던져지면서 물 위에 뜨는 기름 얼룩이 흐르는 40~50미터 아래에서 목욕도 하고 입도 헹굴 뿐만 아니라 마시기까지 했다. 나는 어둠 속에 내 몸의 일부가 화목으로 타들어가는 느낌을 받으면서 석고처럼 굳어져서 생과 사에 대해 긴 시간 생각에 젖어들었다.

이튿날!

사르나트를 들른 후 다시 마니까르니까 기트를 찾았다. 근처의 라가 카페라는 한국 식당에서 저녁식사를 하기 위해서였다. 사람의 심리는 어쩌면 그렇게도 묘한지 어제 봤던 화장터를 모두 한 번 더 보고 싶어 했다.

화장터 부근에는 병이 든 거지들이 마를 대로 말라서 비틀어진 몸을 잔뜩 웅크린 채 죽어가고 있었는데 그들은 하나같이 저승 갈 노잣돈인 은가락지를 끼고 있었다.

이들의 죽음을 화장터 주변의 인부들이 확인하게 되면 사자(死者)의 손가락에서 은가락지를 빼서 판 돈으로 화목을 사서 화장을 해주고 나머지 돈은 자신의 수고비로 쓴다고 한다.

라가 카페에서 식사를 주문하고 잠시 구경을 하려고 바깥으로 나와 있을 때였다.

카페 앞에는 오래된 골목길이 구불구불 지나고 있었는데 2미터

폭도 안 되는 그 작은 골목길을 통해 20분 정도의 짧은 시간에 여러 구의 시신들이 가족들 손에 들려서 지나고 있었다. 조그만 음식점 앞의 좁은 길을 지나는 시신들의 가족과 친지들은 "람람싸드아헤(라마 신은 모든 걸 알고 계신다)"라고 외치며 화장터로 향하고 있었다. 어두침침한 음식점 내부의 불빛이 바로 옆을 지나는 시신들과 어우러져 음침한 분위기를 주었다.

또한, 그 골목길에는 누렇거나 시커먼 소들이 침을 질질 흘리면서 똥을 뭉개며 아무렇게나 눕거나 서 있었고 수많은 인도의 신들은 좁은 골목길의 낡은 집 담벼락 귀퉁이에도 자리 잡고 있었다. 당연히 작은 골목길에는 소똥과 개똥 어쩌면 길거리에서 자신의 엉덩이 사이를 손으로 후벼 파면서 변을 누었던 아이의 똥까지 적당히 버무려져서 나를 주눅 들게 했다.

세상의 어디에나 망나니는 있는 모양이다. 라가 카페에서 50여 미터 떨어진 화장터에는 비쩍 마른 영감이 술에 취하여 지나가는 사람이라면 누구라도 시비를 걸며 고래고래 소리를 지르고 있었다.

우리의 삶이 어디까지가 진실이고 어디까지가 거짓인가?

깨끗함은 무엇이고 더러움은 무엇인가?

그리고 나는 누구인가?

이질적인 삶과의 만남으로 나의 상념은 깊어만 간다.

바라나시의 오토릭샤

늦은 저녁 시간에 호텔에 도착했기에 배낭을 풀기도 전에 바쁘게 다샤스와메드 가트에서의 힌두의식을 보기 위해 오토릭샤를 타고 오는 동안 나는 차라리 눈을 감고 있는 게 마음이 편했다.

문도 없는 오토릭샤는 사람과 소와 개, 양, 염소 등 온갖 동물들과 승용차들이 뒤섞여 있는 길을 곡예하듯 운전하는 바람에 이러다가 온전한 몸으로 살아서 바라나시를 빠져나갈까 싶었다. 거기다가 하나같이 "뿡! 빵!" 거리며 울려대는 경적은 지휘자 없이 마구잡이로 두드리고 불어대는 오케스트라의 불협화음처럼 귀가 다 어질어질했다.

이 녀석이 얼마나 빠르게 이리저리 곡예운전을 하는지 눈을 감고 있다가는 귀의 달팽이관에 이상이 생겨서 일주일 전에 서울에서 먹었던 음식까지도 토할 것만 같았다. 또한, 전후좌우에 포진한 오토릭샤의 타다만 연료의 배기가스까지 더해져서 정신이 혼미해졌다.

해도 해도 이건 너무 심하다.

바로 옆에서 제멋대로 움직이는 다른 물체(소, 릭샤, 개, 염소, 길거리를 오고가는 인간들)와 내가 탄 릭샤가 깻잎 한 장 차이로 빠져나가는데 어느 누가 편하게 눈을 뜨고 볼 수 있겠는가?

거기다가 삼륜차라서 앞부분은 작은 틈바구니라도 무조건 밀고 들어가지만, 우리가 탄 뒷자리의 넓은 부분은 어떻게 빠져나가란 말인가? 갠지스강이 가까워지면서부터는 시장통으로 바뀌면서 길 양쪽 옆에는 온갖 가게가 자리 잡고 있었는데 짜이 파는 노상 좌판 주변엔 열댓 명의 인간들이 귀를 찢을 듯한 소음과 바로 옆을 지나가는 오토릭샤의 살인적인 속도에도 얼굴색 하나 변하지 않으면서

편안한 표정으로 짜이 맛에 도취하고 있었다.

그런데도 오토릭샤꾼은 가벼운 스침도 없이 그 사이를 빠져나간다.

오! 하나님 맙소사.

6·25전쟁 통의 피난민 행렬에 박격포탄이 떨어져도 이것보다는 더 질서 정연하고 조용하리라. 그런 가운데서도 도로 한복판에서는 털이 시커먼 소란 놈이 수컷의 본능을 유감없이 발휘하여 암소를 올라타고 있었는데 제대로 못 먹어서 비쩍 마른 몸에 피부병투성이인 암소는 수놈의 체중을 감당 못하고 비틀대는 것이 어쩌면 이렇게도 균형과 조화 측면에서 바라나시의 길거리 분위기와 잘 어울릴 수 있을까?

세상에서 제일 위험하게 운전하는 경연대회가 있다면 나는 단연코 바라나시의 오토릭샤꾼을 추천한다. 그리고 여러분이 혹시 인도를 가게 되면 바라나시의 오토릭샤(가능하면 새파랗게 젊은 놈이 운전하는 것을 골라라)를 꼭 타보라고 추천한다.

나중에는 '에라! 될 대로 되어라. 내가 위암 수술을 받고도 건강하게 22년 동안 살았으면 됐지, 무엇이 아쉬워 죽는 것을 두려워하나?' 싶어서 작은 눈을 크게 뜨고는 오토릭샤의 옆구리를 신나게 두들기면서 미친놈처럼 낄낄거렸더니 분위기에 적응되어서인지 오토릭샤와 한 몸이 된다.

"이 친구야! 자네 운전솜씨 끝내준다."

한국말을 릭샤꾼은 알아듣지는 못해도 '히히' 웃으면서 엄지손가락을 위로 치켜드는 것을 보고는 자신의 운전솜씨를 칭찬하는 말인 줄은 알아듣고 더욱 신이 나서 마구잡이 운전을 해댄다.

좌우지간 릭샤꾼은 30분 가까운 지옥의 랠리를 하는 동안 털끝 하나 다치지 않으면서 다샤스와메드 가트까지 우리를 무사히 모셔 왔다.

인도에 있는 수많은 신이시여!

늙어서 죽고 싶은 불쌍한 내 육신을 무사히 지켜주서서 감사합 니다.

• 인도의 종교

힌두교

신의 나라 인도에는 온갖 신들이 도처에 있다.

시바, 찬드라, 비슈누, 브라흐마, 사라 스와티, 라마, 크리슈나, 시 따 등등

또한 종교의 나라 인도에는 종교도 셀 수 없이 많다. 힌두교, 불 교, 이슬람교, 자이나교, 시크교, 기독교, 유대교, 조로아스터교 등 등. 전 세계의 신이란 신은 다 모여 있고 종교란 종교는 모두 모여 있는 곳이 인도이다. 그런데 인도를 대표하는 종교는 단연 힌두교 이다.

오죽하면 나라 이름도 '힌두의 나라'에서 딴 '인디아'일까?

인도의 많은 신들은 대부분 힌두교에서 나온 신들이다. 그중 시 바 신은 힌두교가 지배하는 인도의 복잡다단한 세상을 대표하는 신

자이푸르의 핑크펠리스

이다. 바라나시에서 죽음을 각오하고 오토릭샤를 타고 갔던 다샤스와메드 가트는 대표적인 힌두 성지이다. 어둠이 다샤스와메드 가트에 젖어든 시간에 힌두 제사의식 '아르띠뿌자' 는 종교에 대하여 많은 것을 느끼게 해주었다.

종교란 무엇일까?

힌두교, 불교, 이슬람, 기독교, 유대교, 조로아스터교 등 어느 것이 진정한 진리라면 인류는 지금쯤 하나의 종교로 벌써 통합이 되었을 것이고 나머지 종교는 어느 골짜기에 자리 잡은 사교로 평가절하되었을 것이다. 그러나 인도에서는 내가 한반도에서 살아가는 동안 한 번도 접해보지 못했던 힌두교의 신이 절대적인 구원의 신이 되어 있었다.

'아르띠뿌자' 같은 종교의식에서, 화장터와 같은 북망산천 가는 길에서, 내 눈엔 더럽게만 보이는 갠지스강에서의 목욕과 입 헹구기, 물 마시기에서 그들의 신에 대한 경건함을 느낄 수 있었다. 그러면 카주라호에서 만났던 포르노 수준의 미투나 상은 힌두의 어떤 모습인가? 카마수트라의 화신이 미투나의 본질인가? 아니면 인간이 온갖 형태로 창조적인 성관계를 할 때의 오르가슴이 힌두의 본질을 깨닫고 자연으로 돌아가는 인간의 적나라함인가? 아니면 힌두교에서 변형된 찬델라 왕조의 이단인가? 온갖 체형의 성관계도 종교의 주제가 된다면 옳고 그름은 무엇이고 야함과 경건함은 무엇인가?

자이나교

역사적으로 오래된 인도 종교 중 하나가 자이나교이다. 카주라호의 뒷골목에서 자이나교 사원을 만났다. 자이나교 사원을 들어서면서 또 다른 의문에 빠졌다. 먼저 수행자들의 모습부터 살펴보자.

그들은 실오라기 하나 걸치지 않은 몸으로 수행을 하고 신도들을 대한다.

나체로 수행생활을 하는 자이나교의 진리는 무엇인가? 아랫도리를 적나라하게 덜렁거리고 무욕의 생활을 추구한다면서 걸식용 그

자이나교의 누드제단

롯까지 없애고 빈 몸으로 돌아다니는 그들은 진정한 참 진리를 어디서 찾고 있는 것인가?

여인들에게 수컷의 적나라함을 보여주는 모습이 참 진리를 얻기 위한 방편이라면 머리까지도 천으로 동여매고 절제된 삶을 살아가는 시크교도는 어떻게 해석해야 할까? 또 한 가지 의문은 무슨 이유에서인지 수도자의 사원에 펜트하우스 같은 에로 잡지에서나 볼 것 같은 가슴 빵빵한 여인들의 미투나 상이 즐비한지 이해가 안 되었다.

그러고 보니 수도자들이 거주하는 카주라호의 찬델라 왕조의 사원에서도, 자이나교의 사원에서도 언젠가 한국에서 우연히 들렀던 관세음보살상에도 무엇 때문에 수도자에게 가슴 크고 야한 모습의 여인들의 조각상을 보게 하였던가?

지금은 인터넷에 야한 사진과 동화상이 즐비하여 초등학생도 가슴이 보이는 수준의 야한 사진에도 별 느낌이 없지만 내가 고등학교 다닐 적에는 주간지인 선데이 서울에서 가슴을 살짝 들어낸 핀업걸 사진을 보고서도 그 느낌이 어찌나 강렬했는지 밤에 꿈을 꾸면서 아랫도리 축축해지는 몽정도 경험했었는데…….

중생의 속된 마음에 부처님의, 시바 신의, 마하비라(자이나교의 창시자)의 뜻을 어떻게 알 수 있으랴?

불교

그러면 부처님은 어디에 계시는가?

색즉시공은 무엇이며 공즉시색은 무엇인가?

불교의 내세와 전생은 거짓인가?

무엇이 참이고 무엇이 거짓인가?

바라나시는 인도에서도 대표적인 불교유적지이며 부처님의 4대 성지 중 하나인 사르나트(녹야원)가 있는 곳이며, 사르나트는 부처님이 최초의 설법을 한 최초의 절의 이름이기도 하다. 이슬람의 침공으로 사르나트는 기단만 남기고 모든 것이 풍비박산 나버렸고 세월의 풍상이 맞물려서 기단들의 엄청난 규모에도 현재의 모습은 초라하기 그지없다.

폐허가 된 사르나트 불교사원

　또한 인도에서 불교는 힌두교의 영향력에 밀려서 그 존재조차도 희미하다. 인도여행의 막바지에 이른 외로운 방랑자에게 사르나트는 많은 것을 느끼게 해주었다. 우리나라에서는 무엇이 오랜 세월 동안 불교의 발상지 인도에서조차 제대로 인정받지 못하는 불교에 그토록 심취하게 만들었단 말인가?

　폐허가 된 사르나트를 걸으면서 부처님의 영혼의 소리를 들으면서 내 영혼은 갈 길을 잃고 헤맨다.

아제 아제 바라아제 바라승아제 모지 사바하!
나무아미타불 관세음보살!

• 종교와 야만성

인도처럼 다양한 종교가 여러 시대를 풍미했던 지역을 여행해보면 여러 가지 흥미로운 역사적 사실을 보고 듣게 된다. 그중 한 가지가 종교의 호전성과 배타성에 대한 부분이다. 언젠가 기독교 재단의 대학을 다닐 적에 봄 축제 시즌에 학생회에서 아주 멋진 천하대장군과 지하여장군을 도서관 앞에 세워놓았었다. 친구들과 백양로를 따라 강의실로 가던 도중에 도서관 앞에 세워진 모습이 얼마나 낭만이 있던지 모두 멋지다고 한마디씩 했다.

그런데 다음날 아침 강의실을 가다가 보니까 어떤 인간이 그 짓을 했는지 밤사이 천하대장군과 지하여장군의 밑동을 싹둑 잘라놓았다.

지나가던 학생들이 그 모습을 보고 모두 혀를 차곤 했는데, 도서관 앞의 게시판에 그 인간이 쓴 것으로 추측되는 글이 있었다.

"기독교 학교에 우상이 웬 말이냐!"

5,000년 전통문화조차도 존중해주지 못하는 배타성이 오늘날 이슬람교와의 문명충돌을 불러일으키더니 끝내는 미국의 9·11테러와 이라크 전쟁 같은 끔찍한 참사를 부르고 있다. 호전적인 또 다른 종교의 모습을 인도에서 대하면서 문득 밑동 잘린 천하대장군의 기

억이 되살아났다.

뉴델리에는 유네스코 세계문화유산으로 등재된 '꾸뜹미나르 유적군'이 있다.

이 유적군을 대표하는 상징물이 엄청난 양의 돌로 만든 '꾸뜹미나르'인데 높이 72.5미터에 지름만도 15미터나 된다.

이 거대하고 아름다운 조형물은 인도를 침공한 술탄국의 군주가 세운 승전탑인데 힌두교에 대한 이슬람의 승전을 기념하여 만들었다. 그런데 힌두교의 아름다운 사원들을 모조리 부서서 나온 돌로 만들었다니 이슬람교의 야만성에 탄식할 따름이다.

그런데 그 이후에 다시 이 지역을 탈환한 힌두교는 자신의 종교 사원을 박살 내서 세운 이 탑을 그대로 보존한 것을 보면 '종교의 진리는 어디에 있는가?' 하는 문제는 나의 판단 능력을 벗어난다 하더라도 종교의 야만성의 차이는 분명히 느낄 수 있었다. 여기서 본 이슬람과 대학생 시절 만났던 기독교 문명의 호전성과 야만성이 어쩌면 그렇게도 닮았던가 싶다.

독자들은 내가 기독교와 가톨릭 문화에 얼마나 친근함을 가지고 있는지 짐작할 것이다.

나의 소중한 벗 중에는 신부도 있고 가까운 사촌 동생 중에는 교회 목사도 있는데 그들의 행동에서 나는 남을 증오하는 모습을 대한 적이 없다. 또한 나의 어릴 적 삶에 커다란 영향을 주었던 이종사촌(최상일)은 동생이지만 존경심이 생길 정도로 이타적인 삶을 살아가는데, 그 모습을 보면서 종교가 만들어내는 사랑의 감동을 피부로 느낀다.

그렇지만 야만적 광신도들은 종교가 가진 최고의 진리인 '사랑'이란 최고선 바로 위에 신의 목소리를 왜곡하여 올려놓는다. '착한 사마리아인의 비유'에서 알 수 있는 것처럼 예수님은 이교도인이라 할지라도 착한 행동, 즉 사랑하는 마음이 세상을 살아가는데 더 소중하고 가치 있는 행위이고 하늘나라도 사이비 기독교인보다 그들에게 더 많이 열려 있다고 말씀하시지 않으셨던가? 불교에서도 가장 큰 진리가 '자비'가 아니던가?

주님과 성인들의 참 가르침이 분명하건만 감히 어떤 자들이 자신의 광신적 파괴행위를 종교의 이름으로 미화하는가?

뉴델리의 꾸뜹미나르와 바라나시의 사르나트를 보면서 신이 인간에게 준 선물인 종교가 종종 신이 인간에게 준 야만의 상징으로도 바뀌는 모습에 먼 이국땅의 길을 걷는 나그네는 자꾸만 슬퍼진다.

• 올드델리의 화장실

바라나시에서 침대 기차를 타고 아침에야 도착한 올드델리에서 아침을 간단하게 마치고 이슬람 시장을 돌아다녔다. 온갖 잡동사니를 파는 도매시장인데 조금 지저분했지만 규모는 상당히 컸다.

골목길을 이리저리 돌아다니다보니 화장실을 가고 싶어졌다.

인도에서는 음식과 물이 잘 맞지 않아서 조심하지 않으면 바로 설사의 고통을 맛봐야 한다. 따라서 나는 예방 차원에서 정로환을 하루에 한두 번씩 꼭 먹어두었다. 이번 여행은 정로환 덕분에 큰 문제없이 무사히 끝나가고 있었다.

그렇지만 생리적인 현상으로 하루에 한 번씩 가야 하는 일이 있다. 일반적으로는 숙소에서 나올 적에 미리미리 처리를 하면 되지만 지난밤처럼 침대 기차에서 열 몇 시간씩 시달리고 나니까 생리적 리듬이 깨져서 제시간에 문제가 해결되질 않았다. 올드델리의 이슬람 시장을 돌아다니다가 만나서 초등학교 자녀와 함께 배낭여행의 일행이 된 아줌마에게 생리적 문제가 생겼다.

그런데 어디에도 화장실이 눈에 띄지 않았다.

나름대로 머리를 굴려서 점심때도 되었기에 올드델리 중심부에 있는 맥도날드 햄버거를 찾아가서 햄버거를 시키고는 화장실을 물었다.

"우리 가게엔 화장실이 없습니다."

아니 이게 무슨 말이야?

내 영어 실력이 짧아서 이 친구들이 잘못 알아들었나 했다.

맥도날드에 화장실이 없다니…….

"그러면 가게에 근무하는 직원들은 어디에서 일을 봅니까?" 하고 내가 물었다.

"가게 바깥을 나가서 건물 뒤를 돌아가면 있습니다."

자식! 진작 그렇게 이야기해야지. 맥도날드에 화장실이 없다는 이야기가 뭐야?

아마도 내 영어를 잘못 이해해서 오해가 있었구나 생각하고는 건물 뒤편으로 돌아갔더니 아주 멋진(?) 공중화장실이 있었다.

담벼락에 하수도관 반쪽을 옆으로 뉘어둔 수십 명이 함께 일을 볼 수 있는 야외의 남성전용 소변기였다. 우선 급한 소변을 해결한 후 다시 햄버거 가게를 들어갔다.

"헬로우! 젠틀맨! 그런데 여자화장실은 어디 있나요? 함께 있는 여성분께서 화장실이 급합니다."

그 순간 놈의 입에서 나온 말은, "그걸 왜 우리보고 이야기합니까?"였다.

이럴 때 쓰라고 있는 적절한 영어가 있다?

오 마이 갓!(Oh! My God!)

"오 하나님! 저 친구 지금 우리 웃기려고 농담하는 거지요? 맞지요?"

전 세계에 체인을 가진 맥도날드에서 배낭여행 첫날 뉴델리에 있는 가게를 들렀을 때는 화장실 청소 중이라고 화장실을 사용 못 하게 하더니만 올드델리에서는 여성이 쓰는 화장실을 찾으니 "그걸 왜 우리보고 이야기합니까?"라는 종업원의 말을 어떻게 해석해야 한단 말인가?

맥도날드 회장님!

제 말을 거짓말이거나 과장법이 심하다고 생각 마시고(무려 7명의 배낭족이 황당해했던 일입니다) 인도 뉴델리와 올드델리에 있는 맥도날드의 위생 점검부터 해보십시오. 어쩌면 종업원들이 주방에서 큰일을 보고 있는지도 모르니까요.

경북대학교 김 교수의 제안으로 근처에 있는 시크교도 성전을 찾아가보기로 했다. 머리에 커다란 터번을 두르고 있는 인도인들이 바로 시크교도인데 도덕적으로 절제된 생활을 한다. 입구에서 신발을 갈아 신은 후 화장실을 찾았더니 쉽게 눈에 띄지 않았다.

두리번거리는 이방인 무리를 보고 성전의 지도자급으로 느껴지는 분이 나와서 정중하게 묻는다.

"시크교에 관심이 있으신 것 같은데 무엇을 도와드릴까요?"

"사실은 그게 아니고 여기 이 여성분이 화장실이 급한데 길거리에서 화장실을 못 찾았습니다. 그래서 도움을 청하고자 왔습니다."

"아! 그렇습니까? 이리 들어오시지요."

인도의 길거리

아이 엄마의 표정은 숨이 넘어갈 것 같은데 그들은 느긋하다. 성전 관리부에 해당하는 사무실에 들어갔더니 의자에 앉으라면서 따뜻한 차까지 따라준다. 정중해도 경우에 맞지 않게 너무 정중해서 짜증이 나려고 한다.

아니 화장실이 급한 사람이 따뜻한 차가 목구멍에 넘어 가겠는가? 그리고는 잠시 후 천천히 캐비닛을 열어 열쇠를 챙기더니 따라오란다. 화장실을 빌려주는 것은 고마운데 많은 사람이 오는 종교의 성전에 있는 화장실을 잠가두고 종교의 지도자인 남정네가 일이 급한 여인과 함께 직접 가서 친절하게 열어주는 것은 또 무엇인가?

아니! 이 나라 사람들은 일도 안 보고 산던 말인기?

나도 기차에서 일을 못 본지라 뒤가 묵지근하기에 같이 따라갔더니 꼬불꼬불한 길로 100여 미터를 아주 천천히(류시화님의 표현을 잠시 인용하면 화장실에 도착하기 전에 수명을 다할 것 같은 속도의 느린 걸음이었다) 돌아가더니 화장실 비슷하게 생긴 문을 열쇠로 열어주었다. 빠끔 쳐다봤더니 화장실은 분명 화장실이었다.

아이 엄마가 먼저 일을 보고 나온 후 나도 들어갔더니(남녀 화장실이 따로 없고 변기 하나 딸랑 있는 화장실이니 오해 없으시길⋯⋯) 변기가 완전히 새까만 색이다.

화장실 내부에 전등이 없다보니 아랫도리를 내리는 도중에는 까만색의 변기인 줄 알았는데 눈이 어둠에 적응되면서 다시 봤더니 때가 끼어서 새까만 색으로 변해 있었다.

하도 새까맣기에 도저히 앉아서 일을 볼 수 없어서 엉덩이를 허

공에 최대한 띄워놓고 간신히 일을 보는데 32~33도를 오르내리는
올드델리의 한낮 더위와 어울려 식은땀이 줄줄 흐른다.

'에구! 일보고 아무 소리도 안 하고 나간 여성분은 얼마나 급했
으면 이런 변기를 보고도 무사히 일을 치르고 나갔을까?' 생각하니
안쓰럽기까지 하다.

어쨌든 무사히 일을 마칠 수 있도록 해준 시크교 지도자에게 감
사의 예를 표하고 입구를 나서는 순간 갑자기 우리나라 텔레비전에
서 선전하는 인도관광 안내 멘트가 떠올랐다.

Incredible India!

● 어지간한 음식점에는 화장실이 다 있었는데 무슨 이유로 뉴델리와 올드델
리의 맥도날드에서는 손님에게 화장실을 개방해주지 않았는지 아니면 정
말로 없었는지 지금도 이해가 안 간다.
또 다른 에피소드로는 관광지의 일부 화장실에 분명히 무료화장실이라 표
시되어 있는 곳에서도 어수룩하게 보이면서도 영악한 인간이 화장실 사용
료를 내라고 하는 경우처럼 약간은 유머러스한 속임수도 심심치 않게 있
었음을 인도여행을 가는 사람들은 양념으로 알아두기 바란다.

인생이란 살만한 가치가 있는 도전이다

• 먼 훗날

어이구! 순환이 왔구나.

세진이도 오고…….

그래, 정아의 둘째 아들 녀석이 벌써 군대 갔지?

태진이가 벌써 마흔이 훨씬 넘었겠구나. 쉰둘이라고?

세상 빠르네.

상우는?

잘 살지?

그 녀석 어렸을 적에 엄마 마음고생 시키더니만 이젠 사업도 잘

하고 부부끼리 잘 산다니 보기 좋구나.

그것 봐라.

때로는 한 번씩 농땡이도 부리고 하는 게 사내자식들이지.

나도 어릴 적 무던히도 어머니를 괴롭혀 드렸어.

자식의 행동이 옳지 않다고 느낄 때 그 모습이 자신의 옛 모습이라고 생각하라는 스승의 이야기가 생각나는구나.

정아 네도 잘살지?

엄마 닮아서 착하게 잘 살 거야.

안사람들도 같이 오지 그랬어?

다리가 많이 불편하다고?

건강이 제일인데 인간들은 건강할 때 가치 없는 일에 너무 많이 시간을 허비하지. 그저께 우리 집사람이 다녀갔는데 석현이 녀석 어수룩해서 걱정했었는데 그놈도 지 애비 닮았는지 늦게 멀미가 터졌는지 사업도 잘하고 있다더군.

석현이 내외가 엄마를 얼마나 잘 섬기는지 자주 전화도 하는 모양이더라.

이젠 순환이도 지팡이 짚고 다니는 걸 보니까 다리 힘이 다된 모양이구나.

둔전골에서 물속을 신나게 걸어갈 때만 해도 다리 힘이 좋았는데 인생의 흐름과 함께 다 그렇게 되는 거지.

세진이는 젊었을 때 허리가 안 좋더니만 늙으니까 허리가 더 안 좋아진 모양이구나.

다들 많이 늙었어.

이젠 귀천할 날도 멀지 않아 보이는구나.

이 친구들아!

우리 응봉산 갔을 때 생각나냐?

둔전골도 좋았지?

여심 폭포는 어땠고?

도넛 팔던 그 아가씨도 이젠 70이 넘었겠구나.

응봉산 용소에서 치마 입고 나와 수영을 같이하던 그 지지배(아이고, 지지배 소리가 저절로 나오네)도 할머니가 되었겠지. 그래도 여심 폭포 아가씨는 싱싱한 아랫도리가 아직도 그대로 일 거야.

항상 우리는 순환이 말처럼 말로만 바람피우면서 낄낄대곤 했지.

요즈음 응봉산엔 철 사다리가 큰터골까지 깔려서 날라리 등산객까지 마음대로 올라가겠구나.

다리에 힘만 좋으면 개마고원이나 장전강 트레킹도 해봤으면 재미났을 텐데 그놈의 이데올로기가 무언지 우리 젊은 시절에는 근처에도 못 가게 하더니 통일되고 나니 우리 벗들은 죽거나 다리 힘이 빠져서 못 가는구나.

그래도 우린 정말 많이 다녔지?

그때 베트남 메콩 강에 정글 트레킹 가서 사탕 달라고 따라오던 꽁가이에게 순환이가 인상을 쓰니까 뒤를 힐끔힐끔 보면서 돌아가던 모습 기억나니?

마추피추도 괜찮았어.

뉴질랜드의 와이토모 동굴에서 무서워서 비명 지르던 정아엄마의 모습을 생각하니 피시식 웃음이 나는구나.

그때가 참 좋았지?

야! 너희들도 그만 고생하고 빨리 와라.

여기도 참 괜찮아!

경치도 좋고 무엇보다 물이 투명한 것이 오염이 안 되어서 그게
좋아.

거기다가 계곡에는 열목어와 산천어가 지천으로 깔렸어.

회쳐줄 영철이가 없어서 잡아도 그냥 방생해주고 있네.

순환아!

술 가져 왔으면 술 한 잔 따르게나.

말을 많이 했더니만 목이 컬컬하네.

내가 말동무가 없어서 심심하던 차에 니들이 오니까 수다쟁이가
되는구나.

집사람이 와서 풀도 뽑아주고 갔는데 초여름 장맛비가 2~3일 연
속해서 오더니만 풀이 수북하게 자랐지.

그래!

손을 많이 떠는 것을 보니 순환이는 수전증이 심하구나.

세진이는 허리가 많이 구부정하구나!

옆에 앉아 쉬어라.

순환이가 잡초 좀 뽑아라.

너는 살아있는 선배와 죽은 선배를 모두 섬기느라 고생이 많구나.

그래도 잡초는 좀 뽑아라.

잡초가 수북이 자라니까 옆구리가 간질간질한 게 영 안 좋네.

어이구!

시원하다.

너희는 몇 살까지 살려고 아직도 그렇게 힘들게 사냐?

세진이는 아직 정신이 맑은 걸 보니 벽에 황칠은 안 하겠구나.

이젠 대충 살고 빨리 이리로 와라.

이곳 저승도 그곳만큼 암벽등반 할 곳도 많고 싱싱한 고기와 예쁜 여자들도 많더라.

이 나이가 되어도 여자 이야기는 항상 재미있지.

땅거미가 깔리고 있구나.

이제 그만 갈려나?

언제 또 올래?

나는 너희가 곁에 있어도 헤어지고 나서의 긴 기다림을 미리 걱정해서인지 늘 그립구나.

가는 길 비가 와서 많이 미끄러울 텐데 조심해서 가게.

그리고 먼 산속까지 찾아와줘서 고맙네.

잘 가게.

저는 글을 써서 먹고사는 글쟁이가 아닙니다.

어릴 적부터 막연히 과학자가 되겠다는 생각에 이종사촌 동생이면서 친구였던 최상일 군과 학교를 파하면 대구의 교동시장과 자갈마당 뒤편의 복개천변에 있던 고물시장이란 고물시장은 모조리 돌아다니면서 먼지를 뒤집어쓴 덕분에 대학에서 전자공학을 전공하게 되었고, 방위산업체연구소에서 연구원 생활을 하다가 지금은 중소기업체의 사장이 되어 나름대로 가치를 느끼는 삶을 살아가고 있습니다.

책을 내기 위하여 그동안 살아가면서 썼던 글을 모으고 교정을 하다 보니 오래전에 참으로 견디기 어려웠던 시간이 많이 있었구나 싶었고, 그 고통을 직접 몸으로 겪었기에 울컥하는 마음에 눈시울이 뜨거워진 적도 많았습니다.

이젠 거울 앞에 선 내 누님 같은 마음으로 지나온 삶을 회상해보니 그 나름대로 멋있게 살았다는 생각과 함께 남은 삶이 얼마일지라도 더욱 도전적이고 긍정적인 삶을 살아가야겠다는 생각이 가득합니다.

이 책으로 제가 살아온 것을 자랑하고 싶은 마음은 조금도 없습니다. 아니 자랑할 만한 어떤 것도 제겐 없습니다. 그렇지만 저에겐 신혼 초에 한꺼번에 밀어닥친 죽음과의 입맞춤을 견뎌낸 경험이 있습니다. 때문에 병으로 고통받는 분이거나 그런 가족을 두신 분들

에게 작은 위안이 되는 글을 만들고 싶었습니다. 리지 등반 이야기
와 여행 이야기를 자세히 쓴 것은 인생에서 어려움이 닥칠 때마다
암벽등반과 여행에서의 어려웠던 시간들을 생각하면서 용기를 얻
기 때문입니다. 항상 어려움이 닥칠 때면 이 고빗사위를 무사히 넘
기면 평탄한 길이 저와 함께 하리라는 것을 저는 압니다.

　저는 중학교만 빼고 초등학교부터 대학까지 천주교나 기독교 계
통의 학교에 다녔습니다. 그래서 자연스럽게 성경 이야기를 많이
하게 됩니다. 또 부모님과 아내의 영향으로 불교 이야기도 종종 하
지만 현재까지도 어떤 종교에 귀의함 없이 자유인으로 살아가고 있
습니다. 그러나 살아가는 동안 어떤 종교나 문화에 관계없이 저에
게 참 진리를 전해주는 내용이라면 모든 것을 다 포용하고 싶은 욕
심도 가지고 있습니다.

　또 한 가지의 욕심이라면 현실 속의 저는 기업체를 이끌어가는 경
영자이기에 건강하고 투명한 기업의 CEO라는 말을 듣는 것입니다.

　저는 알퐁스 도데의 《별》처럼 순수한 사랑과 박목월의 《윤사월》
에 나오는 눈먼 소녀처럼 봄이 오는 소리를 영혼으로 느끼는 소녀,
류시화의 《하늘 호수로 떠난 여행》 속의 멍청이 같은 나그네와 생
텍쥐페리의 《어린왕자》에서 작가가 우리에게 들려준 투명한 이야
기를 좋아합니다.

　이 글을 읽으시는 분들에게 우리의 삶이 어떤 모습이든지 스스로
긍정적인 생각을 가지면 한 번쯤은 경험해볼만한 가치가 있다는 것

을 말하고 싶었습니다.

그리고 알퐁스 도데의 《별》의 목동처럼 맑은 마음으로 사랑하는 이를 대할 적에 얼마나 가슴 설레는 두근거림이 있는지 느낀 분이라면 '살아갈 만한 가치가 있는 인생'이란 부분에도 동의해줄 것이라 믿습니다.

인생이란 늘 살만한 가치가 있는 새로운 도전의 연속입니다.

고맙습니다.